Reviews

"...Dr. Prasad, I am very interested in your translation of Gita. **Though I have many English translations, I think <u>your translation is the best one.</u>** So far, there are 5 versions in China, and I hope we could translate your "Gita" into Chinese too. Could you grant the Chinese translation rights....."

--- Dr. Zhicheng Wang, Prof. of Philosophy, Zhejiang University (XiXi Campus), Hangzhou, Zhejing, China 310028. Google original results.

About our Hindi Edition: Google original results for 'Gita in Hindi': page 1 <u>top 3</u>

Rating on Amazon: <u>5 Stars.</u> Nifty Book, Priceless Message; Easy to Carry.

By Will Denkon October 6, 2014

"A must have for Hindi speakers who want to learn Sanskrit or, as in my case, Sanskrit lovers who would like to dabble in Hindi. Most importantly, this book is easy to carry around on one's person......"

**Premier Modi receiving our
<u>1909, 5 stars</u> Chinese Gita, in China**

Read more about this picture at:
www.gita-society.com/pdf/china

**Get Absolutely Free Pocket Gita
In English, Gujarati, Spanish:**
www.gita-society.com/freegita

गीता चालीसा– श्री कृष्णायण से

वसुदेवसुत देवं, कंसचाणूरमर्दनम् ।
देवकी परमानन्द , कृष्ण वन्दे जगद्गुरुम् ॥१॥
मूकं करोति वाचालं, पङ्गुं लङ्घयते गिरिम् ।
यत्कृपा तमहं वन्दे, परमानन्द माधवम् ॥२॥

धृतराष्ट्र बोले –

दोहा: धर्मभूमि कुरुक्षेत्र में, जुटे युद्ध को आन ।
कौरव-पाण्डव-कर्म का, संजय करो बयान ॥१.०१॥

संजय बोले –

दोहा: यूं करुणायुत अश्रुमय, विकल नयन, अति मलान ।
अर्जुन से बोले वचन, मधुसूदन भगवान ॥२.०१॥

श्रीभगवान बोले –

अशोच्य-जन का शोक करे तू ; वचन पंडितो-सा बोले तू ।
शोक न करते ज्ञानी पंडित; नही मृत, या जीवित के हित २.११
बाल-युवा-वृद्धावस्था ज्यों; देही इस तन में पाता त्यों ।
मरने पर नव देह वरे है; धीर भ्रमित हो यूं न डरे है ॥२.१३॥
जीर्ण-शीर्ण कर त्याग वसन को; धारण करता नर नूतन को ।
जीवात्मा तज यूं क्षत तन को; पाता है शरीर नूतन वो ॥२.२२॥
दोहा: हानि-लाभ जय-विजय को, सुख-दुख को सम माप ।
तत्पर हो तू युद्ध का, नही लगेगा पाप ॥२.३८॥
तव अधिकार मात्र कर्मों में; कभी नही कुछ किन्तु फलों में ।
कर्म-सुफल-आसक्ति न हो तव; औ अकर्म-अनुरक्ति न हो तव २.४७
दोहा: कर्मयोगी जन सब कर, पाप-पुण्य का त्याग ।
कर्म कुशलता है यही, योग-युक्त बन, जाग ॥२.५०॥
इन्द्रियों में रहती जो विचरित; जिस इन्द्रिय में है मन मोहित ।
बुद्धि यही हर लेती जन की; ज्यों जल-नौका लहर पवन की २.६७
त्रिगुणों का माध्यम अपनाती ; प्रकृति सभी है कर्म कराती ।
अहंकार-मोहित-आत्मा जन, 'मैं करता हूं' माने निज मन ३.२७
श्रेष्ठ बुद्धि से आत्मा, अर्जुन; जान, बुद्धि से कर वश में मन ।
दुर्जय कामरूप है दुस्मन; मार महाबाहो, कर मर्दन ॥३.४३॥
जब भी कभी धर्म घटता है; औ अधर्म ऊपर चढ़ता है ।
तब तब भरतश्रेष्ठ, हे अर्जुन; लेता हूं अवतार, धार तन ४.०७
गुण-कर्मों से नियम-विभाजित; चतुर्वर्ण मुझसे ही नियमित ।
कर्ता उनका जान मुझे ही ; अविनाशी अनकर्ता मैं ही ॥४.१३॥
जो अकर्म कर्मों में देखे; कर्मों को अकर्म में देखे ।
योग-युक्त वह ज्ञानी है नर; योगी कर्म रहा सब वह कर ४.१८
छन्द: ब्रह्म अग्नि है, होतृ है, हवन ब्रह्म है हव्य ।
अर्पण भी है ब्रह्म ही, ब्रह्म ध्येय-गन्तव्य ॥
ब्रह्मरूप-शुचि-कर्म में, समाधिस्थ-अनुरक्त ।
पाता है उस ब्रह्म को, निश्चित ही वह भक्त ॥४.२४॥
ज्ञान-समान विश्व में, अर्जुन; है पवित्र कुछ और न साधन ।
उचित समय में योगी ज्ञाता; आत्म-अनुभूति को है पाता ४.३८
दोहा: योग बिना अर्जुन कठिन, पाना है संन्यास ।
योगयुक्त मुनि शीघ्र ही, करे ब्रह्म में वास ॥५.०६॥
सभी कर्म कर ब्रह्म-समर्पित; अनासक्त हो कर्म करे नित ।
पाप-लिप्त होता वह नाहीं; जल में कमल-पत्र की नाई ५.१०
सब जीवों में देखे मुझको; औ मुझमें सारे जीवों को ।
हे अदृश्य न मैं उसके हित; मुझको नहि अदृश्य वह किंचित ६.३०
ज्ञानी, जिज्ञासु औ पीड़ित जन; भोग-पदार्थों में जिनका मन ।
चार भांति के शुभकर्मी जन; भजते है मुझको, हे अर्जुन ७.१६

कई जन्म पा विज्ञ अनन्तर; "वासुदेव ही सब कुछ" कह कर ।
भजता मम करता पूजन है; दुर्लभ महाप्राण वह जन है ॥७.१९॥
शाश्वत परम भाव मम अनुपम; नही जानते नर मूर्खतम ।
मुझ अव्यक्त निराकारी को; व्यक्तिभाव वाले माने वो ७.२४
अन्तकाल जो भाव लिये मन; करता याद, त्यागता है तन ।
उसी भाव का चिन्तन करता; सदा प्राप्त यह ही जन करता ८.०६
इसीलिये सब समय निरन्तर; याद मुझे कर और समर कर ।
मुझमें बुद्धि-मनस से अर्पित; मुझे मिले, संशय नहि किंचित ८.०७
जो अनन्य मन से हे अर्जुन; सदा मुझे भजता है निशिदिन ।
मुझमें रमा नित्य योगी जो; पार्थ, सुलभ अति ही मैं उसको ॥८.१४॥
भक्ति अनन्य भाव से जो जन; करते हुए सतत मम चिन्तन ।
मुझमें रमे भजन मम गाते; योगक्षेम सब मुझसे पाते ॥९.२२॥
पत्र-पुष्प-फल-जल जो भी जन; भक्तिभाव से करता अर्पन ।
शुद्ध बुद्धि से जो पाता हूं; दिया भक्ति से, मैं खाता हूं ॥९.२६॥
मुझमें तन-मन-भक्ति रमा कर; भक्त प्रणाम मुझे वन्दन कर ।
हो एकात्म मुझी में आश्रित; मुझे प्राप्त होगा तू निश्चित ९.३४
सब जग का उद्भव हूं मैं ही; जग-विकास-प्रेरक हूं मैं ही ।
मान यही, श्रद्धामय बुद्धजन; निशिदिन करते मेरा पूजन ॥१०.०८॥
मेरे लिये कर्म करता जो; मुझ में रम, मम भक्त रहा जो ।
अनासक्त निर्वैर सभी में; पाता है, हो एक मुझी में ॥११.५५॥
दोहा: मनस-बुद्धि मुझमें लगा, मम चिन्तन हर सांस ।
निस्संदेह तुम्हें मिले, तब मुझमें ही वास ॥१२.०८॥
सब नश्वर जीवों में जो नर; देखे अविनाशी परमेश्वर ।
तुल्यभाव से पूर्ण अवस्थित; यही देखता सत्य सुनिश्चित १३.२७
निश्चल भक्तियोग से जो नर; भजता मुझको नित्य निरन्तर ।
गुणातीत जो पूर्ण हुआ है; ब्रह्म-प्राप्ति के योग्य महा है ॥१४.२६॥
सब के हृदय-अवस्थित हूं मैं; समाधान-ज्ञान-स्मृति हूं मैं ।
मैं ही हूं वेदान्त-प्रणेता; वेद-ज्ञेय, वेदज्ञ सचेता ॥१५.१५॥ ॥
दोहा: काम, क्रोध अरु लोभ है, त्रिविध नरक के द्वार ।
नर यूं तीनों ये तजे, आत्मा नाशन हार ॥१६.२१॥
सत्य, प्रिय, औ सब को हितकर; अति उद्वेग-विहीन वचन वर ।
शास्त्र-पठन अभ्यास बढ़ाता; वाणी का तप वह कहलाता १७.१५
श्रद्धा भक्ति से तत्त्व को जाने; कौन हूं, कैसा हूं पहचाने ।
जाना मुझे तत्त्वतः जैसे; मुझ में बसा तुरत वह वैसे ॥१८.५५॥
दोहा: यंत्र-चढ़े सा जीव को, निज माया से ईश ।
भरमाते मन मन बसे, अर्जुन, मैं जगदीश ॥१८.६१॥
सब धर्मों का त्याग करो तुम; केवल मेरी शरण गहो तुम ।
सब पापों से मुक्ति विसर्जन; कर्म, शोक मत कर तू, अर्जुन १८.६६
परम भक्ति से मुझ में रम कर; भक्तों में मम गूढ़ परम वर ।
जो यह शास्त्र-ज्ञान गायेगा; निस्संदेह मुझे पायेगा ॥१८.६८॥
हे योगेश्वर कृष्ण मुरारी; और जहां अर्जुन धनुधारी ।
वैभव, विजय, नीति, श्री, सारे; ध्रुव है, मत में, यहां हमारे १८.७८

हरि ॐ तत्सत् हरि ॐ तत्सत् हरि ॐ तत्सत्
श्रीकृष्णार्पणं अस्तु शुभं भूयात्

श्रीमद् भगवद्गीता
(दोहा, चौपाई, तथा छन्दों में)

श्रीमद् भगवद्गीता के सभी मूल श्लोकों का हिन्दी गद्य तथा पद्य
(दोहा, चौपाई, और छन्दों में) का यह सुन्दर अनुवाद गीता प्रेमियों
के लिये जन्माष्टमी, गीता जयंती, सत्संग, जन्मदिन, वर्षगांठ
पितृपक्ष तथा अन्य धार्मिक अनुष्ठान पर पाठ के लिये
प्रस्तुत है. दैनिक पाठ के लिए श्री गीताचालीसा
तथा कुछ प्रमुख मंत्रों का भी समावेश है.

गद्यानुवाद
डॉक्टर रामानन्द प्रसाद
पद्यानुवाद
डॉक्टर वेदप्रकाश 'वटुक'

ISBN-13: 978 154 254 4290

To buy this book: www.CreateSpace.com/6861210

Our publictions list: www.gita-society.com/books

Contact for availability in India:
www.Gita-society.com/contactus

अन्तर्राष्ट्रीय गीता सोसायटी, USA

श्री गीता चालीसा

धृतराष्ट्र बोले– हे संजय, धर्मभूमि कुरुक्षेत्र में एकत्र हुए युद्ध के इच्छुक मेरे और पाण्डु के पुत्रों ने क्या-क्या किया ? (१.०१)

संजय बोले– इस तरह करुणा से व्याप्त, आंसुभरे, व्याकुल नेत्रोंवाले, शोकयुक्त अर्जुन से भगवान् श्रीकृष्ण ने कहा. (२.०१)

श्रीभगवान् बोले– हे अर्जुन, तुम ज्ञानियों की तरह बातें करते हो, लेकिन जिनके लिए शोक नहीं करना चाहिए, उनके लिए शोक करते हो. ज्ञानी मृत या जीवित किसी के लिए भी शोक नहीं करते.

जैसे इसी जीवन में जीवात्मा बाल, युवा, और वृद्ध शरीर प्राप्त करता है, वैसे ही जीवात्मा मृत्यु के बाद दूसरा शरीर प्राप्त करता है. इसलिए धीर पुरुष को मृत्यु से घबराना नहीं चाहिए. (२.१३)

जैसे मनुष्य पुराने वस्त्रों को उतारकर दूसरे नए वस्त्र धारण करता है, वैसे ही जीवात्मा मृत्यु के बाद पुराने शरीर को त्यागकर नया शरीर प्राप्त करता है.

सुख-दुख, लाभ-हानि, और जीत-हार की चिन्ता न करके मनुष्य को अपनी शक्ति के अनुसार कर्तव्य कर्म करना चाहिए. ऐसे भाव से कर्म करने पर मनुष्य को पाप (या कर्म का बन्धन) नहीं लगता. (२.३८)

केवल कर्म करना ही मनुष्य के वश में है, कर्मफल नहीं. इसलिए तुम कर्मफल की आसक्ति में न फंसो, तथा अपने कर्म का त्याग भी न करो.

कर्मफल की आसक्ति त्यागकर काम करनेवाला निष्काम कर्मयोगी इसी जीवन में पाप और पुण्य से मुक्त हो जाता है, इसलिए तू निष्काम कर्मयोगी बन. निष्काम कर्मयोग को ही कुशलतापूर्वक कर्म करना कहते हैं.

जैसे जल में तैरती नाव को तूफान उसके लक्ष्य से दूर ढकेल देता है, वैसे ही इन्द्रिय-सुख मनुष्य की बुद्धि को गलत रास्ते की ओर ले जाता है.

वास्तव में संसार के सारे कार्य प्रकृति मां के गुणरूपी परमेश्वर की शक्ति के द्वारा किए जाते हैं, परन्तु अज्ञानवश मनुष्य अपने आपको कर्ता समझ लेता है, तथा कर्मफल के बंधनों से बंध जाता है. मनुष्य तो परम शक्ति के हाथ की एक कठपुतली मात्र है.

आत्मा को मन और बुद्धि से श्रेष्ठ जानकर, (सेवा, ध्यान, पूजन, आदि से किए हुए शुद्ध) बुद्धि द्वारा मन को वश में करके, हे महाबाहो, तुम इस दुर्जय कामरूपी शत्रु का विनाश करो. (३.४३)

हे अर्जुन, जब-जब संसार में धर्मकी हानि और अधर्म की वृद्धि होती है, तब मैं, परब्रह्म परमात्मा, प्रकट होता हूं. (४.०७)

मेरे द्वारा ही चारों वर्ण अपने-अपने गुण, स्वभाव, और रुचि अनुसार बनाए गए हैं. सृष्टि की रचना आदि कर्म के कर्ता होनेपर भी मुझ परमेश्वर को अविनाशी तथा अकर्ता ही जानना चाहिए, क्योंकि प्रकृति के गुण ही संसार चला रहे हैं. (४.१३)

जो मनुष्य कर्म में अकर्म तथा अकर्म में कर्म देखता है वही ज्ञानी, योगी, तथा समस्त कर्मों का करनेवाला है. अपनेको कर्ता नहीं मानकर प्रकृति के गुणों को ही कर्ता मानना कर्म में अकर्म तथा अकर्म में कर्म देखना कहलाता है.

यज्ञ का अर्पण, घी, अग्नि, तथा आहुति देनेवाला सभी परब्रह्म परमात्मा ही है. इस तरह जो सब कुछ परमात्मा स्वरूप देखता है, वह परमात्मा को प्राप्त होता है. (४.२४)

कर्मयोग मनुष्य के चित्त और बुद्धि को शुद्ध करके उसके सभी कर्मों को पवित्र कर देता है. ठीक समय आने पर शुद्ध बुद्धि द्वारा योगी ईश्वर का दर्शन करता है. (४.३८)

हे अर्जुन, कर्मयोग की निःस्वार्थ सेवा के बिना शुद्ध संन्यास-भाव, अर्थात सम्पूर्ण कर्मों में कर्तापन का त्याग, प्राप्त होना कठिन है. निष्काम कर्मयोगी शीघ्र ही परब्रह्म परमात्मा को प्राप्त करता है.

जो मनुष्य कर्मफल में लोभ और आसक्ति त्यागकर, सभी कर्मों को परमात्मा को अर्पण करता है, वह कमल के पत्ते की तरह पापरूपी जल से कभी लिप्त नहीं होता. (५.१०)

जो मनुष्य सब जगह तथा सबमें मुझ परब्रह्म परमात्मा को ही देखता है, और सबको मुझमें ही देखता है, मैं उससे अलग नहीं रहता तथा वह भी मुझ से दूर नहीं होता. (६.३०)

हे अर्जुन, चार प्रकार के उत्तम पुरुष – दुख से पीड़ित, परमात्मा को जानने की इच्छावाले जिज्ञासु, धन या किसी इष्टफल की इच्छावाले, तथा ज्ञानी – मुझे भजते हैं. (७.१६)

अनेक जन्मों के बाद ब्रह्मज्ञान प्राप्तकर कि "यह सब कुछ कृष्णमय है," मनुष्य मुझे प्राप्त करते हैं; ऐसे महात्मा बहुत दुर्लभ हैं. अज्ञानी मनुष्य मुझ परब्रह्म परमात्मा के–मन, बुद्धि, तथा वाणी से परे, परम अविनाशी–दिव्यरूप को नहीं जानने और समझने के कारण ऐसा मान लेते हैं कि मैं बिना रूपवाला निराकार हूं; तथा रूप धारण करता हूं. (७.२४)

हे अर्जुन, मनुष्य मृत्यु के समय जिस किसी भी भाव को स्मरण करता हुआ शरीर त्यागता है, वह सदा उस भाव के चिन्तन करने के कारण उसी भाव को प्राप्त होता है. (८.०६)

इसलिए हे अर्जुन, तू सदा मेरा स्मरण कर, और अपना कर्तव्य कर. इस तरह मुझमें अर्पण किए मन और बुद्धि से युक्त होकर निःसन्देह तुम मुझको ही प्राप्त होगे. (८.०७)

हे अर्जुन, जो मुझमें ध्यान लगाकर नित्य मेरा स्मरण करता है, उस नित्ययुक्त योगी को मैं सहज ही प्राप्त होता हूं. (८.१४)

जो भक्तजन अनन्य भावसे चिन्तन करते हुए मेरी उपासना करते हैं, उन नित्ययुक्त भक्तों का योगक्षेम मैं स्वयं वहन करता हूं.

जो मनुष्य प्रेमभक्ति से पत्र, फूल, फल, जल, आदि कोई भी वस्तु मुझे अर्पण करता है, मैं उस शुद्धचित्तवाले भक्त का वह प्रेमोपहार केवल स्वीकार ही नहीं करता, बल्कि उसका भोग भी करता हूं. (९.२६)

मुझमें मन लगा, मेरा भक्त बन, मेरी पूजा कर, मुझे प्रणाम कर. इस प्रकार मेरा परायण होने से तुम मुझे प्राप्त होगे. मैं ही सबकी उत्पत्ति का कारण हूं, और मुझसे ही जगत् का विकास होता है. ऐसा जानकर बुद्धिमान् भक्तजन श्रद्धापूर्वक मुझ परमेश्वर को ही निरन्तर भजते हैं. (१०.०८)

हे अर्जुन, जो पुरुष मेरे लिए ही कर्म करता है, मुझपर ही भरोसा रखता है, मेरा भक्त है, तथा जो आसक्ति-रहित और निर्वैर है, वही मुझे प्राप्त करता है.

मुझमें ही अपना मन लगा, और बुद्धिसे मेरा ही चिन्तन कर, इसके उपरान्त निःसंदेह तुम मुझमें ही निवास करोगे. (१२.०८)

जो पुरुष अविनाशी परमेश्वर को ही समस्त नश्वर प्राणियों में समान भाव से स्थित देखता है, वही वास्तव में ईश्वर का दर्शन करता है. (१३.२७)

जो पुरुष अनन्यभक्ति से मेरी उपासना करता है, वह प्रकृति के तीनों गुणों को पार करके परब्रह्म परमात्मा की प्राप्ति के योग्य हो जाता है.

मैं ही सभी प्राणियों के अन्तःकरण में स्थित हूं. स्मृति, ज्ञान, तथा शंका-समाधान (विवेक या समाधि द्वारा) भी मुझसे ही होता है. समस्त वेदों के द्वारा जाननेयोग्य वस्तु, वेदान्त का कर्ता, तथा वेदों का जाननेवाला भी मैं ही हूं.

काम, क्रोध, और लोभ मनुष्य को नरक की ओर ले जानेवाले तीन रास्ते हैं, इसलिए इन तीनों का त्याग करना चाहिए. (१६.२१)

वाणी वही अच्छी है जो दूसरों के मन में अशान्ति पैदा न करे, जो सत्य, प्रिय, और हितकारक हो, तथा जिसका उपयोग शास्त्रों के पढ़ने में हो.

मुझे श्रद्धा और भक्ति के द्वारा ही जाना जा सकता है कि मैं कौन हूं और क्या हूं. मुझे जानने के पश्चात् मनुष्य मुझमें ही प्रवेश कर जाता है. हे अर्जुन, ईश्वर सभी प्राणियों के हृदय में स्थित रहकर अपनी माया के द्वारा मनुष्य को कठपुतली की तरह नचाते रहता है.

सम्पूर्ण धर्मों का (अर्थात् पुण्य कार्यों का भी) परित्याग करके तुम एक मेरी ही शरण में आ जाओ. शोक मत करो, मैं तुम्हे समस्त पापों (अर्थात् कर्म के बंधनों) से मुक्त कर दूंगा. (१८.६६)

जो पुरुष श्रद्धा और भक्ति-पूर्वक (गीता के) इस ज्ञान का मेरे भक्तों के बीच प्रचार और प्रसार करेगा, वह मेरा सबसे प्यारा होगा और निःसन्देह मुझे प्राप्त करेगा. (१८.६८)

संजय बोले– जहां भी, जिस देश या घर में, (धर्म अर्थात् शास्त्रधारी) योगेश्वर श्रीकृष्ण तथा (धर्मरक्षा एवं कर्मरूपी) शस्त्रधारी अर्जुन दोनों होंगे, वहीं श्री, विजय, विभूति, और नीति आदि सदा विराजमान रहेगी. ऐसा मेरा अटल विश्वास है. (१८.७८)

Listen to Bhagavad-Gita in audios:
www.gita-society.com/bhagavad-gita-audio.html

ॐ श्रीराम जयराम जय जय राम
(तारक मंत्र)
हरे कृष्ण, हरे कृष्ण, कृष्ण कृष्ण हरे हरे
हरे राम, हरे राम, राम राम हरे हरे (महा मंत्र)
ॐ नमो भगवते वासुदेवाय (मुक्ति मंत्र)

श्रीकृष्ण गोविन्द हरे मुरारे, हे नाथ नारायण वासुदेवा
पितु मातु स्वामी सखा हमारे, हे नाथ नारायण वासुदेवा
श्रीकृष्ण गोविन्द हरे मुरारे, हे नाथ नारायण वासुदेवा
गोकुल में चमके मथुरा के तारे, हे नाथ नारायण वासुदेवा
श्रीकृष्ण गोविन्द हरे मुरारे, हे नाथ नारायण वासुदेवा
वहीं गये जहां गये पुकारे, हे नाथ नारायण वासुदेवा
श्रीकृष्ण गोविन्द हरे मुरारे, हे नाथ नारायण वासुदेवा
अमर है गीता के बोल सारे, हे नाथ नारायण वासुदेवा
श्रीकृष्ण गोविन्द हरे मुरारे, हे नाथ नारायण वासुदेवा
तुम्हीं हो माता पिता हमारे, हे नाथ नारायण वासुदेवा

ॐ

स्नेह-प्रेरणा से हुआ, जिनकी यह अनुवाद ।
उन्हें प्रेम से समर्पित, पूर्ण भक्ति आस्वाद ॥

साधना और रामानन्द प्रसाद
के लिये, जिनकी
सतत आग्रह भरी
प्रेरणा का परिणाम है यह कृति !

सप्रीति
वेद 'वटुक'
अप्रैल २००३

****
भेंट—
स्व. श्री अरविन्द गुप्ता
एवं
उनकी धर्मपत्नी
श्रमति अंजना गुप्ता
जिनकी प्रेरणा से यह
पुस्तक प्रस्तुत है

रामानन्द प्रसाद
गीता जयन्ती 12/10/16

****

विषय सूची

सभी दोहा के लिए कुछ संपुट—
(१) कृष्णं वन्दे जगद् गुरुम्
(२) जय गोविन्दा, जय गोपाला

श्रीमद् भगवद्गीता का पाठ यहां से शुरू करें

श्री गीताजी की महिमा

(पंडित दीनानाथ 'दिनेश' जी की हरिगीता से)

ॐ श्री गणेशाय नमः ॐ

वसुदेवसुतं देवं, कंसचाणूर मर्दनम् ।
देवकी परमानन्दं, कृष्णं वन्दे जगद् गुरुम् ॥१॥

मूकं करोति वाचालं, पङ्गुं लङ्घयते गिरिम् ।
यत्कृपा तमहं वन्दे, परमानन्द माधवम् ॥२॥

गीता हृदय भगवान का, सब ज्ञान का शुभ सार है ।
इस शुद्ध गीता ज्ञान से ही, चल रहा संसार है ॥१॥

गीता परमविद्या सनातन, कर्म शास्त्र प्रधान है ।
परब्रह्म रूपी मोक्षकारी, नित्य गीता-ज्ञान है ॥२॥

यह मोह माया कष्टमय, तरना जिसे संसार हो ।
वह बैठ गीता नाव में, सुख से सहज में पार हो ॥३॥

संसार के सब ज्ञान का, यह ज्ञानमय भंडार है ।
श्रुति, उपनिषद्, वेदान्त-ग्रन्थों का परम शुभ सार है

गाते जहां जन नित्य "हरिगीता" निरंतर नेम से ।
रहते वही सुख-कन्द नटवर, नन्द-नन्दन प्रेम से ॥५॥

गाते जहां जन गीत-गीता, प्रेम से धर ध्यान हैं ।
तीरथ वहीं भव के सभी, शुभ शुद्ध और महान हैं ॥६

धरते हुए जो ध्यान गीता-ज्ञान का तन छोड़ते ।
लेने उसे माधव मुरारी, आप ही उठ दौड़ते ॥७॥

सुनते-सुनाते नित्य, जो लाते इसे व्यवहार में ।
पाते परम-पद ठोकरे, खाते नहीं संसार में ॥८॥

ॐ

श्रीमद् भगवद्गीता

(दोहा, चौपाई, तथा छन्दों में)

पाठन काल 3.5 घंटे

प्रथम अध्याय

१. अर्जुनविषादयोग

धृतराष्ट्र बोले—

दोहाः धर्मभूमि कुरुक्षेत्र में, जुटे युद्ध को आन ।
कौरव-पाण्डव-कर्म का, संजय करो बयान ॥१.०१॥

हे संजय, धर्मभूमि कुरुक्षेत्र में एकत्र हुए युद्ध के इच्छुक मेरे और पाण्डु के पुत्रों ने क्या-क्या किया? (१.०१)

संजय बोले—

देख पाण्डवों की सेना को; व्यूहमयी सुन्दर रचना को ।
द्रोण-पास दुर्योधन आये; राजा ने ये वचन सुनाये ॥
हे आचार्य, पाण्डु-पुत्रों की; सेना आप देखिये महती ।
द्रुपद-पुत्र की व्यूह-रचना को; बुद्धिमान तव शिष्य महा जो ॥

पाण्डवों की सेना की व्यूह-रचना देखकर राजा दुर्योधन ने द्रोणाचार्य के पास जाकर कहा— हे आचार्य, अपने बुद्धिमान शिष्य धृष्टद्युम्न द्वारा व्यूहाकार खड़ी की गयी पाण्डु पुत्रों की इस महान् सेना को देखिए. (१.०२-०३)

युद्धवीर भीम-अर्जुन जैसे; महा धनुर्धारी बहु वैसे।
सात्यकि शूर विराट वहां हैं; महारथी श्री द्रुपद जहां हैं ॥
धृष्टकेतु चेकितान सुभट वर; काशिराज बलवान महत्तर ।
पुरुजित कुन्तिभोज नरपुंगव; शैब्य समान शौर्य के गौरव ॥
युधामन्यु अति विक्रमशाली; उत्तमौजा है अति बलशाली ।
पुत्र सुभद्रा द्रौपदी-सुत वर; योद्धा एक-एक से बढ़कर ॥

इस सेना में महान् धनुर्धारी योद्धा हैं, जो युद्ध में भीम और अर्जुन के समान हैं; जैसे युयुधान, विराट तथा महारथी राजा द्रुपद, धृष्टकेतु, चेकितान, बलवान काशिराज, पुरुजित, कुन्तिभोज और मनुष्यों में श्रेष्ठ शैब्य, पराक्रमी युधामन्यु, बलवान उत्तमौजा, सुभद्रापुत्र अभिमन्यु और द्रौपदी के पुत्र, ये सब महारथी हैं. (१.०४-०६)

दोहाः सेना नायक-मध्य निज, जो विशिष्ट सो जान ।
द्विज-उत्तम, मैं कर रहा, अब तव हेतु बखान ॥१.०७॥

सेना नायकों का परिचय

हे आचार्य, हमारे पक्ष में भी जो प्रधान योद्धागण हैं, उनको भी आप जान लीजिये. आपकी जानकारी के लिए मैं अपनी सेना के नायकों के नाम बताता हूं. (१.०७)

आप, भीष्म, कृप समर-विजेता; कर्ण, विकर्ण, वीरवर चेता ।
अश्वत्थामा वीर धुरन्धर; सोमदत्त के पुत्र सुभट वर ॥
शूर वीर अति और बहुत से; अस्त्र-शस्त्र हैं नाना जिनके ।
युद्ध-विशारद सब ही गुरुवर; मम-हित प्राण-त्याग को तत्पर ॥

एक तो स्वयं आप, भीष्म, कर्ण और विजयी कृपाचार्य तथा अश्वत्थामा, विकर्ण और सोमदत्त का पुत्र हैं. मेरे लिए प्राणत्याग करने के लिए तैयार, युद्ध में कुशल और भी अनेक शूरवीर हैं. (१.०८-०९)

भीष्म-सुरक्षित निज सेना-दल; है अविजेय असीमित जन-बल ।
भीम-सुरक्षित उनकी सेना; सीमित, सुगम विजय कर लेना ॥
सभी मोर्चों पर व्यूह डाले; अपना-अपना भाग संभाले ।
प्रभु हों आप सभी ही सुस्थित; भीष्म पितामह को कर रक्षित ॥

भीष्मपितामह द्वारा रक्षित हमारी सेना अजेय है और भीम द्वारा रक्षित उनकी सेना जीतने में सुगम है. अतः विभिन्न मोर्चों पर अपने-अपने स्थान पर स्थित रहते हुए आप सब लोग भीष्मपितामह की ही सब ओर से रक्षा करें. (१.१०-११)

भीष्म पितामह कुरुकुल-गौरव; सिंहनाद सम कर स्वर रौरव ।
फूंका शंख, किया नभ गुंजित; दुर्योधन-मन को कर हर्षित ॥

उस समय कौरवों में वृद्ध, प्रतापी भीष्मपितामह ने दुर्योधन के मन में हर्ष उत्पन्न करते हुए उच्च स्वर से गरज कर शंखध्वनि की. (१.१२)

दोहाः *नृसिंह मृदंग औ ढोल सब, शंख नगारे और ।*
एक साथ गूंजे सहस, हुआ शब्द घनघोर ॥१.१३॥

तत्पश्चात् शंख, नगाड़े, ढोल, शृंगी आदि बाजे एक साथ ही बज उठे, जिनका बड़ा भयंकर नाद हुआ. (१.१३)

श्वेत अश्वयुत रथ में उत्तम; सुस्थित अर्जुन हरि देवोपम ।
शंख अलौकिक निज तदनन्तर; बजा उठे नभ-धरा गुंजा कर ॥

इसके बाद सफेद घोड़ों वाले रथ में बैठे हुये श्रीकृष्ण और अर्जुन ने भी अपने-अपने शंख बजाये. (१.१४)

पांचजन्य हृषीकेश-निनादित; देवदत्त अर्जुन से गुंजित ।
भीमकर्ममय भीम बृकोदर; महाशंख पौण्ड्र गूंजा स्वर ॥

भगवान् कृष्ण ने पाञ्चजन्य, अर्जुन ने देवदत्त तथा भयंकर कर्म करने वाले भीम ने पौण्ड्र नामक महाशंख बजाये. (१.१५)

धर्मराज कौन्तेय सुराजा; उनका 'अनन्त विजय' भी बाजा ।
हुआ सुघोष औ नकुल-निनादित; मणिपुष्पक सहदेव-सुगुंजित ॥
काशिराज शुचितम धनुधारी; और शिखण्डी अति बलधारी ।
धृष्टद्युम्न औ विराट वीरा; सात्यकि औ अजेय रणधीरा ॥
द्रुपद, द्रौपदी-पंच-तनयजन; महाबाहु सौभद्र, हे राजन !
इन सब ने अति मन हर्षाये; अलग-अलग निज शंख बजाये ॥१.१८॥

इन सब ने अति मन हर्षाये; अलग-अलग निज शंख गुंजाये । हे राजन, कुन्तीपुत्र राजा युधिष्ठिर ने अनन्त विजय नामक शंख और नकुल तथा सहदेव ने क्रमशः सुघोष और मणिपुष्पक नामक शंख बजाये. श्रेष्ठ धनुष वाले काशिराज, महारथी शिखण्डी, धृष्टद्युम्न, राजा विराट, अजेय सात्यकि, राजा द्रुपद, द्रौपदी के पुत्र और अभिमन्यु ने अलग-अलग शंख बजाये. (१.१६-१८)

दोहाः गूंज उठा सब नभ-धरा, नाद भयंकर घोर ।
कौरव-दल के हृदय सब, कर विदीर्ण चहुं ओर ॥१.१९॥

वह भयंकर शोर आकाश और पृथ्वी पर गूंजने लगा और उसने आपके पुत्रों के हृदय चीर डाले. (१.१९)

देख कौरवों को, हे राजन; पूर्ण व्यवस्थित कपिध्वज अर्जुन ।
शर-संधान-प्रवृत्त उठा धनु; बोला, हृषीकेश को, हे प्रभु ।
दोनों सेनाओं के, हे अच्युत; करें मध्य में रथ को सुस्थित ॥

दोहाः भली भांति मैं देख लूं, युद्धेच्छुक सब लोग ।
इनमें से रणकर्म में, कौन हमारे जोग ॥१.२२॥

अर्जुन द्वारा युद्धेच्छुक योद्धाओं को देखने की कामना

हे राजन, इस प्रकार जब युद्ध आरम्भ होने वाला ही था कि अर्जुन ने भगवान् कृष्ण से ये शब्द कहे— हे कृष्ण, मेरे रथ को दोनों सेनाओं के बीच में खड़ा कीजिए; जिससे मैं युद्ध की इच्छा से खड़े उन लोगों को देख सकूं, जिनके साथ मुझे युद्ध करना है. (१.२०-२२)

रण में दुर्योधन-हितकामी; जुटे यहां जो अति बलधामी ।
युद्धातुर मैं सब उन-उन को; भली भांति देखूं जन-जन को ॥

दुर्बुद्धि दुर्योधन का युद्ध में प्रिय चाहने वाले जो राजा लोग यहां एकत्र हैं, उन युद्ध करने वालों को मैं देखना चाहता हूं. (१.२३)

सुन कर अर्जुन की यह वाणी; भारत, हृषीकेश कल्याणी ।
उत्तम रथ उस थल ले आये; दोनों सेना-मध्य जमाये ॥
राजा सब एकत्र मही के; भीष्म-द्रोण सम्मुख सब ही के ।
बोले वचन, पार्थ, कर दर्शन; जो एकत्र यहां कौरव जन ॥

संजय बोले— हे भारत, अर्जुन के इस प्रकार कहने पर भगवान् कृष्ण ने दोनों सेनाओं के बीच उत्तम रथ को भीष्म, द्रोण तथा पृथ्वी के समस्त शासकों के सामने खड़ा करके कहा— हे अर्जुन, यहां एकत्र हुए इन कौरवों को देखो. (१.२४-२५)

दोहाः देखा तब था पार्थ ने, दोनों सेना मध्य ।
खड़े पितामह, पितृजन, मामा, भ्रातृ अबध्य ॥१.२६॥
पुत्र-पौत्र, आचार्य-जन, श्वसुर, सुहृदजन मित्र ।
सभी अवस्थित बान्धवों, के पाषाणी चित्र ॥१.२७॥

वहां अर्जुन ने अपने चाचाओं, पितामहों, आचार्यों, मामाओं, भाइयों, पुत्रों, पौत्रों और मित्रों को खड़े हुए देखा. (१.२६)

चौः शोकमग्न होकर अति अर्जुन; बोला करुण बचन, मधुसूदन ।
देख स्वजन सब यहां उपस्थित; युद्धेच्छा को, हरि, एकत्रित ॥
अंग-अंग मम शिथिल हुआ है; सूख रहा मुख और महा है ।
है शरीर में कम्पन भारी; उठे रौंगटे, कृष्ण मुरारी ॥

श्वशुरों, मित्रों और सब बन्धु-बान्धवों को उन दोनों सेनाओं में देखकर अर्जुन का मन दया से भर गया और उसने कहा— हे कृष्ण, युद्ध की इच्छा से उपस्थित इन स्वजनों को देखकर मेरे अंग निर्बल हो रहे हैं, मुख भी सूख रहा है और मेरे शरीर में कम्पन तथा रोमांच हो रहा है. (१.२७-२९)

हाथों से गांडीव फिसलता; त्वचा जल रही, अति तन जलता ।
भ्रमित हो रहा मम मन निर्बल; खड़ा रहन में भी मैं असफल ॥
शकुन अशुभ सब ही परिलक्षित; है कल्याण न दिखता किंचित।
समर-मध्य कर कुल्जन-हत्या; हे केशव, हम पायेंगे क्या? ॥

मेरे हाथ से गाण्डीव धनुष गिर रहा है. मेरा मन भ्रमित सा हो रहा है तथा मैं खड़ा रहने में भी असमर्थ हूं और हे केशव मैं शकुनों को भी विपरीत ही देख रहा हूं. युद्ध में अपने स्वजनों को मार कर कोई कल्याण भी नहीं देखता हूं. (१.३०-३१)

नहीं कामना, कृष्ण, मिले जय; या, गोविन्द, राज्य सुख अक्षय।
हमें राज्य से कौन प्रयोजन; भोगों से या ले यह जीवन? ॥
राज्य, भोग, सुख जिन हित सारे; हम चाहत हैं शाम सकारे ।
वे सब त्याग प्राण-धन-आशा; खड़े समर की ले अभिलाषा ॥
गुरुजन पौत्र पितृजन सारे; श्वसुर पितामह बन्धु हमारे ।
मामा, पुत्र, स्वजन सब साले; सभी यहां हैं युद्ध-इच्छा ले ॥

हे कृष्ण, मैं न विजय चाहता हूं और न राज्य तथा न सुखों को ही. हे गोविन्द, हमें ऐसे राज्य से अथवा भोगों से और जीने से भी क्या लाभ है? क्योंकि वे सब लोग, जिनके लिए राज्य, भोग और सुख की इच्छा है, धन और जीवन की आशा त्यागकर युद्ध के लिए खड़े हैं. (१.३२-३४)

यदि इनके वध से मधुसूदन; राज तीन लोकों का अर्जन —
हो, तो भी न कभी हो इच्छा; इनके वध की, पृथ्वी तो क्या?

हे कृष्ण, गुरुजन, ताऊओं, चाचाओं, पुत्रों, पितामहों, मामाओं, श्वसुरों, पोतों, सालों तथा अन्य सम्बन्धियों को मैं मारना नहीं चाहता. तीनों लोक के राज्य के लिए भी मैं इन्हें मारना नहीं चाहता, फिर पृथ्वी के राज्य की तो बात ही क्या है? (१.३५)

दोहाः　कौरव-वध से, कृष्ण, है, कौन हर्ष क्या सिद्धि?
　　　　आततायी जन मारकर, पाप मात्र उपलब्धि ॥१.३६॥

हे कृष्ण, धृतराष्ट्र के पुत्रों को मारकर हमें क्या प्रसन्नता होगी? इन को मारने से तो हमें केवल पाप ही लगेगा.

यूं माधव निज बन्धु-स्वजन का; बध करना इन कौरव-जन का ।
शोभा हमें नहीं कुछ देगा; स्वजन मार सुख कौन मिलेगा?

इसलिए अपने बान्धवों, धृतराष्ट्र के पुत्रों, को मारना हमारे लिए उचित नहीं है, क्योंकि हे माधव, स्वजनों को मारकर हम कैसे सुखी होंगे? (१.३७)

यद्यपि लोभ-भ्रष्ट मन इनके; कुल-क्षय-जन्य-दोष-दर्शन के ।
हैं अयोग, कुछ देख न पाते; पाप मित्र-द्रोह नहीं ज्ञाते ॥
पर, जनार्दन, हम जग त्राता; कुल-क्षय-जन्य-दोष के ज्ञाता ।
प्रभु, क्या हमें न है श्रेयस्कर; रहें पाप ऐसे से बच कर?

यद्यपि लोभ से भ्रष्टचित्त हुए ये लोग अपने कुल के नाश से उत्पन्न दोष को और मित्रों से विरोध करने में हुए पाप को नहीं देख रहे हैं; परन्तु हे कृष्ण, कुल के नाश से उत्पन्न दोष को जानने वाले हम लोगों को इस पाप से बचने के लिए क्यों नहीं सोचना चाहिए? (१.३८-३९)

कुल हैं नष्ट पूर्ण जब होते; सब कुल-धर्म सनातन खोते ।
धर्म-नाश से सब कुल को फिर; पाप-अधर्म दबा लेते चिर ॥

कुल के नाश से कुल के सनातन धर्म नष्ट हो जाते हैं, धर्म नष्ट होने पर सारे कुल को पाप दबा लेता है. (१.४०)

दोहाः पाप-वृद्धि से होत हैं, दूषित अति कुलनार
वर्णसंकरों से भरें, कुलटायें घर बार ॥१.४१॥

हे कृष्ण, पाप के बढ़ जाने से कुल की स्त्रियां दूषित हो जाती हैं; और हे कृष्ण, स्त्रियों के दूषित होने पर वर्णसंकर पैदा होते हैं. (१.४१)

संकर से कुलघाती सब कुल; पाते हैं बस घोर रसातल ।
तर्पण-पिण्ड-विहीन बेचारे; पतित पितर इनके हों सारे ॥

वर्णसंकर कुलघातियों को और सारे कुल को नरक में ले जाता है, क्योंकि वर्णसंकर द्वारा श्राद्ध और तर्पण न मिलने से पितर भी अपने स्थान से नीचे गिर जाते हैं. (१.४२)

वर्णसंकरों के प्रजनन से; पाप-दोष कुलघाती जन के ।
सभी जाति-कुल-धर्म मिटाते; नियम सनातन सब मिट जाते

इन वर्णसंकर पैदा करने वाले दोषों से कुलघातियों के सनातन कुलधर्म और जातिधर्म नष्ट हो जाते हैं. (१.४३)

नर जो यूं कुल-धर्म-पतित है; हे जनार्दन, यह जन-श्रुत है ।
वे चिरकाल नरक के वासी; पाते हैं अति कष्ट विनाशी ॥

हे कृष्ण, हमने सुना है कि जिनके कुलधर्म नष्ट हो जाते हैं, उन्हें बहुत समय तक नरक में वास करना होता है. (१.४४)

हाय, लोभ-वश राज्य-सुखों के; प्राणघात को हम अपनों के ।
बुद्धिमान होकर भी संयत; महापाप करने को उद्यत ॥
अप्रतिकार निरस्त्र, सुनीरव; मुझे अगर मारें भी कौरव ।
वे सशस्त्र, दुख हो नहीं किंचित; उसमें मम कल्याण सुनिश्चित ॥

यह बड़े शोक की बात है कि हम लोग बड़ा भारी पाप करने का निश्चय कर बैठे हैं तथा राज्य और सुख के लोभ से अपने स्वजनों का नाश करने को तैयार हैं. (१.४५) मेरे लिए अधिक कल्याणकारी होगा यदि मुझको ये कौरव युद्ध में मार डालें. (१.४६)

संजय बोले—

दोहाः ऐसा कह रणक्षेत्र में, धनुष-बाण कर त्यक्त ।
पीछे रथ में पार्थ था, बैठा, हो संतप्त ॥१.४७॥

संजय बोले— ऐसा कहकर शोकाकुल मन वाला अर्जुन रणभूमि में बाणसहित धनुष का त्याग करके रथ के पिछले भाग में बैठ गया. (१.४७)

इति प्रथमोऽध्यायः

संपुट— अच्युतं केशवं **कृष्ण दामोदरम्**
राम नारायणं जानकी वल्लभम् (२)

द्वितीय अध्याय

२. सांख्ययोग

संजय बोले—

दोहाः यूं करुणायुत अश्रुमय, विकल नयन, अति म्लान ।
अर्जुन से बोले वचन, मधुसूदन भगवान ॥२.०१॥

२. ब्रह्मविद्यायोग

संजय बोले— इस तरह करुणा से व्याप्त, आंसू भरे, व्याकुल नेत्रों वाले, शोकयुक्त अर्जुन से भगवान् कृष्ण ने कहा. (२.०१)

श्रीभगवान बोले—

विषम काल में तुझको अर्जुन; यह अज्ञान हुआ किस कारन?
श्रेष्ठ पुरुष आचरण न है यह; स्वर्ग न यश का दायक है यह ॥

श्रीभगवान बोले— हे अर्जुन, इस समय तुम्हें यह कायरता कैसे प्राप्त हुई? यह श्रेष्ठ मनुष्यों के आचरण के विपरीत है तथा यह न तो स्वर्ग प्राप्ति का साधन है और न कीर्ति देने वाला ही है. (२.०२)

तुझे नपुंसक भाव न घेरे; अनुपयुक्त अर्जुन यह तेरे ।
क्षुद्र हृदय की दुर्बलता को; त्याग परंतप, तुरत खड़ा हो ॥

इसलिए हे अर्जुन, तुम कायर मत बनो. यह तुम्हें शोभा नहीं देता. तुम अपने मन की दुर्बलता को त्यागकर युद्ध करो. (२.०३)

अर्जुन बोले—

भीष्म-द्रोण से, हरि, मैं क्योंकर; युद्ध करूंगा रण में ले शर ।
पूज्य हमारे, हे मधुसूदन; दोनों ही तो हैं अरिसूदन ॥

अर्जुन बोले— हे कृष्ण, मैं इस रणभूमि में भीष्म और द्रोण के विरुद्ध बाणों से कैसे युद्ध करूं? हे कृष्ण, वे दोनों ही पूजनीय हैं. (२.०४)

छन्द: इन महानुभाव गुरुजनों को, मारने से है भला।
यदि मांग भिक्षा जगत में हो, पेट यह मेरा पला ॥

इन महानुभाव गुरुजनों को मारने से अच्छा इस लोक में भिक्षा का अन्न खाना है, क्योंकि गुरुजनों को मारकर तो इस लोक में उनके रक्त से सने हुए अर्थ और कामरूपी भोगों को ही तो भोगूंगा. (२.०५)

मैं मार गुरुजन लोक में जो भोग भोगूं सब कहीं,
क्या अर्थ-काम-पदार्थ होंगे वे रुधिर-डूबे नहीं ?
क्या धर्म हम को श्रेष्ठ है, हम जानते यह भी नहीं,
होगी विजय उनकी या अपनी, है न निश्चित कुछ कहीं
हम मार कर जिनको तनिक भी चाहते जीना नहीं,
सम्मुख हमारे हैं खड़े धृतराष्ट्र के वे पुत्र ही ॥२.०६॥

और हम यह भी नहीं जानते कि हम लोगों के लिए युद्ध करना या न करना, इन दोनों में कौन-सा काम अच्छा है. अथवा यह भी नहीं जानते कि हम जीतेंगे या वे जीतेंगे. जिन्हें मारकर हम जीना भी नहीं चाहते, वे ही धृतराष्ट्र के पुत्र हमारे सामने खड़े हैं. (२.०६)

हूं धर्म भ्रष्ट, स्वभाव अपहृत, भीरुता के पाप से,
है श्रेय निश्चित क्या मुझे, प्रभु पूछता हूं आप से ।
मैं शिष्य हूं प्रभु आपका उपदेश मुझको कीजिये,
मुझ शरण में आये हुए को आप शिक्षा दीजिये ॥२.०७॥

इसलिए कर्तव्य पथ से भ्रमित, मैं, आपसे पूछता हूं कि मेरे लिए जो निश्चय ही कल्याणकारी हो उसे आप कृपया कहिए. मैं आपका शिष्य हूं, शरण में आये मुझको आप शिक्षा दीजिए. (२.०७)

निर्बाध हो साम्राज्य भू का, ऋद्धि सिद्धि हरा भरा,
अधिपति बनूं या स्वर्ग का, पा देवताओं की धरा ।
तब भी न कुछ मैं देखता, जो दूर शंका कर सके,
जो शुष्क करता इन्द्रियों को शोक मेरा हर सके ॥२.०८॥

पृथ्वी पर राज्य तथा देवताओं का स्वामित्व प्राप्तकर भी मैं ऐसा कुछ नहीं देखता हूं, जिससे हमारे इन्द्रियों को सुखाने वाला शोक दूर हो सके. (२.०८)

संजय बोले—

चौ: यह कह कर हृषीकेश से, राजन; फिर बोला यूं प्रभु से अर्जुन।
'युद्ध न करना मुझे भयंकर'; मौन हुआ अर्जुन यह कह-कर ॥
सेनाओं के मध्य अवस्थित; हुआ मोहवश जो अति विस्मित ।
हृषीकेश उस शोक भरे से; भारत, यूं बोले हंसते से ॥२.१०॥

संजय बोले— हे राजन, अर्जुन श्रीकृष्ण भगवान् से "मैं युद्ध नहीं करूंगा" कहकर चुप हो गया. (२.०९) हे भरतवंशी (धृतराष्ट्र), दोनों सेनाओं के बीच में उस शोकयुक्त अर्जुन को श्रीकृष्ण हंसते हुए-से ये वचन बोले. (२.१०)

श्रीभगवान बोले—

अशोक-जन का शोक करे तू; वचन पंडितो-सा बोले तू ।
शोक न करते ज्ञानी-पंडित; नही मृत, या जीवित के हित ॥ २.११॥

गीता के उपदेशों का प्रारम्भ

श्रीभगवान बोले— हे अर्जुन, तुम ज्ञानियों की तरह बातें करते हो, लेकिन जिनके लिए शोक नहीं करना चाहिए, उनके लिए शोक करते हो. ज्ञानी मृत या जीवित किसी के लिए भी शोक नहीं करते. (२.११)

मैं, तू, राजा लोग सभी ये; किसी काल में नहीं कभी थे ।
ऐसा नहीं, न सच यह होगा; कोई न हममें से फिर होगा ॥२.१२॥

ऐसा नहीं है कि मैं किसी समय नहीं था, अथवा तुम नहीं थे या ये राजा लोग नहीं थे और न ऐसा ही है कि इससे आगे हम सब नहीं रहेंगे. (२.१२)

बाल-युवा-वृद्धावस्था ज्यों; देही इस तन में पाता त्यों ।
मरने पर नव देह वरे है; धीर भ्रमित हो यूं न डरे है ॥२.१३॥

जैसे इसी जीवन में जीवात्मा बाल, युवा और वृद्ध शरीर प्राप्त करता है, वैसे ही जीवात्मा मृत्यु के बाद दूसरा नया शरीर प्राप्त करता है. इसलिए धीर मनुष्य को मृत्यु से घबराना नहीं चाहिए. (१५.०८ भी देखें) (२.१३)

शीत-घाम सुख-दुख के अंकुर; इन्द्रिय-योग भोग क्षण भंगुर ।
भारत, ये अनित्य हैं नश्वर; अर्जुन इनको, धीर सहन कर ॥२.१४॥

हे अर्जुन, इन्द्रियों के विषयों से संयोग के कारण होने वाले सर्दी-गर्मी और सुख-दुख क्षणभंगुर और अनित्य हैं, इसलिए हे अर्जुन, तुम उसको सहन करो. (२.१४)

जो समान समझे सुख-दुख को; पुरुष-श्रेष्ठ, उस धीर मनुज को ।
इन्द्रिय-विषय न करते व्याकुल; मोक्ष-प्राप्ति के वह ही काबिल ॥

हे पुरुषश्रेष्ठ, दुख और सुख में समान भाव से रहने वाले जिस धीर मनुष्य को इन्द्रियों के विषय व्याकुल नहीं कर पाते, वह मोक्ष का अधिकारी होता है. (२.१५)

जो है नहीं, नहीं वह होता; जो है, वह अस्तित्व न खोता ।
तथ्य-सत्य दोनों का बुधजन; यूं अनुभव करते हैं दर्शन ॥२.१६॥

आत्मा नित्य है, शरीर अनित्य है

असत् वस्तु नाशवान और सत् अविनाशी होता है. ज्ञानी असत् और सत् दोनों को तत्त्व से जानते हैं. (२.१६)

दोहाः *सभी जगत में व्याप्त जो, ज्ञान उसी का इष्ट ।*
उस अविनाशी को भला, कौन कर सके नष्ट ॥२.१७॥

उस अविनाशी आत्मा को जानो, जिससे यह सारा जगत व्याप्त है, इस अविनाशी का नाश कोई भी नहीं कर सकता है.(२.१७)

जीवात्मा असीम अविनाशी; नित्य, देह जिसकी सब नाशी ।
निस्संकोच अतः तू भारत; उठकर युद्ध-मध्य हो जा रत ॥२.१८॥

इस अविनाशी जीवात्मा के सब शरीर नाशवान हैं, इसलिए हे अर्जुन, तुम युद्ध करो. (२.१८)

आत्मा का हत्यारा निज को; समझे, या माने मृत इस को ।
दोनों ही न जानते हैं यह; मरता है न मारता है वह ॥२.१९॥

जो इस आत्मा को मारने वाला या मरने वाला मानते हैं, वे दोनों ही नासमझ हैं, क्योंकि आत्मा न किसी को मारता है और न किसी के द्वारा मारा जा सकता है. (२.१९)

छन्द ः जनमती न मरती यह आत्मा कहीं है,
यह होकर के फिर, फिर भी होती नहीं है ।
अजन्मी है यह नित्य शाश्वत पुरातन,
नहीं नष्ट होती जब होता मृतक तन ॥२.२०॥

आत्मा कभी न जन्म लेता है और न मरता ही है. आत्मा का होना फिर न होना नहीं होता है. शरीर के नाश होने पर आत्मा का नाश नहीं होता. (२.२०)

चौ ः अर्जुन जो आत्मा को जाने; अजर, अमर, नित, अज यह माने ।
कैसे बह किसको मरवाता; किसका घात पुरुष कर पाता ।।२.२१।।

हे अर्जुन, जो मनुष्य आत्मा को अविनाशी, नित्य, जन्मरहित और सनातन जानता है, वह कैसे किसको मरवायेगा और कैसे किसको मारेगा? (२.२१)

जीर्ण-शीर्ण कर त्याग वसन को; धारण करता नर नूतन को ।
जीवात्मा तज यूं क्षत तन को; पाता है शरीर नूतन वो ।।२.२२।।

मृत्यु, और आत्मा का पुनर्जन्म की व्याख्या

जैसे मनुष्य अपने पुराने वस्त्रों को उतारकर दूसरे नये वस्त्र धारण करता है, वैसे ही जीव मृत्यु के बाद अपने पुराने शरीर को त्यागकर दूसरा नया शरीर प्राप्त करता है. (२.२२)

शस्त्र काटता नहीं इसे है; अग्नि जलाती नहीं जिसे है ।
जल इसको है नहीं गलाता; पवन नहीं कभी इसे सुखाता ।।२.२३।।
छिदने, गलने, जलने वाली; नहीं शुष्क औ होने वाली ।
यह आत्मा दृढ़, अचल, सनातन; सर्वव्यापी है नित्य चिरन्तर ।।

शस्त्र इस आत्मा को काट नहीं सकते, अग्नि इसको जला नहीं सकती, जल इसको गीला नहीं कर सकता और वायु इसे सुखा नहीं सकती. (२.२३-२४)

यह अचिन्त्य, अव्यक्त, अविकारी; आत्मा, यह कहते सुविचारी ।
अतः जानकर इसको वैसा; शोक न कर इसके हित ऐसा ।।२.२५।।

आत्मा को अविनाशी और निर्विकार कहा जाता है. अतः आत्मा को ऐसा जानकर तुम्हें शोक नहीं करना चाहिए. (२.२५)

सदा जनमती, मरती है वह; महाबाहो, यदि तव मति है यह ।
तो भी शोक-योग्य हे अर्जुन; आत्मा कभी नहीं है किंचन ।।२.२६।।
जन्म हुआ तो मरना ही है; मृत को पुनः जनमना ही है ।
अटल बात यह सोलह आने; शोक-योग्य आत्मा मत माने ।।२.२७।।

हे अर्जुन, यदि तुम शरीर में रहने वाला जीवात्मा को पैदा होने वाला तथा मरने वाला भी मानो, तो भी तुम्हें शोक नहीं करना चाहिए; क्योंकि जन्म लेने वाले की मृत्यु निश्चित है और मरने वाले का जन्म निश्चित है. अतः जो अटल है, उसके विषय में तुम्हें शोक नहीं करना चाहिए. (२.२६-२७)

जनम-पूर्व सब जीव विदेही; मरने पर भी फिर वैसे ही ।
लगें बीच में वे तनधारी; अर्जुन, फिर चिन्ता क्या भारी ।।२.२८।।

हे अर्जुन, सभी प्राणी जन्म से पहले और मृत्यु के बाद नहीं दिखते, केवल जन्म और मृत्यु के बीच में ही दिखते हैं; फिर इसमें शोक करने की क्या बात है? (२.२८)

दोहाः देखें कुछ आश्चर्यवत, वैसे कहते अन्य ।
सुनते कुछ आश्चर्यवत, सुनें न जानें अन्य ।।२.२९।।

कोई इस आत्मा को आश्चर्य की तरह देखता है, कोई इसका आश्चर्य की तरह वर्णन करता है, कोई इसे आश्चर्य की तरह सुनता है और कोई इसके बारे में सुनकर भी नहीं समझ पाता है. (२.२९)

भारत, सब जीवों के तन में; नित्य अवध्य रहे जन-जन में ।
इसीलिये सब जीवों के हित; शोक तुझे करना है अनुचित ॥२.३०॥

हे अर्जुन, सबके शरीर में रहने वाला यह आत्मा अमर है, इसलिए किसी भी प्राणी के लिए तुम्हें शोक नहीं करना चाहिए.(२.३०)

यदि स्वधर्म को भी देखे तू; योग्य नहीं, भयभीत बने तू ।
धर्मयुद्ध से बढ़ श्रेयस्कर; कर्म नहीं क्षत्रिय को हितकर ॥२.३१॥

श्रीकृष्ण द्वारा अर्जुन को क्षत्रिय के कर्त्तव्यों की याद कराना

और अपने स्वधर्म की दृष्टि से भी तुम्हें अपने कर्तव्य से हटना नहीं चाहिए, क्योंकि क्षत्रिय के लिए धर्मयुद्ध से बढ़कर दूसरा कोई कल्याणकारी कर्म नहीं है. (२.३१)

स्वर्ग रूप यह द्वार स्वयं ही; खुला पार्थ, जो प्राप्त है यूं ही ।
इस प्रकार का युद्ध कभी ही; पाते भाग्यवान छत्री ही ॥२.३२॥

हे अर्जुन, अपने आप प्राप्त हुआ युद्ध स्वर्ग के खुले हुए द्वार जैसा है, जो सौभाग्यशाली क्षत्रियों को ही प्राप्त होता है. (२.३२)

धर्मयुद्ध अब यदि न करे तू; मन में अपने व्यर्थ डरे तू ।
खो स्वधर्म निज कीरति सारी; अर्जुन, होगा पापाचारी ॥२.३३॥

और यदि तुम इस धर्मयुद्ध को नहीं करोगे, तब अपने स्वधर्म और कीर्ति को खोकर पाप को प्राप्त होगे. (२.३३)

चिर कालिक अपकीर्ति तुम्हारी; कथन करेंगे सब नर-नारी ।
सम्मानित पुरुषों को दुखकर; अपयश है मरने से बढ़कर ॥२.३४॥

तथा सब लोग बहुत दिनों तक तुम्हारी अपकीर्ति की चर्चा करेंगे. अपमान मृत्यु से भी बढ़कर है. (२.३४)

मानेंगे महारथी, अभागा--- अर्जुन डरकर रण से भागा ।
माननीय जिनको है अब तू; क्षुद्र उन्हीं को होगा तब तू ॥२.३५॥

महारथी लोग तुम्हें डरकर युद्ध से भागा हुआ मानेंगे और जिनके लिए तुम बहुत माननीय हो, उनकी दृष्टि से तुम नीचे गिर जाओगे. (२.३५)

तेरा अहित चाहने वाले; बोलें वचन न कहने वाले ।
तेरी क्षमता की निन्दा कर; क्या दुख होगा उससे बढ़कर ॥२.३६॥

तुम्हारे वैरी लोग तुम्हारी निन्दा करते हुए बहुत बुराई करेंगे. तुम्हारे लिए इससे अधिक दुखदायी और क्या होगा?(२.३६)

दोहा: जीते तो भू-राज्य है, मरे अगर सुरलोक ।
अतः खड़ा हो युद्ध का, निश्चय कर बिन शोक ॥२.३७॥
हानि-लाभ जय-विजय को, सुख-दुख को सम माप ।
तत्पर हो तू युद्ध को, नहीं लगेगा पाप ॥२.३८॥

युद्ध में मरकर तुम स्वर्ग जाओगे या विजयी होकर पृथ्वी का राज्य भोगोगे; इसलिए हे अर्जुन, तुम युद्ध के लिए निश्चय करके खड़े हो जाओ. (२.३७)

सुख-दुख, लाभ-हानि और जीत-हार की चिन्ता न करके मनुष्य को अपनी शक्ति के अनुसार कर्तव्य-कर्म करना चाहिए. ऐसे भाव से कर्म करने पर मनुष्य को पाप (अर्थात् कर्म का बन्धन) नहीं लगता. (२.३८)

चौ : सांख्यज्ञान तव हेतु बखाना; सुनो योग अब, पार्थ महाना ।
पाकर जिसे प्रबुद्ध बनेगा; कर्म-बन्धनों से छूटेगा ।।२.३९।।

कर्मयोग, अर्थात निष्काम सेवा का महत्त्व

हे अर्जुन, मैंने सांख्यमत का यह ज्ञान तुम से कहा, अब कर्मयोग का विषय सुनो, जिस ज्ञान से युक्त होकर तुम कर्म के बन्धन से मुक्त हो जाओगे. (२.३९)

कर्म-मूल का नाश न इसमें; फल-बाधा-आभास न इसमें ।
थोड़ा भी इस धर्म का पालन; है महान भय-मुक्ति-विमोचन ।।२.४०।।

कर्मयोग में आरम्भ अर्थात् बीज का नाश ही नहीं होता तथा उल्टा फल भी नहीं मिलता है. इस निष्काम कर्मयोगरूपी धर्म का थोड़ा-सा अभ्यास भी जन्म-मरणरूपी महान् दुःख से रक्षा करता है. (२.४०)

निश्चयात्मक इस पथ में सुन; बुद्धि एक ही है, हे अर्जुन ।
बहु बुद्धियां अविवेक भरों की; होती हैं अनन्त भेदों की ।।२.४१।।

हे अर्जुन, कर्मयोगी केवल ईश्वरप्राप्ति का ही दृढ़ निश्चय करता है; परन्तु सकाम मनुष्यों की इच्छायें अनेक और अनन्त होती हैं. (२.४१)

वेदवादी, कामेच्छुक अर्जुन; 'है कुछ और न' जिनका प्रवचन;
स्वर्ग मानते श्रेष्ठ परमतम; अविवेकी वे घोर मूढ़तम ।।२.४२।।

वेदों का विषय भौतिक और आध्यात्मिक जीवन के दोनों पहलू है

हे अर्जुन, सकामी अविवेकीजन, जिन्हें वेद के मधुर संगीतमयी वाणी से प्रेम है, वेद को यथार्थ रूप से नहीं समझने के कारण ऐसा समझते हैं कि वेद में भोगों के सिवा और कुछ है ही नहीं. (२.४२)

जन्म-कर्म-फल की जो दायक; अनन्त क्रिया-विस्तार-प्रसारक ।
भोग-विलास-प्राप्ति-हित प्राणी; लच्छेदार हैं बोलते वाणी ।।२.४३।।

वे कामनाओं से युक्त, स्वर्ग को ही श्रेष्ठ मानने वाले, भोग और धन को प्राप्त कराने वाली अनेक धार्मिक संस्कारों को बताते हैं, जो पुनर्जन्मरूपी कर्मफल को देने वाले होते हैं. (२.४३)

स्निग्ध वाणी अपहृत चित जिनका; भोग-विलास राग है मन का
समाधिस्थ जो कहीं नहीं है; निश्चयात्मक बुद्धि नहीं है ।।२. ४४।।

भोग और ऐश्वर्य ने जिसका चित्त हर लिया है, ऐसे व्यक्ति के अन्तःकरण में भगवत् प्राप्ति का दृढ़ निश्चय नहीं होता है और वे परमात्मा का ध्यान नहीं कर सकते हैं. (२.४४)

दोहाः *त्रिगुण-विषयक हैं वेद सब, गुणातीत हो व्यक्त ।*
द्वन्द्वयोग तज क्षेम नित, आत्मवान सत्त्वस्थ ।।२.४५।।

हे अर्जुन, वेदों के कर्मकाण्ड का विषय प्रकृति के तीन गुणों से सम्बन्धित है; तुम तीन गुणों से परे, परमात्मा में स्थित, कुशलक्षेम न चाहने वाले और आत्मभाव वाले बनो. (२.४५)

सब दिशि से परिपूर्ण जलाशय; पाकर, कौन कूप से आशय ।
ब्रह्मज्ञान पाकर विद्वज्जन; रखें वेद से कौन प्रयोजन ।।२.४६।।

ब्रह्म को तत्त्व से जानने वालों के लिए वेदों की उतनी ही आवश्यकता रहती है, जितनी महान् सरोवर के प्राप्त होनेपर एक छोटे जलाशय की. (२.४६)

तव अधिकार मात्र कर्मों में; कभी नहीं कुछ किन्तु फलों में ।
कर्म-सुफल-आसक्ति न हो तव; औ अकर्म-अनुरक्ति न हो तव ॥

कर्मयोग का सिद्धान्त और व्यवहार

केवल कर्म करना ही मनुष्य के वश में है, कर्मफल नहीं. इसलिए तुम कर्मफल की आसक्ति में न फंसो तथा अपने कर्म का त्याग भी न करो. (२.४७)

हे धनंजय, मोह को तज कर; सिद्धि-असिद्धि मध्य सम हो कर ।
हो योग-स्थित कर्मों को कर; योग समत्वभाव, कहते नर ॥२.४८॥

हे अर्जुन , परमात्मा के ध्यान और चिन्तन में स्थित होकर, सभी प्रकार की आसक्तियों को त्यागकर, तथा सफलता और असफलता में सम होकर, अपने कर्तव्यकर्मों का भलीभांति पालन करो. मन का स्थिर भाव में रहना ही कर्मयोग (का फल) है. (२.४८)

बुद्धियोग से कर्म धनंजय; है अति तुच्छ, हीन है अतिशय ।
अतः बुद्धि की शरण ग्रहण कर; है अति दीन फलाकांक्षी नर ॥२.४९॥

स्थिरमन प्रदान करनेवाला निष्काम कर्मयोग से सकामकर्म बहुत घटिया है; अतः हे अर्जुन, तुम निष्काम कर्मयोगी बनो, क्योंकि फल की इच्छा रखने वालों को असफलता का दुःख होता है. (२.४९)

दोहाः ***बुद्धियुक्त जन सब करे, पाप-पुण्य का त्याग ।***
कर्म कुशलता है यही, योग-युक्त बन, जाग ॥२.५०॥

कर्मफल की आसक्ति त्यागकर कर्म करने वाला निष्काम कर्मयोगी इसी जीवन में पाप और पुण्य से मुक्त हो जाता है, इसलिए तुम निष्काम कर्मयोगी बनो. (फल की आसक्ति से असफलता का भय होता है, जिसके कारण कर्म अच्छी तरह नहीं हो पाता है.) निष्काम कर्मयोग को ही कुशलता पूर्वक कर्म करना कहते हैं. (२.५०)

कर्मोत्पन्न सभी फल तज कर; कर्मयोगी ज्ञानी जन मुनिवर ।
मुक्त जन्म-बन्धन से होकर; पाते अमृत-पद श्रेयस्कर ॥२.५१॥

ज्ञानी कर्मयोगीजन कर्मफल की आसक्ति को त्यागकर जन्म-मरण के बन्धन से मुक्त हो जाते हैं तथा परम शान्ति को प्राप्त करते हैं. (२.५१)

जब तव बुद्धि मोह दलदल से; तर जायेगी पाप सलिल से ।
है श्रवणीय या कि श्रुत है जो; तब वैराग्य मिले तुझको वो ॥२.५२॥

जब तुम्हारी बुद्धि मोहरूपी दलदल को पार कर जायगी, उस समय तुम शास्त्र से सुने हुए तथा सुनने योग्य वस्तुओं से भी वैराग्य प्राप्त करोगे. (२.५२)

बहुश्रुत भ्रमित बुद्धि तब चंचल; समाधिस्थ जब होगी निश्चल ।
और अचल, अर्जुन, उस क्षण ही; योग समत्व मिले निश्चित ही ॥

जब अनेक प्रकार के प्रवचनों को सुनने से भ्रमित हुई तुम्हारी बुद्धि परमात्मा के स्वरूप में स्थिर हो जायगी, उस समय तुम समाधि में परमात्मा से युक्त हो जाओगे. (२.५३)

अर्जुन बोले—

समाधिस्थ दृढ़ प्रज्ञ सुजन का; केशव, क्या लक्षण दृढ़ मन का ।
सुस्थिर बुद्धि बोलता कैसे; और बैठता, चलता कैसे? ॥२.५४॥

अर्जुन बोले— हे केशव, समाधि प्राप्त, स्थिर बुद्धि वाले आत्मज्ञानी (स्थितप्रज्ञ) मनुष्य का क्या लक्षण है? स्थिर बुद्धि वाला मनुष्य कैसे बोलता है, कैसे बैठता है और कैसे चलता है. (२.५४)

श्रीभगवान बोले—

जब मन-बसी कामनायें सब; पार्थ, त्याग देता है नर तब ।
तुष्ट स्वयं में स्वयं से होकर; सुस्थित-प्रज्ञ कहाता है नर ॥२.५५॥

आत्मज्ञानी (स्थितप्रज्ञ) के लक्षण

श्रीभगवान बोले— हे अर्जुन, जिस समय साधक अपने मन की सम्पूर्ण कामनाओं को पूर्णरूप से त्याग देता है और आत्मा में आत्मानन्द से ही सन्तुष्ट रहता है, उस समय वह स्थितप्रज्ञ कहलाता है. (२.५५)

दुख में मन में दाह नहीं है; सुख में कोई चाह नहीं है ।
राग-द्वेष, भय-क्रोध न जिसको; सुस्थित-बुद्धि कहें मुनि उसको ॥

दुख से जिसका मन उद्विग्न नहीं होता, सुख की जिसको इच्छा नहीं होती तथा जिसके मन से राग, भय और क्रोध नष्ट हो गये हैं, ऐसा मुनि स्थितप्रज्ञ कहा जाता है. (२.५६)

मोह-हीन सर्वत्र सदा नर; यह-वह शुभाशुभ प्राप्त कर ।
जिसको हो सुख-द्वेष न किंचित; उसकी बुद्धि थिर है निश्चित ॥

जिसे किसी भी वस्तु में आसक्ति न हो, जो शुभ को प्राप्तकर प्रसन्न न हो और अशुभ से द्वेष न करे, उसकी बुद्धि स्थिर है.

कछुआ ज्यों अपने अंगों को; वैसे जो ले सब इन्द्रियों को ।
इन्द्रिय-विषयों से समेट जब; उसकी बुद्धि प्रतिष्ठित है तब ॥२.५८॥

जब साधक सब ओर से अपनी इन्द्रियों को विषयों से इस तरह हटा ले जैसे कछुआ विपत्ति के समय अपनी रक्षा के लिए अपने अंगों को समेट लेता है, तब उसकी बुद्धि स्थिर समझनी चाहिए. (२.५८)

भोग त्याग देने से जन के; विषय दूर होते तन-मन के ।
दूर राग-रस नहीं होता पर; मिटता वही ब्रह्म को पाकर ॥२.५९॥

अनियन्त्रित इन्द्रियों के दुष्परिणाम

इन्द्रियों को विषयों से हटाने वाले मनुष्य से विषयों की इच्छा तो हट भी जाती है, परन्तु विषयों की आसक्ति दूर नहीं होती. परमात्मा के स्वरूप को ज्ञान द्वारा भलीभांति समझकर स्थितप्रज्ञ मनुष्य विषयों की आसक्ति से भी दूर हो जाता है. (२.५९)

दोहाः विज्ञ-पुरुष-मन भी यहां, जो हैं पार्थ, सचेत ।
मथने वाली इन्द्रियां, बलपूर्वक हर लेत ॥२.६०॥

हे अर्जुन, इन्द्रिय संयम का प्रयत्न करते हुए ज्ञानी मनुष्य के मन को भी चंचल इन्द्रियां बलपूर्वक हर लेती हैं. (२.६०)

उन सब इन्द्रियों को वश में कर; मुझमें पूर्ण समाहित होकर ।
सब इन्द्रियां हैं वश में जिसकी; पूर्ण प्रतिष्ठित प्रज्ञा उसकी।

इसलिए साधक अपनी इन्द्रियों को वश में करके मुझ में श्रद्धापूर्वक ध्यान लगाकर बैठे; क्योंकि जिसकी इन्द्रियां वश में होती हैं, उसी की बुद्धि स्थिर होती है. (२.६१)

करता नर विषयों का चिन्तन; हो आसक्त उन्हीं में फिर जन ।
जन्म काम जिससे है पाता; काम क्रोध को है उपजाता ॥२.६२॥

विषयों का चिन्तन करने से विषयों में आसक्ति होती है, आसक्ति से विषयों के सेवन करने की इच्छा उत्पन्न होती है और इच्छा पूरी नहीं होने से क्रोध होता है. (२.६२)

क्रोध से मूढ़भाव है होता; मूढ़भाव से जन सुधि खोता ।
बुद्धिनाश है सुधि खोने पर; बुद्धिनाश से नष्ट सभी फिर ॥२.६३॥

क्रोध से अज्ञान (संमोह) उत्पन्न होता है. अज्ञान से मन भ्रष्ट हो जाता है. मन भ्रष्ट होने पर बुद्धि का नाश होता है और बुद्धि का नाश होने से मनुष्य का पतन होता है. (२.६३)

राग-द्वेष से मुक्त हुई जो; वश में कर उस हर इन्द्रिय को ।
भोग भोगकर भी साधक जन; पाता पुण्य-प्रसाद भरा मन ॥२.६४॥

रागद्वेष से रहित संयमी साधक अपने वश में की हुई इन्द्रियों द्वारा विषयों को भोगता हुआ शान्ति प्राप्त करता है. (२.६४)

वह पावन प्रसाद पाने पर; कष्ट-मुक्त पूरा होता नर ।
उस नर की जो है प्रमुदित मन; दृढ़ होती है बुद्धि उसी क्षण ॥२.६५॥

शान्ति से सभी दुखों का अन्त हो जाता है और शान्तचित्त मनुष्य की बुद्धि शीघ्र ही स्थिर होकर परमात्मा से युक्त हो जाती है.

योग-साधना-हीन निरीश्वर; श्रेष्ठ बुद्धि नहीं पाता है नर ।
आस्तिक भाव न शांति उसे हो; फिर अशान्त को सुख कैसे हो ॥

ईश्वर से अयुक्त मनुष्य के अन्तःकरण में न ईश्वर का ज्ञान होता है, न ईश्वर की भावना ही. भावनाहीन मनुष्य को शान्ति नहीं मिलती और अशान्त मनुष्य को सुख कहां? (२.६६)

इन्द्रियों में रहती जो विचरित; जिस इन्द्रिय में है मन मोहित ।
बुद्धि वही हर लेती जन की; ज्यों जल-नौका लहर पवन की ॥२.६७॥

जैसे जल में तैरती नाव को तूफान उसे अपने लक्ष्य से दूर ढकेल देता है, वैसे ही इन्द्रिय-सुख मनुष्य की बुद्धि को गलत रास्ते की ओर ले जाता है. (२.६७)

महाबाहो, इन्द्रियों को जो नर; हटा भोग से, वश में ले कर ।
सब प्रकार हो संयममय नित; उसकी होती बुद्धि प्रतिष्ठित ॥२.६८॥

इसलिए हे अर्जुन, जिसकी इन्द्रियां वश में होती हैं, उसकी बुद्धि स्थिर रहती है. (२.६८)

सब की निशा, जगत सब सोता; संयमी उसमें जागृत होता ।
जागें जिसमें जीव सभी ही; मुनि के लिये रात्रि है वह ही ॥२.६९॥

सब प्राणियों के लिए जो रात्रि है, उसमें संयमी मनुष्य जागता रहता है; और जब साधारण मनुष्य जागते हैं, तत्त्वदर्शी मुनि के लिए वह रात्रि के समान होता है. (२.६९)

छन्द : सब ओर से परिपूर्ण अविचल, सिन्धु में आकर गिरें,
अनगिन सरित-जल समाकर ज्यों, कुछ प्रभाव नहीं करें ।

इस भांति ही दृढ़-बुद्धि नर में, समाता हर भोग है,
चिर शान्ति पाता, वह नहीं जो कामियों का योग है ।।२.७०।।

जैसे सभी नदियों के जल समुद्र को बिना विचलित करते हुए परिपूर्ण समुद्र में समा जाते हैं, वैसे ही सब भोग जिस संयमी मनुष्य में विकार उत्पन्न किये बिना समा जाते हैं, वह मनुष्य शान्ति प्राप्त करता है, न कि भोगों की कामना करने वाला. (२.७०)

चौ : सभी कामनाओं को त्यागे; अहंकार ममता से भागे ।
अनासक्त हो जीता जीवन; परम शान्ति है पाता वह जन ।।२.७१।।

जो मनुष्य सब कामनाओं को त्यागकर इच्छारहित, ममतारहित तथा अहंकार रहित होकर विचरण करता है, वही शान्ति प्राप्त करता है. (२.७१)

ब्रह्म-प्राप्त जन की सुस्थित यह; पाकर जिसे न हो मोहित वह ।
अन्तकाल में भी इस में ही; थिर हो, सुस्थित जन को मोक्ष मिले ही ।

हे अर्जुन, यही ब्राह्मी स्थिति है, जिसे प्राप्त करने के बाद मनुष्य मोहित नहीं होता. अन्तसमय में भी इस स्थिति में रहकर मनुष्य ब्रह्मनिर्वाण प्राप्त करता है. (२.७२)

इति द्वितीयोऽध्यायः

श्रीमन नारायण नारायण, हरि हरि
बोलो नारायण नारायण, हरि हरि
तेरी लीला सब से न्यारी, हरि
जय जय नारायण नारायण, हरि हरि

तृतीय अध्याय

३. कर्मयोग

अर्जुन बोले–

दोहाः *तव मत में यदि बुद्धि है; कृष्ण, कर्म से ज्येष्ठ।*
घोर कर्म में क्यों मुझे, लगा रहे सुरश्रेष्ठ ॥३.०१॥

उलझन भरे वचन तव मिश्रित; बुद्धि कर रहे मम भ्रम-मोहित।
एक वचन कहिये निश्चय कर; जो हो मुझको, प्रभु, हितकर ॥

अर्जुन बोले– हे कृष्ण, यदि आप कर्म से ज्ञान को श्रेष्ठ मानते हैं, तो फिर, हे केशव, आप मुझे इस भयंकर कर्म में क्यों लगा रहे हैं? आप मिश्रित वचनों से मेरी बुद्धि को भ्रमित कर रहे हैं. अतः आप उस एक बात को निश्चितरूप से कहिए, जिससे मेरा कल्याण हो. (३.०१-०२)

श्रीभगवान बोले–

दो प्रकार की निष्ठा, अर्जुन; की है पहले मैंने वर्णन ।
ज्ञानयोग से ज्ञानी जन की; कर्मयोग से योगीगण की ॥३.०३॥

श्रीभगवान बोले– हे अर्जुन, इस लोक में दो प्रकार की साधना मेरे द्वारा पहले कही गयी है. जिनकी रुचि ज्ञान में लगती है, उनकी साधना ज्ञानयोग से और कर्म में रुचि वालों की साधना कर्मयोग से होती है. (३.०३)

अनारम्भ से ही कर्मों के; जन निष्काम-भाव नहीं होते ।
और न कर्म-त्याग से केवल; सिद्धि-प्राप्ति का है मिलता फल ॥

मनुष्य कर्म का त्यागकर कर्म के बन्धनों से मुक्त नहीं होता. केवल कर्म के त्याग से ही सिद्धि की प्राप्ति नहीं होती. (३.०४)

बिना कर्म करते कोई नर; कभी न रह पाता है पल भर ।
प्रकृति-गुण द्वारा ही सब जन; करते कर्म अवश्य अवश मन ॥

कोई भी मनुष्य एक क्षण भी बिना कर्म किए नहीं रह सकता, क्योंकि प्रकृति के गुणों द्वारा मनुष्यों से—परवश की तरह—सभी कर्म करवा लिए जाते हैं. (३.०५)

कर्मेन्द्रियों को वश में कर जन; जो करता विषयों का चिन्तन ।
मन से, मूढ आत्म-अविचारी; कहलाता वह मिथ्याचारी ॥३.०६॥

जो मूढ बुद्धि मनुष्य इन्द्रियों को प्रदर्शन के लिए रोककर मन द्वारा विषयों का चिन्तन करता रहता है, वह मिथ्याचारी कहा जाता है. (३.०६)

इन्द्रियों को मन से वश में कर; अनासक्त कर्मेन्द्रियों से नर ।
कर्मयोग आचरण करे जो; अर्जुन, श्रेष्ठ सुनिश्चित है वो ॥३.०७॥

दूसरों की सेवा क्यों?

परन्तु हे अर्जुन, जो मनुष्य बुद्धि द्वारा अपने इन्द्रियों को वश में करके, अनासक्त होकर कर्मेन्द्रियों द्वारा निष्काम कर्मयोग का आचरण करता है, वही श्रेष्ठ है. (३.०७)

दोहाः *विधिवत कर तू कर्म को, श्रेष्ठ अकर्म से कर्म ।*
कर्म बिना न सधे कभी, तन का भी तव धर्म ॥३.०८॥

तुम अपने कर्तव्य का पालन करो, क्योंकि कर्म न करने से कर्म करना श्रेष्ठ है तथा कर्म न करने से तेरे शरीर का निर्वाह भी नहीं होगा. (३.०८)

जो यज्ञार्थ किये नहीं अर्जुन; बनते कर्म मनुज को बन्धन।
सो आसक्ति-रहित नित होकर; शुचितम कर्म-आचरण को कर ॥

केवल अपने लिए कर्म करने से मनुष्य कर्मबन्धन से बन्ध जाता है; इसलिए हे अर्जुन, कर्मफल की आसक्ति त्यागकर सेवाभाव से भलीभांति अपना कर्तव्यकर्म का पालन करो. (३.०९)

यज्ञ-सहित रच सृष्टि प्रजा को; आदिकाल ब्रह्मा बोले यों—
यज्ञ-कर्म कर बढ़ो निरन्तर; मिलें इष्टफल सभी यजन कर ॥३.१०॥

पारस्परिक सहयोग विधाता का पहला निर्देश

सृष्टिकर्ता ब्रह्मा ने सृष्टि के आदि में यज्ञ (अर्थात् निस्वार्थ सेवा) के साथ प्रजा का निर्माण करके कहा— "इस यज्ञ द्वारा तुम लोग वृद्धि प्राप्त करो और यह यज्ञ तुम लोगों को इष्टफल देने वाला हो." (३.१०)

यज्ञ द्वारा देवों को उन्नत; करो, देव फिर तुम्हें समुन्नत ।
उन्नति करते हुए परस्पर; पाओ परम सुफल श्रेयस्कर ॥३.११॥

तुम लोग यज्ञ के द्वारा देवताओं की मदद करो और देवगण तुम लोगों की मदद करें. इस प्रकार एक दूसरे की मदद करते हुए तुम परम कल्याण को प्राप्त होगे. (३.११)

यज्ञ-तृप्त होकर सुर तव हित; करें प्रदान भोग-फल वांछित ।
दैवी फल बिन सुरगण-अर्पित; भोगे जो नर, चोर सुनिश्चित ॥३.१२॥

यज्ञ द्वारा पोषित देवगण तुम्हें इष्टफल प्रदान करेंगे. देवताओं के द्वारा दिए हुए भोगों को जो मनुष्य उन्हें बिना दिए अकेला सेवन करता है, वह निश्चय ही चोर है. (३.१२)

यज्ञ से बचे अन्न का भोजन; सन्त करें, छूटें अघ-बन्धन ।
पापी जो निज हेतु पकाते; वे हैं स्वयं पाप ही खाते ॥३.१३॥

यज्ञ से बचे हुए अन्न को खाने वाले श्रेष्ठ मनुष्य सब पापों से मुक्त हो जाते हैं; परन्तु जो लोग केवल अपने लिए ही अन्न पकाते हैं, वे पाप के भागी होते हैं. (३.१३)

अन्नोत्पन्न जीवजन सारे; अरु वर्षा से अन्न उगा रे ।
और यज्ञ से वर्षा सम्भव; कर्मो से है यज्ञ समुद्भव ॥३.१४॥

दोहाः *कर्म हुआ है ब्रह्म से, ब्रह्म अक्षर से जान ।*
सब में व्यापी ब्रह्म यूं; यज्ञ-रमा नित मान ॥३.१५॥

समस्त प्राणी अन्न से उत्पन्न होते हैं, अन्न वृष्टि से होता है, वृष्टि यज्ञ से होती है, यज्ञ कर्म से, कर्म वेदों में विहित है और वेद को अविनाशी ब्रह्म से उत्पन्न हुआ जानो. इस तरह सर्वव्यापी ब्रह्म सदा ही यज्ञ (अर्थात् सेवा) में विराजमान रहते हैं. (४.३२ भी देखें) (३.१४-१५)

चलते चक्र-अनुसार नहीं जो; करता है व्यवहार नहीं, वो ।
अर्जुन, इन्द्रिय-लम्पट-कामी; व्यर्थ जी रहा पाप-विरामी ॥३.१६॥

हे अर्जुन, जो मनुष्य सेवा द्वारा इस सृष्टिचक्र को चलते रहने में सहयोग नहीं देता है, वैसा पापमय, भोगी मनुष्य व्यर्थ ही जीता है. (३.१६)

प्रीति करे आत्मा में जो पर; तृप्त आत्मा में ही जो नर ।
है संतुष्ट आत्मा में ही; उसके लिये करम नहीं कोई ॥३.१७॥

परन्तु जो मनुष्य परमात्मा में ही रमण करता है तथा परमात्मा में ही तृप्त और संतुष्ट रहता है, वैसे आत्मज्ञानी मनुष्य के लिए कोई कर्तव्य शेष नहीं रहता. (३.१७)

उसका विश्व-लोक में, अर्जुन; कर्म-अकर्म से नहीं प्रयोजन ।
सभी प्राणियों में उसके हित; स्वार्थपूर्ण सम्बन्ध न किंचित ॥३.१८॥

उसे कर्म करने या न करने का कोई कारण नहीं रहता तथा वह परमात्मा के सिवा किसी और प्राणी पर निर्भर नहीं रहता. (३.१८)

अनासक्त यूं, पार्थ, निरन्तर; तू कर्त्तव्य-कर्म-पालन कर ।
अनासक्त रह कर्म करे जो; परमात्मा को प्राप्त करे वो ॥३.१९॥

इसलिए तुम अनासक्त होकर सदा अपने कर्तव्यकर्म का भलीभांति पालन करो, क्योंकि अनासक्त रहकर कर्म करने से ही मनुष्य परमात्मा को प्राप्त करता है. (३.१९)

विज्ञ विदेह आदि सब ने ही; सिद्धि प्राप्त की कर्मों से ही ।
करके और लोक-हित-मंथन; कर्म-पात्र हो शुभ तू अर्जुन ॥३.२०॥

नेता उदाहरण बनें

राजा जनक आदि ज्ञानीजन निष्काम कर्मयोग द्वारा परम सिद्धि को प्राप्त हुए थे. लोक कल्याण के लिए भी तुम्हारा कर्म करना ही उचित है. (३.२०)

जो जो श्रेष्ठ आचरण करता; जन-समाज वैसा ही करता ।
वह जो है प्रमाण कर देता; लोक उसी पथ पग धर देता ॥३.२१॥

श्रेष्ठ मनुष्य जैसा आचरण करता है, दूसरे लोग भी वैसा ही आचरण करते हैं. वह जो प्रमाण देता है, जन समुदाय उसी का पालन करते हैं. (३.२१)

दोहाः त्रिभुवन में कर्त्तव्य मम, यद्यपि पार्थ, न धर्म ।
प्राप्य न कुछ अप्राप्त है, तदपि करूं मैं कर्म ॥३.२२॥

हे अर्जुन, तीनों लोकों में न तो मेरा कोई कर्तव्य है और न कोई भी प्राप्त करने योग्य वस्तु मुझे अप्राप्त है, फिर भी मैं कर्म करता हूं. (३.२२)

कर प्रमाद का पूर्ण विसर्जन; यदि न कर्मरत होऊं, अर्जुन ।
सब प्रकार वही कदाचित; मम पथ का अनुसरण करें नित ॥३.२३॥

कर्म-विरत मैं अगर हुआ रे; लोक नष्ट हो जायें सारे ।
बनूं वर्णसंकर का कर्ता; प्रजा-प्राण सब ही का हर्ता ॥३.२४॥

क्योंकि यदि मैं सावधान होकर कर्म न करूं तो हे अर्जुन, मनुष्य मेरे ही मार्ग का पालन करेंगे. इसलिए यदि मैं कर्म न करूं, तो ये सब लोक नष्ट हो जायेंगे और मैं ही इनके विनाश का तथा अराजकता का कारण बनूंगा. (३.२३-२४)

कर्मासक्त मूढ़जन,भारत; जैसे हुए करम में हैं रत ।
बुधजन अनासक्त त्यों होकर; कर्म करें जनहित से मन भर ।।३.२५।।

अर्जुन, अज्ञानी लोग जिस प्रकार कर्मफल में आसक्त होकर अच्छी तरह अपना कर्म करते हैं, हे उसी प्रकार ज्ञानी मनुष्य भी जनकल्याण के लिए आसक्तिरहित होकर अच्छी तरह अपना कर्म करें. (३.२५)

कर्मासक्त महा अज्ञानी; करे भ्रमित तिन बुद्धि न ज्ञानी ।
कर्म करे शुचि हो योग-स्थित; करे अन्य को भी वह प्रेरित ।।३.२६।।

ज्ञानी कर्मफल में आसक्त अज्ञानियों की बुद्धि में भ्रम अर्थात् कर्मों में अश्रद्धा उत्पन्न न करे तथा स्वयं अनासक्त होकर समस्त कर्मों को भलीभांति करता हुआ दूसरों को भी वैसा ही करने की प्रेरणा दे. (३.२९ भी देखें) (३.२६)

त्रिगुणों का माध्यम अपनाती; प्रकृति सभी है कर्म कराती ।
अहंकार-मोहित-आत्मा जन; 'मैं करता हूं' माने निज मन ।।३.२७।।

सभी कर्म प्रकृति करती हैं

वास्तव में संसार के सारे कार्य प्रकृति मां की गुणरूपी परमेश्वर की शक्ति के द्वारा ही किए जाते हैं, परन्तु अज्ञानवश मनुष्य अपने आपको ही कर्ता समझ लेता है (तथा कर्मफल की आसक्तिरूपी बन्धनों से बन्ध जाता है. मनुष्य तो परम शक्ति के हाथ की केवल एक कठपुतली मात्र है). (५.०९, १३.२९, १४.१९ भी देखें) (३.२७)

गुण और कर्मविभागों को जो; तत्व जानते हैं बुद्धजन वो ।
गुण-गण में गुण-खेल सभी हैं; मान, नहीं आसक्त कभी हैं ।।३.२८।।

परन्तु हे अर्जुन, गुण और कर्म के रहस्य को जानने वाले ज्ञानी मनुष्य ऐसा समझकर— कि इन्द्रियों द्वारा प्रकृति के गुण ही सारे कर्म करते हैं तथा मनुष्य कुछ भी नहीं करता है—कर्म में आसक्त नहीं होते. (३.२८)

दोहाः प्रकृति-गुणों से भ्रमित, गुण-कर्मों में आसक्त ।
मंद मूढ़ को न करे, विचलित ज्ञानी भक्त ।।३.२९।।

प्रकृति के गुणों द्वारा मोहित होकर अज्ञानी मनुष्य गुणों के द्वारा किए गये कर्मों में आसक्त रहते हैं, उन्हें ज्ञानी मनुष्य सकाम कर्ममार्ग से विचलित न करें. (३.२९)

कर अध्यात्म-निष्ठ अपना चित; सभी कर्म कर मुझे अर्पित ।
फल-आशा, ममता तज, अर्जुन; करो युद्ध, संताप न रख मन ।।३.३०।।

मुझ में चित्त लगाकर, सम्पूर्ण कर्मों के फल को मुझ में अर्पण करके, आशा, ममता और संतापरहित होकर अपना कर्तव्य करो. (३.३०)

जो कोई भी श्रद्धानत नर; दोष-बुद्धि से मुक्त निरन्तर ।
मेरे मत-अनुसार चलेंगे; कर्म-मुक्ति पूरी पा लेंगे ।।३.३१।।

दोष-दृष्टि वाले मूरखजन; मम उपदेश न करते पालन ।
ज्ञान विमूढ़ पूर्णतम उनको; अर्जुन, नष्ट हुआ ही समझो ।।३.३२।।

जो मनुष्य बिना आलोचना किये, श्रद्धा पूर्वक मेरे इस उपदेश का सदा पालन करते हैं, वे कर्मों के बन्धन से मुक्त हो जाते हैं; परन्तु जो आलोचक मेरे इस उपदेश का पालन नहीं करते, उन्हें अज्ञानी, विवेकहीन तथा भ्रमित समझना चाहिए. (३.३१-३२)

प्रकृति-विवश जीते सब प्राणी; ज्ञानी भी और सब अज्ञानी ।
प्रकृति-भूत सब का चेष्टा-क्रम; व्यर्थ वहां निग्रह-हठ संयम ? ॥३.३३॥

सभी प्राणी अपने स्वभाव के वश में होकर उसी के अनुसार कर्म करते हैं. ज्ञानी भी अपनी प्रकृति के अनुसार ही कार्य करता है. फिर इन्द्रियों के निग्रह क्यों? (३.३३)

इन्द्रिय-इन्द्रिय-भोग-व्यवस्थित; राग-द्वेष जो जो भी हैं नित ।
अरि, कल्याण-मार्ग-बाधा वे; उनके वश में कभी न आवे ॥३.३४॥

पूर्णता के मार्ग में, दो बाधायें

प्रत्येक इन्द्रिय के भोग में राग और द्वेष, मनुष्य के कल्याण मार्ग में विघ्न डालने वाले, दो महान् शत्रु रहते हैं. इसलिए मनुष्य को राग और द्वेष के वश में नहीं होना चाहिए. (३.३४)

शीलोचित परधर्म से बढ़ कर; निज गुण-हीन धर्म है श्रेयस्कर।
मरना भी स्वधर्म में हितकर; है परधर्म महान भयंकर ॥३.३५॥

अपना गुणरहित सहज और स्वाभाविक कार्य आत्मविकास के लिए दूसरे अच्छे अस्वाभाविक कार्य से अच्छा है. स्वधर्म कार्य में मरना भी कल्याणकारक है. अस्वाभाविक कार्य हानिकारक होता है. (१८.४७ भी देखें) (३.३५)

अर्जुन बोले—

हे वार्ष्णेय, स्वयं बिन चाहे; बलपूर्वक ज्यों अन्य कराये ।
किसके बल से प्रेरित होकर; पाप-आचरण करता है नर ? ॥३.३६॥

काम पाप का मूल है

अर्जुन बोले— हे कृष्ण, न चाहते हुए भी विवश किए हुए के समान क्यों मनुष्य पाप कर्म करता है? (३.३६)

श्रीभगवान बोले—

दोहाः रज गुण से उत्पन्न है, यही क्रोध, यही काम ।
अग्नि-समान अतृप्त अरि, अधम जान अविराम ॥३.३७॥

श्रीभगवान बोले— रजो गुण से उत्पन्न यह काम है, यही क्रोध है, कभी भी पूर्ण नहीं होने वाले इस महापापी काम को ही तुम अध्यात्मिक मार्ग का शत्रु जानो. (३.३७)

ढके आग धूएं से जैसे; दर्पण ढक जाता ज्यों मल से ।
जैसे जेर से गर्भ ढका है; यूंही काम से ज्ञान रुका है ॥३.३८॥

जैसे धुएं से अग्नि और धूलि से दर्पण ढक जाता है तथा झिल्ली से गर्भ ढका रहता है, वैसे ही काम आत्मज्ञान को ढक देता है. (३.३८)

हे कौन्तेय, अतृप्त अनल सा; बुधजन का नित शत्रु प्रबल सा ।
काम सभी का ज्ञान ढके है; शान्त उसे कर कौन सके है ॥३.३९॥

हे अर्जुन, अग्नि के समान कभी तृप्त न होने वाले, ज्ञानियों के नित्य शत्रु, काम, के द्वारा ज्ञान ढक जाता है. (३.३९)

इन्द्रियां, बुद्धि और इसके मन; हैं आवास, कहें ज्ञानी जन ।
इन से काम ज्ञान को ढक-कर; देही को देता मोहित कर ।।३.४०।।

इन्द्रियां, मन और बुद्धि काम के निवास स्थान कहे जाते हैं. यह काम इन्द्रियां, मन और बुद्धि को अपने वश में करके ज्ञान को ढककर मनुष्य को भटका देता है. (३.४०)

अतः इन्द्रियां वश में, अर्जुन; करो प्रथम, फिर इसका मर्दन ।
चिर-पापी अरि काम विनाशी; यही ज्ञान-विज्ञान का नाशी ।।

इसलिए हे अर्जुन, तुम पहले अपनी इन्द्रियों को वश में करके, ज्ञान और विवेक के नाशक इस पापी कामरूपी शत्रु का विनाश करो. (३.४१)

शक्त श्रेष्ठ इन्द्रियां कहते जन; श्रेष्ठ इन्द्रियों से भी है मन ।
मन से अधिक बुद्धि है उत्तम; बुद्धि-परे आत्मा सर्वोत्तम ।।३.४२।।

काम पर विजय कैसे पायें

इन्द्रियां शरीर से श्रेष्ठ कही जाती हैं, इन्द्रियों से परे मन है और मन से परे बुद्धि है और आत्मा बुद्धि से भी अत्यन्त श्रेष्ठ है. (६.०७-०८ भी देखें) (३.४२)

श्रेष्ठ बुद्धि से आत्मा, अर्जुन--- जान, बुद्धि से कर वश में मन ।
दुर्जय कामरूप है दुश्मन; मार महाबाहो, कर मर्दन ।।३.४३।।

इस प्रकार आत्मा को मन और बुद्धि से श्रेष्ठ जानकर, सेवा, ध्यान, पूजन आदि से की हुई शुद्ध बुद्धि द्वारा मन को वश में करके, हे अर्जुन, तुम इस दुर्जय कामरूपी शत्रु का विनाश करो. (३.४३)

इति तृतीयोऽध्यायः

राधे कृष्णा, राधे कृष्णा; कृष्णा, कृष्णा, हरे हरे
हरे रामा, हरे रामा; रामा, रामा, हरे हरे

चतुर्थ अध्याय

४. ज्ञानकर्मसंन्यासयोग

श्रीभगवान बोले—

दोहाः ***रवि ने मुझसे, सूर्य से--मनुने पाया यह ज्ञान ।***
मनु से फिर इक्ष्वाकु ने, अक्षय योग महान ।।४.०१।।

यूं सब ऋषि-राजर्षि नाना; परम्परा से सबने जाना ।
काल बहुत है बीता लेकिन; जब से लोप हुआ यह अर्जुन ।
वही योग अब परम पुरातन; मैंने कहा तुझे है अर्जुन ।
क्योंकि भक्त, प्रिय सखा परम मम; और रहस्य योग यह उत्तम ।

कर्मयोग पुरातन निर्देश है

श्रीभगवान बोले— मैंने कर्मयोग के इस अविनाशी सिद्धान्त को सूर्यवंशी राजा विवस्वान को सिखाया, विवस्वान ने अपने पुत्र मनु से कहा तथा मनु ने अपने पुत्र इक्ष्वाकु को सिखाया. इस प्रकार परम्परा से प्राप्त हुए कर्मयोग को राजर्षियों ने जाना; परन्तु हे अर्जुन, बहुत दिनों के बाद यह ज्ञान इस पृथ्वीलोक में लुप्त सा हो गया. तुम मेरे भक्त और प्रिय मित्र हो, इसलिए वही पुराना कर्मयोग आज मैंने तुम्हें कहा है, क्योंकि यह कर्मयोग एक उत्तम रहस्य है. (४.०१-०३)

अर्जुन बोले—

जन्म आपका अभिनव नूतन; सूर्य-जन्म, प्रभु, परम पुरातन ।
कल्प-आदि में कैसे जानूं ? योग कहा प्रभु ने, क्यों मानूं ।।४.०४।।

अर्जुन बोले— आपका जन्म तो अभी हुआ है तथा सूर्यवंशी राजा विवस्वान का जन्म सृष्टि के आदि में हुआ था, अतः मैं कैसे जानूं कि आप ही ने विवस्वान से इस योग को कहा था? (४.०४)

श्रीभगवान बोले—

अर्जुन, मेरे और तुम्हारे; जन्म हुए हैं कितने सारे ।
तू न जानता उन्हें परंतप; जिनसे मैं पूरा हूं अवगत ।।४.०५।।

प्रभु अवतार का उद्देश्य

श्रीभगवान बोले— हे अर्जुन, मेरे और तुम्हारे बहुत सारे जन्म हो चुके हैं, उन सब को मैं जानता हूं, पर तुम नहीं जानते. (४.०५)

दोहाः ***जीव-जीव-अज ईश मैं, अविनाशी, निज आत्म***
वश में आत्म-प्रकृति किये, माया से लूं जन्म ।।४.०६।।

यद्यपि मैं अजन्मा, अविनाशी तथा समस्त प्राणियों का ईश्वर हूं, फिर भी अपनी योगमाया से प्रकट होता हूं. (१०.१४ भी देखें) (४.०६)

जब भी कभी धर्म घटता है; और अधर्म ऊपर बढ़ता है ।
तब तब भरत-श्रेष्ठ, हे अर्जुन; लेता हूं अवतार, धार तन ।।४.०७।।
साधु-जनों को त्राण दिलाने; दुष्टजनों का मूल मिटाने ।
पुनः धर्म करने प्रस्थापित; युग-युग होता स्वयं उपस्थित ।।४.०८।।

हे अर्जुन, जब-जब संसार में धर्मकी हानि और अधर्म की वृद्धि होती है, तब-तब अच्छे लोगों की रक्षा, दुष्टों का संहार तथा धर्म संस्थापना के लिए मैं, परब्रह्म परमात्मा, हर युग में अवतरित होता हूं. (४.०७-०८)

जन्म-कर्म अति दिव्य महत्तम; तत्त्वज्ञान जिसको अर्जुन मम ।
फिर तन त्याग जन्म नहीं लेता, वह मुझको ही है पा लेता ॥४.०९॥

हे अर्जुन, मेरे जन्म और कर्म दिव्य हैं. इसे जो मनुष्य भलीभांति जान लेता है, उसका मरने के बाद पुनर्जन्म नहीं होता तथा वह मेरे लोक, परमधाम, को प्राप्त करता है. (४.०९)

वीतराग, भय-क्रोध-विजेता; मम शरणागत, मम-मय चेता ।
अनगिन ज्ञान-तपस से पावन; मम स्वरूप को प्राप्त हुए जन ॥

राग, भय और क्रोध से रहित, मुझ में लीन, मुझ पर निर्भर तथा ज्ञानरूपी तप से पवित्र होकर, बहुत से मनुष्य मेरे स्वरूप को प्राप्त हो चुके हैं. (४.१०)

दोहाः जैसा जो मुझको भजे, वैसा दूं फल-भोग ।
अनुवर्तन सब दिशि करें, मम पथ में सब लोग ॥४.११॥

प्रार्थना और भक्ति का मार्ग

हे अर्जुन, जो भक्त जिस किसी भी मनोकामना से मेरी पूजा करते हैं, मैं उनकी मनोकामना की पूर्ति करता हूं. मनुष्य अनेक प्रकार की इच्छाओं की पूर्ति के लिए मेरी शरण लेते हैं. (४.११)

कर्म-सिद्धि-फल की ले चाहत; देवगणों की पूजा में रत ।
कर्म-उत्पन्न-सिद्धि वे सत्वर; मनुज लोक में पाते हैं नर ॥४.१२॥

कर्मफल के इच्छुक संसार के साधारण मनुष्य देवताओं की पूजा करते हैं, क्योंकि मनुष्यलोक में कर्मफल शीघ्र ही प्राप्त होते हैं. (४.१२)

गुण-कर्मों से नियम-विभाजित; चतुर्वर्ण मुझसे ही नियमित ।
कर्ता उनका जान मुझे ही; अविनाशी अनकर्ता मैं ही ॥४.१३॥

मेरे द्वारा ही चारो वर्ण अपने-अपने गुण, स्वभाव और रुचि के अनुसार बनाए गए हैं. सृष्टि की रचना आदि कर्म के कर्ता होनेपर भी मुझ परमेश्वर को अविनाशी और अकर्ता ही जानना चाहिए. क्योंकि प्रकृति के गुण ही संसार चला रहे हैं (१८.४१ भी देखें) (४.१३)

फल-कामना न मुझको किंचित; नहीं कर्म-बन्धन से बन्धित ।
जो ऐसे मुझको जानेगा; नहीं कर्म उसको बांधेगा ॥४.१४॥

मुझे कर्म का बन्धन नहीं लगता, क्योंकि मेरी इच्छा कर्मफल में नहीं रहती है. इस रहस्य को जो व्यक्ति भलीभांति समझकर कर्म करता है, वह भी कर्म के बन्धनों से नहीं बन्धता है. (४.१४)

मोक्षकामी जो पूर्वज जन थे; जान यही सब करें करम थे ।
पुरा काल में पूर्वज जो वर; करते थे, तू कर्म वही कर ॥४.१५॥

सभी मोक्ष चाहने वालों (मुमुक्षुओं) ने इस रहस्य को जानकर कर्म किए हैं. इसलिए तुम भी अपने कर्मों का पालन उन्हीं की तरह करो. (४.१५)

दोहाः कविजन भी सारे भ्रमित, क्या है कर्म अकर्म ।
पाप-मुक्त हो जान जो, कहता हूं वह कर्म ॥४.१६॥

सकाम, निष्काम, और निषिद्ध कर्म

विद्वान् मनुष्य भी भ्रमित हो जाते हैं कि कर्म क्या है तथा अकर्म क्या है, इसलिए मैं तुम्हें कर्म के रहस्य को समझाता हूं; जिसे जानकर तुम कर्म के बन्धनों से मुक्त हो जाओगे. (४.१६)

दोहाः *है ज्ञातव्य विकर्म भी, और कर्म ज्ञातव्य ।*
ज्ञेय अकर्म-स्वरूप भी, गहन कर्म-गति भव्य ॥४.१७॥

सकाम कर्म, निष्कामकर्म (अर्थात् अकर्म) तथा विकर्म (अर्थात् पापकर्म) के स्वरूप को भलीभांति जानलेना चाहिए, क्योंकि कर्म की गति बहुत ही न्यारी है. (४.१७)

जो अकर्म कर्मों में देखे; कर्मों को अकर्म में देखे ।
योग-युक्त वह ज्ञानी है नर; योगी कर्म रहा सब वह कर ॥४.१८॥

कर्मयोगी को कर्म-बन्धन नहीं

जो मनुष्य कर्म में अकर्म तथा अकर्म में कर्म देखता है, वही ज्ञानी, योगी तथा समस्त कर्मों का करने वाला है. (अपने को कर्ता नहीं मानकर प्रकृति के गुणों को ही कर्ता मानना कर्म में अकर्म तथा अकर्म में कर्म देखना कहलाता है) (३.०५, ३.२७, ५.०८, १३.२९ भी देखें) (४.१८)

कामहीन, संकल्प-रहित हैं; जिसके सब उद्योग महत् हैं ।
ज्ञान-अगन में दग्ध, तिरोहित; जिसके कर्म सभी, वह पंडित ॥४.१९॥

जिनके सारे कर्मों के संकल्प ज्ञानरूपी अग्नि से जलकर स्वार्थरहित हो गये हैं, वैसे मनुष्य को ज्ञानीजन पण्डित कहते हैं. (४.१९)

आश्रय-हीन तृप्त नित जो है; फल-अभिमान-अमोहित जो है ।
कर्म-प्रवृत्त रहे वह निशिदिन; कर्म न करता कुछ भी, अर्जुन ॥

जो मनुष्य कर्मफल में आसक्ति का सर्वथा त्यागकर, परमात्मा में नित्यतृप्त रहता है तथा भगवान् के सिवा किसी का आश्रय नहीं रहता, वह कर्म करते हुए भी वास्तव में कुछ भी नहीं करता है तथा कर्म के बन्धनों से सदा मुक्त रहता है. (४.२०)

अन्तःकरण-शरीर-विजेता; परिग्रह-त्यागी, आश-अचेता ।
मात्र शरीर-कर्म-रत भी वो; नहीं पाप को प्राप्त कभी हो ॥४.२१॥

जो आशा रहित है, जिसके मन और इन्द्रियां वश में हैं, जिसने 'मैं और मेरा' का त्याग कर दिया है, ऐसा मनुष्य शरीर से कर्म करता हुआ भी पाप अर्थात् कर्म के बन्धन को प्राप्त नहीं करता है. (४.२१)

दोहाः *सिद्धि-असिद्धि समान है, द्वेष-द्वन्द्व से हीन ।*
मिले उसी में तृप्त, वह, करते कर्म हो लीन ॥४.२२॥

अपने आप जो कुछ भी प्राप्त हो, उसमें संतुष्ट रहने वाला, ईर्ष्या से रहित तथा सफलता और असफलता में समभाव वाला कर्मयोगी कर्म करता हुआ भी कर्म के बन्धनों से नहीं बन्धता है. (४.२२)

राग-मुक्त चित ज्ञान-अवस्थित; करे आचरण यज्ञों के हित ।
मुक्त पुरुष वे जो कर जाते; कर्म विलीन सभी हो जाते ॥४.२३॥

जिसकी ममता तथा आसक्ति सर्वथा मिट गयी है, जिसका चित्त ज्ञान में स्थित है, ऐसे परोपकारी मनुष्य के कर्म के सभी बन्धन विलीन हो जाते हैं. (४.२३)

दोहाः ब्रह्म अग्नि है, होतृ है, हवन ब्रह्म है हव्य ।
अर्पण भी है ब्रह्म ही, ब्रह्म ध्येय-गन्तव्य ॥
ब्रह्मरूप-शुचि-कर्म में, समाधिस्थ-अनुरक्त ।
पाता है उस ब्रह्म को निश्चित ही वह भक्त ॥४.२४॥

यज्ञ का अर्पण, घी, अग्नि तथा आहुति देने वाला सभी परब्रह्म परमात्मा ही है. इस तरह जो सब कुछ में परमात्मा का ही स्वरूप देखता है, वह परमात्मा को प्राप्त होता है. (४.२४)

देवयज्ञ कर कुछ योगीजन; देव-उपासना-रत हैं निशि दिन ।
कोई फिर ब्रह्माग्नि में ही; हवन यज्ञ करते यज से ही ॥४.२५॥

यज्ञ के विभिन्न प्रकार

कोई योगीजन देवताओं के पूजनरूपी यज्ञ करते हैं और दूसरे ज्ञानीजन ब्रह्मरूपी अग्नि में ज्ञानयज्ञ करते हैं. (४.२५)

संयम-अनल-समर्पित कतिपय; होम करें श्रोत्रादिक इन्द्रिय ।
होम अग्नि है कुछ को इन्द्रिय; होम करें शब्दादिक विषय ॥४.२६॥

अन्य योगी इन्द्रियसंयम का हवन करते हैं तथा कुछ लोग विषयों का इन्द्रियरूपी अग्नि में हवन करते हैं. (४.२६)

ज्ञान-प्रदीप्त आत्म संयम की; योग-अग्नि है कहीं हवन की ।
इन्द्रिय-कर्म, प्राण-कृति बुधजन; जिस में हवन करें हैं, अर्जुन ॥

दूसरे योगीजन सम्पूर्ण इन्द्रियों के और प्राणों के कर्मों को संयमरूपी अग्नि में हवन करते हैं. (४.२७)

दोहाः द्रव्य-यज्ञ, तप-यज्ञ औ, दारुणव्रती अनन्य ।
ज्ञान-योग-स्वाध्याय तप, करते हैं कुछ अन्य ॥४.२८॥

दूसरे साधक द्रव्ययज्ञ, तपयज्ञ तथा योगयज्ञ करते हैं और दूसरे कठिन व्रत करनेवाले स्वाध्याय और ज्ञानयज्ञ करते हैं. (४.२८)

प्राणवायु को अपान में या; प्राणवायु में अपान अथवा ।
दोनों की गति रोक कई जन; प्राणायाम-होम-रत, अर्जुन ॥४.२९॥

प्राणायाम करने वाले योगीजन प्राण और अपान की गति को—अपानवायु में प्राणवायु का तथा प्राणवायु में अपानवायु का हवन कर—रोक लेते हैं. (४.२९)

प्राणों में कुछ नियताहारी; हवन करेंगे प्राणों का ही ।
नष्ट पाप जिनके यज्ञों से; ये सब ज्ञानी हैं यज्ञों के ॥४.३०॥

दूसरे साधक नियमित आहार करके प्राणवायु में प्राणवायु का हवन करते हैं. ये सभी यज्ञों को जानने वाले हैं तथा यज्ञ के द्वारा इनके पाप नष्ट हो जाते हैं. (४.३०)

यज्ञामृत-भोगी योगी जन; प्राप्त करेंगे ब्रह्म सनातन ।
यज्ञ-हीन नर को तो सुखकर; नहीं लोक यह, अन्य हो क्योंकर ॥

हे अर्जुन, यज्ञ के प्रसादरूपी ज्ञानामृत को प्राप्तकर योगीजन सनातन परब्रह्म परमात्मा को प्राप्त करते हैं. यज्ञ न करने वाले मनुष्य के लिए परलोक तो क्या, यह मनुष्य लोक भी सुखदायक नहीं होता. (४.३८, ५.०६ भी देखें) (४.३१)

ऐसे बहुविध यज्ञ हैं अनगिन; वेदों में है जिनका वर्णन ।
कर्म-जात जानो सब को ही; बन्धन-मुक्ति जान यह हो ही ॥४.३२॥

वेदों में ऐसे अनेक प्रकार के यज्ञों का वर्णन किया गया है. उन सब यज्ञों को तुम शरीर, मन और इन्द्रियों द्वारा होने वाले जानो. इस प्रकार जानकर तुम कर्मबन्धन से मुक्त हो जाओगे. (३.१४ भी देखें) (४.३२)

द्रव्य-यज्ञ से, अर्जुन, बढ़कर; ज्ञान यज्ञ है श्रेष्ठ महत्तर ।
पार्थ, परंतप, सब कर्मों की; परिणति ज्ञान-मध्य ही होती ॥४.३३॥

ज्ञानयोग श्रेष्ठतर आध्यात्मिक अभ्यास है

हे अर्जुन, ज्ञानयज्ञ द्रव्ययज्ञ से श्रेष्ठ है, क्योंकि हे अर्जुन, तत्त्वज्ञान की प्राप्ति ही सारे कर्मों का लक्ष्य है. (४.३३)

कर प्रणाम, सेवा, जिज्ञासा; शान्त करो तुम ज्ञान-पिपासा ।
तत्त्वदर्शी ज्ञानी ऋषि-मुनिजन; ज्ञान-उपदेश करेंगे, अर्जुन ॥४.३४॥

उस तत्त्वज्ञान को तुम ब्रह्मनिष्ठ आचार्य के पास जाकर, उन्हें आदर, जिज्ञासा तथा सेवा से प्रसन्न करके सीखो. तत्त्वदर्शी ज्ञानी मनुष्य तुम्हें तत्त्वज्ञान का उपदेश देंगे. (४.३४)

जान जिसे फिर तुझको, पाण्डव; मोह न भ्रम यह होगा रौरव ।
जिससे सब जीवों के, अर्जुन; आत्मरूप मुझमें हों दर्शन ॥

जिसे जानकर तुम पुनः इस प्रकार भ्रम को नहीं प्राप्त होगे; तथा हे अर्जुन, इस ज्ञान के द्वारा तुम संपूर्ण भूतों को आत्मा—अर्थात् मुझ परब्रह्म परमात्मा—में देखोगे. (६.२९, ६.३०, ११.०७, ११.१३ भी देखें) (४.३५)

पापीजनों से भी यदि पापी; तू है, ज्ञान-नाव पा तो भी ।
अमित पाप-जल का यह सागर; पूर्णरूप से जायेगा तर ॥४.३६॥

सब पापियों से अधिक पाप करने वाला मनुष्य भी पापरूपी समुद्र को ब्रह्मज्ञानरूपी नौका द्वारा निस्सन्देह पार कर जायगा. (४.३६)

दोहाः दीप्त अग्नि जैसे करे, सब ईंधन को भस्म ।
       ज्ञानाग्नि वैसे करे, सब कर्मों को भस्म ॥४.३७॥

क्योंकि हे अर्जुन, जैसे अग्नि लकड़ी को जला देती है, वैसे ही ज्ञानरूपी अग्नि कर्म के सारे बन्धनों को भस्म कर देती है. (४.३७)

ज्ञान-समान विश्व में, अर्जुन; है पवित्र कुछ और न साधन ।
उचित समय में योगी ज्ञाता; आत्म-अनुभूति को है पाता ॥४.३८॥

कर्मयोगी को ज्ञानयोग की स्वयं ही प्राप्ति

इस संसार में तत्त्वज्ञान के समान चित्त को शुद्ध करने वाला कुछ भी नहीं है. उस तत्त्वज्ञान को, ठीक समय आने पर, कर्मयोगी अपने आप प्राप्त कर लेता है. (४.३१, ५.०६ भी देखें) (४.३८)

जितेन्द्रिय कर्म में तत्पर; श्रद्धावान ज्ञान पाता नर ।
तत्त्वज्ञान जिस क्षण वह पाता; तत्क्षण परम शान्ति पा जाता ॥

श्रद्धावान, साधन-परायण और जितेन्द्रिय मनुष्य तत्त्वज्ञान को प्राप्तकर शीघ्र ही परम शान्ति को प्राप्त करता है. (४.३९)

श्रद्धा-ज्ञान-विहीन, ससंशय; आत्मा का होता है चिर क्षय ।
लोक न वह परलोक है उसको; और न सुख संशय-आत्मा को ॥

विवेकहीन, श्रद्धाहीन तथा संशय करने वाले नास्तिक मनुष्य का पतन होता है. संशय करने वाले के लिए न यह लोक है, न परलोक है और न सुख ही है. (४.४०)

योग-युक्त हो कर्मों का क्षय; कटे ज्ञान से सब ही संशय ।
आत्मज्ञानी उस नर को कोई; कभी कर्म-बन्धन नहीं होई ॥४.४१॥

ज्ञानयोग और कर्मयोग दोनों ही मोक्ष के लिये अनिवार्य

हे अर्जुन, जिसने कर्मयोग के द्वारा समस्त कर्मों को परमात्मा में अर्पण कर दिया है तथा ज्ञान और विवेक द्वारा जिनके परमात्मा के बारे में सभी शंका का विनाश हो चुका है, ऐसे आत्मज्ञानी मनुष्य को कर्म नहीं बांधते हैं (४.४१)

उस अज्ञान-जनित संशय को; तव उर में बैठा, अर्जुन, जो ।
काट ज्ञान की असि से तत्क्षण; योगावस्थित हो, उठ इस क्षण ॥

इसलिए हे अर्जुन, तुम अपने मन में स्थित इस अज्ञानजनित संशय को ज्ञानरूपी तलवार द्वारा काटकर कर्मयोग में स्थित होकर अपना कर्म करो. (४.४२)

इति चतुर्थोऽध्यायः

हरे कृष्णा, हरे कृष्णा; कृष्णा, कृष्णा हरे हरे
हरे रामा, हरे रामा; रामा, रामा हरे हरे

पञ्चमो अध्यायः
५. कर्मसंन्यासयोग
अर्जुन बोले –

दोहाः कर्म-संन्यास सराहते, कभी योग को कृष्ण ।
निश्चित हितकर एक जो, मुझे कहो वह कृष्ण ॥५.०१॥

हे कृष्ण, आप ज्ञानयोग और कर्मयोग दोनों की प्रशंसा करते हैं. इन दोनों में एक, जो निश्चितरूप से कल्याणकारी हो, मेरे लिए कहिये. (५.०५ भी देखें) (५.०१)

कर्मयोग संन्यास बराबर; दोनों ही हैं अति श्रेयस्कर ।
उन दोनों में भी, हे अर्जुन; कर्मयोग संन्यास से ऊपर ॥५.०२॥

श्रीभगवान बोले– ज्ञानयोग और कर्मयोग ये दोनों ही परम कल्याणकारक हैं, परन्तु उन दोनों में ज्ञानयोग से कर्मयोग सरल होने के कारण श्रेष्ठ है. (५.०२)

इच्छा-द्वेष न करता हो जो; उसे सदा संन्यासी समझो ।
राग-द्वेष-द्वन्द्वों से छुटकर; बन्धन-मुक्त सहज होता नर ॥५.०३॥

जो मनुष्य न किसी से द्वेष करता है और न किसी वस्तु की आकांक्षा करता है, वैसे मनुष्य को ज्ञानी समझना चाहिए; क्योंकि हे अर्जुन, राग-द्वेषादि से रहित मनुष्य सहज ही बन्धन-मुक्त हो जाता है. (५.०३)

कर्मयोग-संन्यास-विभाजन; करते मूर्खलोग, नहीं बुधजन ।
इक में भी नर पूर्ण अवस्थित; फल दोनों का पाये निश्चित ॥५.०४॥

दोनों मार्ग परमात्मा की ओर ले जाते हैं

अज्ञानी लोग ही, न कि पण्डितजन, ज्ञानयोग और कर्मयोग को एक दूसरे से भिन्न समझते हैं, क्योंकि इन दोनों में से किसी एक में भी अच्छी तरह से स्थित मनुष्य दोनों के फल को प्राप्त कर लेता है. (५.०४)

जो पद सांख्य-विज्ञ पाते हैं; योगी भी गति वह जाते हैं ।
सांख्य, योग जो एकहि माने; वह नर तत्त्व पूर्ण पहचाने ॥५.०५॥

ज्ञानियों द्वारा जो धाम प्राप्त किया जाता है, कर्मयोगियों द्वारा भी वही प्राप्त किया जाता है. अतः जो मनुष्य ज्ञानयोग और कर्मयोग को फलरूप में एक देखता है, वही वास्तव में देखता (अर्थात् समझता) है. (६.०१, ६.०२ भी देखें), (५.०५)

दोहाः योग बिना अर्जुन कठिन, पाना है संन्यास ।
योगयुक्त मुनि शीघ्र ही, करे ब्रह्म में वास ॥५.०६॥

हे अर्जुन, कर्मयोग की निस्वार्थ सेवा के बिना ज्ञान प्राप्त होना कठिन है. सच्चा कर्मयोगी शीघ्र ही परमात्मा को प्राप्त करता है. (४.३१, ४.३८ भी देखें) (५.०६)

योगयुक्त, शुद्धात्मा पावन; जीत लिये जिसने इन्द्रिय-मन ।
सब जीवों में निज-सम-दर्शन; करे कर्म, पर लिप्त न वह जन ॥

निर्मल अन्तःकरण वाला कर्मयोगी, जिसका मन और इन्द्रियां उसके वश में है और जो सभी प्राणियों में एक ही आत्मा को देखता है, कर्म करते हुए भी उनसे लिप्त नहीं होता. (५.०७)

तत्त्व-विज्ञ योगी यह माने; "कुछ भी किया नहीं है मैंने" ।
श्रवण, सूंघना, छूना, दर्शन; भोजन, गमन, शयन, औ वाचन ॥
त्याग-ग्रहण लेना सांसों का; मिंचना खुल जाना आंखों का ।
इन्द्रियां अपने विषयों में रत; कर्म कर रहीं हैं सब अविरत ॥५.०९॥

कर्मयोगी प्रभु के लिये काम करता है

तत्त्वज्ञान को जानने वाला कर्मयोगी ऐसा समझता है कि मैं तो कुछ भी नहीं करता हूं. देखता, सुनता, स्पर्श करता, सूंघता, खाता, चलता, सोता, श्वास लेता, देता, लेता, बोलता तथा आंखों को खोलता और बन्द करता हुआ भी वह ऐसा जानता है कि समस्त इन्द्रियां ही अपने-अपने काम कर रही हैं. (३.२७, १३.२९, १४.१९ भी देखें) (५.०८-०९)

सभी कर्म कर ब्रह्म-समर्पित; अनासक्त हो कर्म करे नित ।
पाप लिप्त होता वह नाहीं; जल में कमल-पत्र की नाईं

जो मनुष्य कर्मफल में आसक्ति का त्यागकर, सभी कर्मों को परमात्मा में अर्पण करता है, वह कमल के पत्ते की तरह पापरूपी जल से कभी लिप्त नहीं होता. (५.१०)

दोहाः इन्द्रिय-तन-मन-बुद्धि से; मात्र पूर्ण निष्काम ।
आत्म-शुद्धि के हेतु ही; योगी करते काम ॥५.११॥

कर्मयोगी शरीर, मन, बुद्धि और इन्द्रियों द्वारा आसक्ति को त्यागकर केवल अन्तःकरण की शुद्धि के लिए ही कर्म करते हैं. (५.११)

कर्म-फलों को तज योगी जन; पाता नैष्ठिक शान्ति चिरन्तन ।
कामी जन फल-मोहित हो कर; रहें कामनाओं में बंध कर ॥५.१२॥

कर्मयोगी कर्मफल को त्यागकर (अर्थात् परमेश्वर को अर्पणकर) परम शान्ति को प्राप्त होता है और सकाम मनुष्य कर्मफल में आसक्ति के कारण बन्ध जाता है. (५.१२)

करता हुआ न कुछ करवाके; रहता पुर में नौ द्वारों के ।
त्याग सभी कर्मों को मन से; आत्मजयी रहता सुख-धन से ॥५.१३॥

आत्मज्ञान का मार्ग

कर्मयोगी सभी कर्मों के फल में आसक्ति का त्यागकर—न कोई कर्म करता हुआ और न करवाता हुआ—नौ द्वार वाले शरीररूपी घर में सुख से रहता है. (५.१३)

नहीं कर्म, ना ही कर्तापन; जीवों के करता प्रभु प्रणयन ।
नहीं संयोग कर्मफल कामी; करती सब कुछ प्रकृति मां ही ॥५.१४॥

ईश्वर प्राणियों में कर्तापन, कर्म तथा कर्मफल के संयोग को वास्तव में नहीं रचता है. प्रकृति मां ही अपने गुणों द्वारा सब कुछ करवाती है. (५.१४)

प्रभु नहीं लेता पाप किसी का; और न ले शुभकर्म किसी का
ढका ज्ञान माया-आच्छादित; प्राणी सभी इसी से मोहित ॥५.१५॥

ईश्वर किसी के पाप और पुण्य कर्म का भागी नहीं होता. अज्ञान के द्वारा ज्ञान को ढक जाने के कारण ही सब जीव भ्रमित होते हैं तथा पाप कर्म करते हैं. (५.१५)

दोहाः हुआ ज्ञान से नष्ट है, जिनका आत्म-अज्ञान ।
द्युतित परम प्रभु को करे, रवि सम उनका ज्ञान ॥५.१६॥

परन्तु जिनका अज्ञान तत्त्वज्ञान द्वारा नष्ट हो जाता है, उनका तत्त्वज्ञान सूर्य की तरह सच्चिदानन्द परमात्मा को प्रकाशित कर देता है. (५.१६)

प्रभुमय बुद्धि आत्म मन जिनके; तन्मय एक निष्ठ भगवन के ।
धुला ज्ञान से अघ है जिनका; पुनर्जन्म नहीं होता उनका ॥५.१७॥

जिनके मन और बुद्धि परमात्मा में स्थित है, परमात्मा में जिनकी श्रद्धा है, ब्रह्म ही जिनका परम लक्ष्य है, ऐसे मनुष्य ज्ञान के द्वारा पापरहित होकर परमगति को प्राप्त होते हैं, अर्थात् उनका पुनर्जन्म नहीं होता. (५.१७)

ब्राह्मण, गौ, हाथी कुत्तों के; अधम पुरुष चाण्डाल जनों के ।
विद्या-विनय-शील ज्ञानी जन; करते एक भाव से दर्शन ॥५.१८॥

आत्मज्ञानी के अन्य लक्षण

ज्ञानीजन सबों में परमात्मा को ही देखने के कारण विद्वान् ब्राह्मण तथा गाय, हाथी, कुत्ते, चाण्डाल आदि सबों को समान भाव से देखते हैं. (६.२९ भी देखें) (५.१८)

जिनका मन समभाव-अवस्थित; विश्व-विजयी वे नर हों जीवित ।
दोषहीन है ब्रह्म स्वयं सम; ब्रह्मलीन हैं वे इस कारण ॥५.१९॥

ऐसे समान भाव वाले मनुष्यों ने इसी जीवन में ही संसार के सम्पूर्ण कार्यों को समाप्त कर लिया है. वे ब्रह्म में ही लीन रहते हैं, क्योंकि ब्रह्म निर्दोष और सम है. (१८.५५ भी देखें) (५.१९)

प्रिय को पा नहीं होता हर्षित; अप्रिय पा नहीं जो उद्वेलित ।
ब्रह्मज्ञानी दृढ़ बुद्धि-समन्वित; ब्रह्मलीन वह पूर्ण अमोहित

जो मनुष्य प्रिय को प्राप्तकर हर्षित न हो और अप्रिय को प्राप्तकर दुखित न हो, ऐसा स्थिरबुद्धि, शंकारहित, ब्रह्म को जानने वाला मनुष्य परब्रह्म परमात्मा में सदा स्थित रहता है. (५.२०)

दोहाः अनासक्त भव-भोग में, मन आनन्द-विभूति ।
ब्रह्मयोगयुत नर करे, अक्षय सुख अनुभूति ॥५.२१॥

ऐसा ब्रह्मयुक्त व्यक्ति—अपने अन्तःकरण में ब्रह्मानन्द को प्राप्तकर—इन्द्रियों के विषयों से अनासक्त हो जाता है और अविनाशी परम सुख का अनुभव करता है. (५.२१)

इन्द्रिय-जनित भोग ये सब ही; दुख के कारण हैं निश्चय ही ।
आदि-अन्त वाले ये, अर्जुन; रमता कभी न उनमें बुधजन ॥५.२२॥

इन्द्रियों के सुखों का आदि और अन्त होता है तथा वे अन्त में दुख के कारण होते हैं. इसलिए हे अर्जुन, बुद्धिमान् मनुष्य इन्द्रिय सुख में आसक्त नहीं होते. (१८.३८ भी देखें) (५.२२)

काम-क्रोध जनित वेगों को; तन-विनाश से पहले ही जो ।
सहने में समर्थ है, वह ही; योगी है जग में सुखमय ही ॥५.२३॥

जो मनुष्य मृत्यु से पहले काम और क्रोध से उत्पन्न होने वाले वेग का सहन कर सकता है, वही योगी है और वही सुखी है. (५.२३)

अन्तः सुखी, आत्म-आवासी; आत्म-ज्योति से पुण्य-प्रभासी ।
ब्रह्मलीन योगी है वह ही; ब्रह्म-मुक्ति-भोगी है वह ही ॥५.२४॥

जो योगी आत्मा में ही सुख पाता है, आत्मभाव में रहता है तथा आत्मज्ञानी है, वह मुक्ति प्राप्त करता है. (५.२४)

पापमुक्त संशय से निवृत; मनमें सभी प्राणियों के हित ।
आत्म-संयमी, प्रभु-तन्मय मन; ब्रह्म-मुक्ति पाते वे ऋषि जन ॥५.२५॥

जिनके सब पाप नष्ट हो गये हैं, जिनके सभी शंका ज्ञान और विवेक द्वारा नष्ट हो चुके हैं, जिनका मन वश में है और जो सभी प्राणियों के हित में रत रहते हैं, ऐसे ब्रह्म को जानने वाले मनुष्य ब्रह्म को प्राप्त होते हैं. (५.२५)

दोहाः ***काम-क्रोध से रहित यति, मनस-विजेता आप्त ।***
चहु दिशि से आत्मज्ञ को, ब्रह्म-मोक्ष हो प्राप्त ॥५.२६॥

काम और क्रोध से रहित, जीते हुए मन वाले तथा आत्मज्ञानियों को आसानी से मोक्ष की प्राप्ति होती है. (५.२६)

बाह्य भोग सब बाहर तज कर; भृकुटि बीच निज दृष्टि नयन कर
नाक बीच जो विचरण करते; प्राण-अपान-वायु सम करके ॥
जितेन्द्रिय-मन-बुद्धि विजेता; नहीं भय-इच्छा-क्रोध न चेता ।
मोक्ष-परायण मुनि है जो जन; मुक्त सदा ही है बिन बन्धन ॥

तीसरा मार्ग– भक्तिमय ध्यानयोग

विषयों का चिन्तन न करता हुआ, नेत्रों की दृष्टि को भौंहों के बीच में स्थित करके, नासिका में विचरने वाले प्राण और अपान वायु को सम करके, जिसकी इन्द्रियां, मन और बुद्धि वश में है, जो मोक्ष चाहने वाला है तथा जो इच्छा, भय और क्रोध से रहित है, वह मुनि सदा मुक्त ही है. (५.२७-२८)

तप-यज-भोगी जान मुझे ही; सब लोकों का देवेश्वर भी ।
सुहृद सभी जीवों का त्राता; जान, शान्ति नर है पा जाता ।

मेरा भक्त मुझको सब यज्ञ और तपों का भोक्ता, सम्पूर्ण लोकों का महेश्वर और समस्त प्राणियों का मित्र जानकर शान्ति को प्राप्त करता है. (५.२९)

इति पञ्चमोऽध्यायः

रघुपति राघव राजा राम, पतीत-पावन सीता राम
राम कृष्ण हैं तेरे नाम, सबको सम्मति दे भगवान

षष्ठो अध्यायः

६. ध्यानयोग

श्रीभगवान बोले—

दोहाः बिना कर्म-फल-चाह जो, कर्म करे करनीय ।
वह योगी संन्यस्त है, नहीं निरग्नि निष्क्रिय ॥६.०१॥

कर्मयोगी भी संन्यासी है

श्रीभगवान बोले— जो मनुष्य केवल कर्मफल के भोग के लिए ही कर्म नहीं करता है, वही सच्चा संन्यासी और योगी है, केवल अग्नि का त्याग करने वाला संन्यासी नहीं होता तथा क्रियाओं का त्यागने वाला योगी नहीं होता. (६.०१)

पार्थ, जिसे संन्यास कहा है; वही जान तू योग महा है ।
बिन त्यागे संकल्प यहां पर; होता नहीं कोई योगी नर ॥६.०२॥

हे अर्जुन, जिसे संन्यास कहते हैं, उसी को तुम कर्मयोग समझो, क्योंकि स्वार्थ के त्याग के बिना मनुष्य कर्मयोगी नहीं हो सकता. (५.०१, ५.०५, ६.०१, १८.०२ भी देखें) (६.०२)

योग-साधना सुध्येय जिनका; कर्मयोग साधन मुनिजन का ।
योगारूढ़ हुए जो ऋषिजन; उनका शमन कहा है साधन ॥६.०३॥
इन्द्रिय-भोग-आसक्ति नहीं जब; कर्मों में अनुरक्ति नहीं जब।
सब संकल्पों का त्यागी जन; योगारूढ़ कहाता उस क्षण ॥६.०४॥

योग और योगी की परिभाषा

निष्काम कर्मयोग को मानसिक संतुलन (समत्वयोग) की प्राप्ति का साधन कहा गया है और साधक के लिए मानसिक संतुलन या आत्मसंयम ही ईश्वरप्राप्ति का साधन है. जब मनुष्य इन्द्रियों के भोगों में तथा कर्मफल में आसक्त नहीं रहता है, उस समय सम्पूर्ण कामनाओं का त्याग करने वाले संतुलित व्यक्ति को योगी कहते हैं. (६.०३-०४)

करे मनुष्य उद्धार स्वयं का; पतन न होने दे आत्मन का ।
क्योंकि मित्र अपना ही स्वयं नर; और शत्रु भी स्वयं भयंकर ॥६.०५॥

दोहाः आत्मजयी जो जीव है, मित्र स्वयं का आप।
इन्द्रिय-मन बस में नहीं, शत्रु स्वयं का आप ॥६.०६॥

मन श्रेष्ठतम मित्र, और सबसे बड़ा शत्रु भी

मनुष्य अपने मन और बुद्धि द्वारा अपना उद्धार करे तथा अपना पतन न करे, क्योंकि मन ही मनुष्य का मित्र भी है और मन ही मनुष्य का शत्रु भी है. जिसने अपने मन और इन्द्रियों को बुद्धि द्वारा जीत लिया है, उसके लिए मन उसका मित्र होता है, परन्तु जिनकी इन्द्रियां और मन वश में नहीं होतीं, उनके लिए मन शत्रु के समान होता है. (६.०५-०६)

सुख-दुख-शीत घाम सब ही में; मान और अपमान सभी में ।
प्रशान्त है जो आत्मजयी जन; ब्रह्मलीन होता उसका मन ॥६.०७॥

जिसने मन को अपने वश में कर लिया है, वह सर्दी-गर्मी, सुख-दुख तथा मान-अपमान में शान्त रहता है, ऐसे जितेन्द्रिय मनुष्य का मन सदा परमात्मा में स्थित रहता है. (६.०७)

ज्ञान-विज्ञान-तृप्त, समत्व-मन; जितेन्द्रिय अविकारी जो जन ।
सम हैं माटी, सोना, पत्थर; ब्रह्म-युक्त योगी है वह नर ॥६.०८॥

ब्रह्मज्ञान और विवेक से परिपूर्ण, जितेन्द्रिय और समत्व बुद्धि वाला मनुष्य–जिसके लिए मिट्टी, पत्थर और सोना समान है–परमात्मा से युक्त अर्थात् योगी कहलाता है. (६.०८)

मित्र-शत्रु, तटस्थ, उभयजन; साधु-असाधु, स्वजन, द्वेषी मन ।
समता-भाव सभी में पाता; वह अतिश्रेष्ठ मनुज कहलाता ॥६.०९॥

जो मनुष्य मित्र, वैरी, द्वेषी, सम्बन्धियों, धर्मात्माओं और पापियों में भी समान भाव रखता है, वह श्रेष्ठ समझा जाता है. (६.०९)

अपरिग्रही अपेक्षा-त्यागी; आत्मजयी चित प्रभु-अनुरागी ।
एकाकी एकान्त अवस्थित; योगी रमे ईश में ही नित ॥६.१०॥

ध्यान के तरीके

आशा और स्वामित्वरहित साधक अपने मन और इन्द्रियों को वश में करके, एकान्त स्थान में अकेला बैठकर, मन को सदा परमात्मा के ध्यान में लगावे. (६.१०)

दोहाः स्वच्छ भूमि पर अवस्थित, कुश, मृगछाला वस्त्र ।
अति ऊंचा नहि निम्न अति, आसन सम सर्वत्र ॥६.११॥
मन को कर एकाग्र अति, कर आसन पर वास ।
आत्मजयी मन-शुद्धि-हित, करे योग-अभ्यास ॥६.१२॥

साधक स्वच्छ भूमि के ऊपर क्रमशः कुश, मृगछाला और वस्त्र बिछे हुए अपने आसन पर–जो न बहुत ऊंचा और न बहुत नीचा हो–बैठकर मन को परमात्मा में एकाग्र करके, चित्त और इन्द्रियों की क्रियाओं को वश में करके, अन्तःकरण की शुद्धि के लिए ध्यानयोग का अभ्यास करे. (६.११-१२)

तन-सिर-गर्दन सीधा करके; निश्चल दृढ़ता धारण करके ।
आंखें नाक-नोक पर रोके; और दिशाओं में न विलोके ॥६.१३॥
ब्रह्मचर्य-व्रत धारण करके; वश में औ अपना मन करके ।
मम-मय होकर मुझ में चित; हो प्रशान्त आत्मा मुझमें नित ॥

अपने शरीर, गले और सिर को अचल और सीधा रखकर, कहीं दूसरी ओर न देखते हुए, अपनी आंख और ध्यान को नासिका के अग्र भाग पर जमाकर, ब्रह्मचर्यव्रत में स्थित, भयमुक्त तथा शान्त होकर, मुझे ही अपना परम लक्ष्य मानकर, मुझ में ध्यान लगावे. (४.२९, ५.२७, ८.१०, ८.१२ भी देखें) (६.१३-१४)

योगाभ्यास सतत रत यूं जन; योगी रह संयमित नियत मन ।
मुझमें निहित मोक्षगामी जो; परम शान्ति शुचि पाता है वो ॥६.१५॥

इस तरह सदा मन को परमात्मा में ध्यान लगाने का अभ्यास करता हुआ नियंत्रित मन वाला योगी परम शान्ति प्राप्तकर मेरे पास आता है. (६.१५)

पूर्ण उपवास, बहुत सा भोजन; करके योग-सिद्धि नहीं अर्जुन ।
सिद्धि न उसको अतिशय सोकर; नहीं पूर्णतः जागृत होकर ॥६.१६॥

परन्तु हे अर्जुन, यह योग उस मनुष्य के लिए सम्भव नहीं होता, जो अधिक खाने वाला है या बिल्कुल न खाने वाला है तथा जो अधिक सोने वाला है या सदा जागने वाला है. (६.१६)

हों आहार विहार सुनियमित; सब ही कर्म-प्रयास यथोचित ।
सोना-जगना संयत हो जब; सिद्ध योग दुख-नाशक हो तब ॥६.१७॥

समस्त दुखों का नाश करने वाला यह योग नियमित आहार और विहार, कर्मों में यथायोग्य चेष्टा तथा यथायोग्य सोने और जागने वाले को ही सिद्ध होता है. (६.१७)

दोहाः वशीभूत निज चित्त जब, आत्म-लीन हो जाय।
कामरहित निस्पृही जन, तब योगी कहलाय ॥६.१८॥

जब पूर्णरूप से वश में किया हुआ चित्त समस्त कामनाओं से रहित होकर परमात्मा में ही भलीभांति स्थित हो जाता है, तब मनुष्य योगी कहा जाता है. (६.१८)

वायु-रहित थल में रक्खा ज्यों; दीपक बिल्कुल नहीं हिले त्यों।
उपमा आत्म-योगी साधक के; विजित मनस की बुधजन देते ॥

जिस तरह वायुरहित स्थान में स्थित दीपक चलायमान नहीं होता; परमात्मा में लगे हुए योगी के चित्त की वैसी ही उपमा दी गयी है. (६.१९)

योगाभ्यास-निरुद्ध हुआ चित; होता है जब शान्त अपरिमित।
आत्म-ज्ञान से आत्मा को ही; देख तुष्ट हो आत्मा में ही ॥६.२०॥

जब ध्यानयोग के अभ्यास से चित्त शान्त हो जाता है, तब साधक परमात्मा को ध्यान से शुद्ध हुए मन और बुद्धि द्वारा देखकर परमात्मा में ही संतुष्ट रहता है. (६.२०)

इन्द्रिय-परे परम सुख है जो; बुद्धि ग्राह्य ही है जो, उसको ।
जब अनुभव करता हो सुस्थित; हो न तत्त्व से फिर वह विचलित ॥

योगी इन्द्रियों से परे, बुद्धि द्वारा अनन्त सुख का अनुभव करता है; जिसे पाकर वह परमात्मा से कभी दूर नहीं होता. (६.२१)

जिसको पाकर उससे बढ़ कर; दिखे न कोई लाभ कहीं पर।
जिसमें होकर पूर्ण अवस्थित; होते न अति दुख से विचलित ॥

परमात्मा की प्राप्ति के बाद साधक उससे अधिक दूसरा कुछ भी लाभ नहीं मानता है. योगी बड़े भारी दुख से भी विचलित नहीं होता है. (६.२२)

जिस में दुख-संयोग नहीं है; संज्ञा जिसकी योग कही है ।
साध्य योग अति ज्ञेय वही है; दत्तचित दृढ़ प्रेय वही है ॥६.२३॥

दुख के संयोग से वियोग ही योग कहलाता है, जिसे जानना चाहिए, तथा इस ध्यानयोग का अभ्यास उत्साह और निश्चयपूर्वक करना चाहिए. (६.२३)

दोहाः त्याग कामनायें सभी, जो संकल्प प्रसूत ।
सभी इन्द्रियों को तथा, कर मन से वशभूत ॥६.२४॥
धीर बुद्धि से नर बने, धीरे-धीरे शान्त ।
चिन्तन और न मन करे, आत्मलीन-विश्रान्त ॥६.२५॥

सम्पूर्ण सकाम कर्मों का त्यागकर, बुद्धि द्वारा सभी इन्द्रियों को अच्छी तरह वश में करके, अन्य कुछ भी चिन्तन न करता हुआ, मन को परमात्मा में लगाकर साधक शान्ति प्राप्त करता है. (६.२४-२५)

यह अस्थिर चंचल अपना मन; जिन विषयों में करता विचरन।
उन-उन से ही इसे हटाकर; आत्मा के आधीन करे नर ॥६.२६॥

यह चंचल और अस्थिर मन जिन जिन विषयों में विचरण करे, उनसे हटाकर मनको परब्रह्म परमात्मा के चिन्तन और मनन में ही लगाना चाहिए. (६.२६)

जिसका है प्रशान्त पूरा मन; पाप-रहित जिसमें न रजोगुण।
ब्रह्मलीन योगी नर वह ही; पाता परमानन्द सदा ही ।।६.२७।।

योगी कौन?

जिसका मन शान्त है और जिसकी काम, क्रोध, लोभ आदि नष्ट हो गयी हैं, ऐसे पापरहित ब्रह्मस्वरूप योगी को परम आनन्द प्राप्त होता है. (६.२७)

यूं ही, पाप रहित योगी जन; आत्मा योग-लीन कर निशिदिन ।
सुख से ब्रह्म-प्राप्ति-रूपी धन; भोगे परमानन्द चिरन्तन ।।६.२८।।

ऐसा योगी अपने मन को सदा परमेश्वर में लगाता हुआ परम आनन्द का अनुभव करता है. (६.२८)

योगमयी आत्मा वाला जो; समदर्शी सर्वत्र सदा हो ।
सब जीवों में निज को देखे; आत्मा में सब जीव विलोके ।।६.२९।।

योगी सबों में सर्वव्यापी परमात्मा को तथा परमात्मा में सबों को देखने के कारण समस्त प्राणियों को एक भाव से देखता है. (४.३५, ५.१८ भी देखें) (६.२९)

सब जीवों में देखे मुझको; अरु मुझ में सारे जीवों को।
हूं अदृश्य न मैं उसके हित; मुझको नहीं अदृश्य वह किंचित ।।६.३०।।

जो मनुष्य सब जगह तथा सब में मुझ परब्रह्म परमात्मा को ही देखता है और सबको मुझ में देखता है, मैं उससे अलग नहीं रहता तथा वह भी मुझ से दूर नहीं होता. (६.३०)

सुस्थित सब जीवों में मुझको; एक-आत्म हो, भजता नर जो।
सब प्रकार का जीवन जीकर; रहता है वह मेरे ही भीतर ।।६.३१।।

जो मनुष्य अद्वैतभाव (जीव और ईश्वर एक है) से सम्पूर्ण भूतों में मुझ परमात्मा को ही स्थित समझकर मेरी उपासना करता है, वैसा योगी, किसी भी हालत में क्यों न रहे, मुझ में ही स्थित रहता है. (६.३१)

दोहाः *सब जीवों को पार्थ जो, देखे एक समान।*
सुख-दुख भी सम ही दिखे, योगी श्रेष्ठ महान ।।६.३२।।

हे अर्जुन, वह योगी परम श्रेष्ठ माना गया है, जो सभी को अपने जैसा समझे और दूसरों के दुख और पीड़ा का अनुभव कर सके. (६.३२)

अर्जुन बोले—

साम्यभाव से बतलाया जो; प्रभु ने योग मुझे भगवन, वो ।
मन की चंचलता के कारन; अस्थिर, अचिर, लगे मधुसूदन ।
चंचल, दुष्ट, हठी, दृढ़ यह मन; है बलवान महा, मधुसूदन ।
कठिन साधना उसको वैसे; हवा बांध लेना है जैसे ।

चंचल मन को नियंत्रित करने के दो उपाय

अर्जुन बोले– हे कृष्ण, आपके द्वारा कहे गये ध्यानयोग की यह समत्व अवस्था–मन के चंचल होने के कारण–स्थायी नही हो सकती है; क्योंकि हे कृष्ण, यह मन बड़ा ही चंचल, दुष्ट, बलवान और दृढ़ है. अतः इसे वश में करना वायु को वश में करने की तरह कठिन है. (६.३३-३४)

श्रीभगवान बोले–

निस्संदेह, महाबाहो, मन; चंचल, दुष्कर, जिसका साधन ।
पर अभ्यास विराग से अर्जुन; वश में हो जाता है यह मन ।।६.३५।।

श्रीभगवान बोले– हे अर्जुन, निस्सन्देह यह मन बड़ा ही चंचल और आसानी से वश में होने वाला नहीं है; परन्तु हे कुन्तीपुत्र, मन को ध्यान आदि का अभ्यास और वैराग्य के द्वारा वश में किया जाता है. (६.३५)

वश में किया न जिसने मन है; उसको मिलना योग कठिन है।
आत्मजयी साधक बनकर जन; सहज पायेगा, वह मम चिंतन ।।

जिसका मन वश में नहीं है, उसके लिए परमात्मा की प्राप्ति कठिन है, परन्तु वश में किये हुए मन वाले प्रयत्नशील व्यक्ति को साधना करने से योग प्राप्त होना सहज है, ऐसा मेरा मत है. (६.३६)

अर्जुन बोले–

हे हरि, योग-विरत जिनका मन; यत्नहीन, पर श्रद्धामय जन।
योगसिद्धि मिलती नहीं जिसको; गति कौन सी मिलेगी उसको ।।

असफल योगी की गति

अर्जुन बोले– हे कृष्ण, श्रद्धालु, परन्तु असंयमी व्यक्ति, जो योग मार्ग से विचलित हो जाता है, ऐसा साधक योग की सिद्धि को न प्राप्तकर किस गति को प्राप्त होता है? (६.३७)

ब्रह्मप्राप्ति-पथ से भटका हो; आश्रयहीन, कृष्ण, अटका हो।
योग-भोग दोनों से वंचित; नष्ट हुआ क्या? ज्यों घन खंडित ।।६.३८।।

हे कृष्ण, क्या भगवत्प्राप्ति के मार्ग से गिरकर आश्रयरहित व्यक्ति भोग और योग दोनों से वंचित रहकर, छिन्न-भिन्न बादल की तरह नष्ट तो नहीं हो जाता? (६.३८)

जो समूल मेटे शंका मम; योग्य आप ही, कृष्ण, समुत्तम ।
पूरा जो यह संशय मारे; और कौन, हरि, सिवा तुम्हारे ।।६.३९।।

हे कृष्ण, मेरे इस संशय को सम्पूर्णरूप से दूर करने में आप ही समर्थ हैं, क्योंकि आपके सिवा काई दूसरा इस संशय को दूर करने वाला मिलना संभव नहीं है. (१५.१५ भी देखें) (६.३९)

श्रीभगवान बोले–

दोहाः ***नहीं नष्ट इस लोक में, ना ही उस में पार्थ।***
नहीं, तात, दुर्गति किसी, शुभकर्मी के अर्थ ।।६.४०।।

श्रीभगवान बोले– हे अर्जुन, योगी का न तो इस लोक में न परलोक में ही नाश होता है. हे तात, शुभ काम करने वाला कोई भी व्यक्ति दुर्गति को प्राप्त नहीं होता है. (६.४०)

सुरलोकादि पुण्य भू पाकर; योगभ्रष्ट बरसों वहां रहकर ।

शुद्धात्मा श्रीमानों के घर; लेता जन्म पुनः पृथ्वी पर ॥६.४१॥

अथवा ज्ञानी योगी के घर; पुनर्जन्म पाता है वह नर ।

इस प्रकार का जन्म धरा पर; पाना किन्तु पार्थ दुर्लभतर ॥६.४२॥

असफल योगी स्वर्ग को प्राप्तकर, वहां बहुत समय तक रहकर फिर अच्छे आचरण वाले धनवान मनुष्यों अथवा ज्ञानवान योगियों के घर में जन्म लेता है, परन्तु इस प्रकार का जन्म संसार में बहुत ही दुर्लभ है. (६.४१-४२)

पूर्व देह-जन्मों का वह नर; संस्कार पाता उस थल पर।

पार्थ, प्रभाव उसी का पाकर; सिद्धि-प्रयास पुनः करता नर ॥६.४३॥

हे अर्जुन, उसे पूर्वजन्म में संग्रह किया हुआ ज्ञान अपने आप ही प्राप्त हो जाता है तथा वह योगसिद्धि के लिए फिर प्रयत्न करता है. (६.४३)

विवश पूर्व अभ्यास के कारण; आकर्षित होता प्रभु को जन ।

योगेच्छुक वेदों में वर्णित; कर्मफलों को करता लंघित ॥६.४४॥

वह बेबस की तरह अपने पूर्वजन्म के संस्कारों के द्वारा परमात्मा की ओर सहज ही आकर्षित हो जाता है. भगवत्प्राप्ति के जिज्ञासु भी वेद में कहे हुए सकाम कर्मफल की प्राप्ति से आगे का फल प्राप्तकर लेता है.

सिद्धि प्राप्त कर बहु जन्मों से; अभ्यासी योगी यत्नों से।

पाप-मुक्त, अति विशुद्ध होकर; परम मोक्षगति पा जाता नर ॥६.४५॥

प्रयत्नपूर्वक अभ्यास करने वाला योगी पिछले अनेक जन्मों से धीरे धीरे शुद्ध होता हुआ सारे पापों से रहित होकर परमगति अर्थात् मुक्ति को प्राप्त होता है. (६.४५)

दोहाः विज्ञ-तपस्वी-कर्मरत, जन से योगी श्रेष्ठ।

योगी बन, हे पार्थ तू; पाण्डव, यही यथेष्ठ ॥६.४६॥

श्रेष्ठतम योगी कौन?

योगी सकाम भाव वाले तपस्वियों से भी श्रेष्ठ है, शास्त्रज्ञानियों से भी श्रेष्ठ है और सकाम कर्म करने वालों से भी श्रेष्ठ है. अतः हे अर्जुन तुम योगी बनो. (६.४६)

और समस्त योगियों में भी; श्रद्धावान लगा मुझमें जी ।

मुझको अन्तर्मन से भजता; परम श्रेष्ठ वह मुझको लगता ॥६.४७॥

समस्त योगियों में भी जो योगीभक्त मुझ में लीन होकर श्रद्धापूर्वक मेरी उपासना करता है, वही मेरे मत से सर्वश्रेष्ठ है. (१२.०२, १८.६६ भी देखें) (६.४७)

इति षष्ठोऽध्यायः

जय गोविन्दा, जय गोपाला; जय नन्दलाला, जय गोपाला

श्री राधे गोविन्दा, गोपाला हरि का प्यारा नाम है

सातवां अध्याय

७. ज्ञानविज्ञानयोग

श्रीभगवान बोले—

दोहाः मम आश्रित हो योगयुत, मन मुझमें आसक्त।
सुन, कैसे मुझ पूर्ण को, जानेगा विश्वस्त ॥७.०१॥

श्रीभगवान बोले— हे अर्जुन, अनन्य प्रेम से मुझ में लगे मन वाले, मुझ पर निर्भर रहकर प्रेमभाव से योग का अभ्यास करते हुए तुम मुझे पूर्णरूप से कैसे जान सकोगे, उसे सुनो. (७.०१)

सविज्ञान यह ज्ञान बताऊं; तुझको मैं सम्पूर्ण सुनाऊं।
जगती में पूरा वह पाकर; ज्ञेय न कुछ भी शेष रहे फिर ॥७.०२॥

मैं तुम्हें ब्रह्म अनुभूति (विज्ञान) सहित ब्रह्मविद्या (ज्ञान) प्रदान करूंगा, जिसे जानकर संसार में फिर और कुछ भी जानना शेष नहीं रह जाता है. (७.०२)

बिरला कोई सहस्र जनों में; सिद्धि-हेतु लगता यत्नों में।
यत्नशील उन सिद्धों में भी; जाने मुझे तत्त्वतः कोई ॥७.०३॥

हजारों मनुष्यों में कोई एक मेरी प्राप्ति के लिए प्रयत्न करता है और उन प्रयत्न करने वाले सिद्ध योगियों में भी कोई एक मुझे पूर्णरूप से जान पाता है. (७.०३)

वायु, भूमि, नभ में औ जल में; अहंकार, मन, बुद्धि, अनल में।
आठ प्रकार प्रकृति यूं मेरी; बंटी हुई है, अर्जुन, पूरी ॥७.०४॥

प्रकृति, पुरुष, और आत्मा की परिभाषा,

मेरी प्रकृति—पृथ्वी, जल, अग्नि, वायु, आकाश, मन, बुद्धि और अहंकार तत्त्व—आठ प्रकार से विभाजित है. (१३.०५ भी देखें) (७.०४)

महाबाहो यह तो 'अपरा' है; जीवरूप दूसरी 'परा' है।
जान 'परा' वह, जिसके द्वारा; धारण होता है जग सारा ॥७.०५॥

हे अर्जुन, उपरोक्त प्रकृति मेरी अपरा शक्ति है. इससे भिन्न मेरी एक दूसरी परा चेतन शक्ति (अर्थात् 'पुरुष') है, जिसके द्वारा यह जगत धारण किया जाता है. (७.०५)

समझ कि सारे इन दो ही से; पैदा होते जीव मही के।
सारे जग का स्रोत हूं मैं ही; जग-उत्पत्ति-प्रलय भी मैं ही ॥७.०६॥

तुम ऐसा समझो कि प्रकृति और पुरुष के संयोग से ही समस्त प्राणी उत्पन्न होते हैं; तथा मैं, परब्रह्म परमात्मा, ही सम्पूर्ण जगत की उत्पत्ति और प्रलय का स्रोत हूं. (१३.२६ भी देखें) (७.०६)

जान, धनंजय, बात सुनिश्चित; मुझसे परे और नहीं किंचित।
मोती जैसे सूत्र गुंथे हैं; गुंथा हुआ जग मुझमें ही है ॥७.०७॥

परमात्मा सब वस्तुओं का आधार

हे अर्जुन, जगत में मेरे सिवाय दूसरा कोई नहीं है. यह सम्पूर्ण जगत मुझ परब्रह्म परमात्मारूपी सूत में सूत के मणियों की तरह पिरोया हुआ है. (७.०७)

दोहाः जल में रस, रवि-चन्द्र में प्रभा, वेद-ओंकार।
नभ में मैं ही शब्द हूं, नर में पौरुष-सार ॥७.०८॥

पृथ्वी में शुचि गन्ध महा हूं; बना अग्नि में तेज बसा हूं।
सभी प्राणियों में जीवन हूं; तपस्वियों में, मैं तप-धन हूं ॥७.०९॥

हे अर्जुन, मैं जल में रस हूं, चन्द्रमा और सूर्य में प्रकाश हूं, सब वेदों में ओंकार हूं, आकाश में शब्द और मनुष्यों में मनुष्यत्व हूं. मैं पृथ्वी में पवित्र गन्ध और अग्नि में तेज हूं. सम्पूर्ण भूतों का जीवन और तपस्वियों में तप हूं. (७.०८-०९)

सब जीवों का बीज सनातन; जान मुझे ही तू, हे अर्जुन।
बुद्धि बुद्धिमानों की मैं हूं; तेजस्वी-गण-तेज भी मैं हूं ॥७.१०॥
बल उनका हूं जो बलधामी; मैं विरागमय अति निष्कामी।
धर्म-अनुकूल करे हैं जो जन; काम प्राणियों में हूं, अर्जुन ॥७.११॥

हे अर्जुन, सम्पूर्ण भूतों का सनातन बीज मुझे ही जानो. मैं बुद्धिमानों की बुद्धि और तेजस्वियों का तेज हूं. (९.१८, १०.३९ भी देखें). मैं आसक्ति और कामना रहित बलवानों का बल हूं और मनुष्यों में धर्म के अनुकूल (सन्तान की उत्पत्ति के लिए) किये जाने वाला सम्भोग हूं. (७.१०-११)

भाव सात्विक, राजस, तामस; सब की है मुझसे पैदायश।
जान कि सब ही गुण हैं मुझ में; किन्तु नहीं मैं, अर्जुन, उन में ॥

जो भी सात्विक, राजसिक तथा तामसिक गुण हैं, उन सबको तुम मुझसे ही उत्पन्न हुआ जानो. अतः वे गुण मुझपर निर्भर करते हैं, परन्तु मैं उन पर निर्भर या उनसे प्रभावित नहीं होता हूं. (९.०४, ९.०५ भी देखें) (७.१२)

इनहीं त्रिगुणों के भावों से; भ्रमित मुग्ध संसार सभी ये।
परे गुणों से मुझ अक्षर को; नहीं तत्त्वतः जाने है वो ॥७.१३॥

प्रकृति के इन तीनों गुणों के कार्यों से यह सारा संसार भ्रमित रहता है, अतः मनुष्य इन गुणों से परे मुझ अविनाशी परमात्मा को नहीं जानता है. (७.१३)

दोहाः दैवी माया त्रिगुणमय, मम, दुस्तर विस्तार।
भजें मुझे ही नित्य जो, वे हों इससे पार ॥७.१४॥

प्रभु की खोज किसको?

मेरी इस अलौकिक त्रिगुणमयी माया को पार करना बड़ा ही कठिन है; परन्तु जो मनुष्य मेरी शरण में आते हैं, वे इस माया को आसानी से पार कर जाते हैं. (१४. २६, १५.१९, १८.६६ भी देखें) (७.१४)

माया ने सब ज्ञान लिया हर; आसुर-भाव चढ़ा है जिन पर।
वे दुष्कर्मी, मूढ़, अधम जन; करते नहीं भजन मम पूजन ॥७.१५॥

पाप कर्म करने वाले, मूर्ख, आसुरी स्वभाव वाले नीच मनुष्य तथा माया के द्वारा हरे हुए ज्ञान वाले मेरी शरण में नहीं आते हैं. (७.१५)

ज्ञानी, सुजिज्ञासु, पीड़ित जन; भोग-पदार्थों में जिनका मन।
चार भांति के शुभकर्मी जन; भजते हैं मुझको, हे अर्जुन ॥७.१६॥

हे अर्जुन, चार प्रकार के उत्तम मनुष्य—दुख से पीड़ित, परमात्मा को जानने की इच्छा वाले जिज्ञासु, धन या किसी इष्टफल की इच्छा वाले तथा ज्ञानी—मुझे भजते हैं. (७.१६)

पूर्ण भक्ति से मुझमें नित रम; ज्ञानी उनमें है सर्वोत्तम ।
उस ज्ञानी को मैं अति प्यारा; अतिप्रिय है वह भक्त हमारा ।।७.१७।।

उन चार भक्तों में भी मुझ में सदा लगा हुआ अनन्य भक्ति युक्त ज्ञानी श्रेष्ठ है; क्योंकि मुझ परमात्मा को तत्त्व से जानने वाले ज्ञानी भक्त को मैं अत्यन्त ही प्रिय हूं और वह भी मुझे अत्यन्त प्रिय है. (७.१७)

हैं उदार यूं तो सारे ही; ज्ञानी तो पर मम आत्मा ही ।
युक्तात्मा उत्तम गति पाकर; मुझमें सुस्थित है वह नर ।।७.१८।।

उपरोक्त सभी भक्त श्रेष्ठ हैं, परन्तु मेरी समझ से ज्ञानी तो साक्षात् मेरा ही स्वरूप है; क्योंकि ज्ञानी उत्तम गति को प्राप्त कर मेरे परमधाम में निवास करता है. (९.२९ भी देखें) (७.१८)

कई जन्म पा विज्ञ अनन्तर; "वासुदेव ही सब कुच्छ" कहकर ।
भज मेरा करता पूजन है; दुर्लभ महाप्राण वह जन है ।।७.१९।।

अनेक जन्मों के बाद ब्रह्मज्ञान प्राप्तकर कि "यह सब कुच्छ कृष्णमय है", मनुष्य मुझे प्राप्त करता है; ऐसा महात्मा बहुत दुर्लभ है. (७.१९)

निज स्वभाव से प्रेरित होकर; ज्ञान-भ्रष्ट कामेच्छा से नर ।
धारण कर समुचित नियमों को; भजते अन्य देवताओं को ।।७.२०।।

भोगों की कामना द्वारा जिनका ज्ञान हरा जा चुका है, ऐसे मनुष्य अपने स्वभाव से प्रेरित होकर नियमपूर्वक देवताओं की पूजा करते हैं. (७.२०)

दोहाः पूजे जिस जिस देव को, श्रद्धा से जो भक्त ।
श्रद्धा उस-उस में करूं, उसकी थिर अविभक्त ।।७.२१।।

ओत-प्रोत उस श्रद्धा से जन; निज अभीष्ट का करता पूजन ।
पाता भोग सभी ही वांछित; मेरे द्वारा ही जो अभिहित ।।७.२२।।

भक्ति के किसी भी वांछनीय रूप की मूर्ति में प्रभु का दर्शन सम्भव

जो कोई सकाम भक्त जिस किसी भी देवता को श्रद्धापूर्वक पूजना चाहता है, मैं उस भक्त की श्रद्धा को उसी देवता के प्रति स्थिर कर देता हूं. उस स्थिर श्रद्धा से युक्त वह मनुष्य अपने इष्ट देव की पूजा करता है और उस देवता के द्वारा इच्छित भोगों को निस्सन्देह प्राप्त करता है. वास्तव में वे इष्टफल मेरे द्वारा ही दिये जाते हैं. (७.२१-२२)

मन्द बुद्धि पाते पर जो फल; नाशवान हैं, कभी न अविचल ।
देव-भक्त निज देवों में ही— मिलते हैं, मेरे मुझ में ही ।।७.२३।।

परन्तु उन अल्पबुद्धि वाले मनुष्यों को नाशवान देवताओं का दिया हुआ फल भी नाशवान होता है. देवताओं को पूजने वाले देवलोक को प्राप्त करते हैं तथा मेरे भक्त मुझे ही प्राप्त करते हैं. (७.२३)

शाश्वत परम भाव मम अनुपम; नहीं जानते नर मूरखतम ।
मुझ अव्यक्त निराकारी को; व्यक्तिभाव वाला मानें वो ।।७.२४।।

अज्ञानी मनुष्य मुझ परब्रह्म परमात्मा के—मन, बुद्धि तथा वाणी से परे, परम अविनाशी—दिव्यरूप को नहीं जानने और समझने के कारण ऐसा मान लेते हैं कि मैं बिना रूप वाला निराकार हूं तथा रूप धारण करता हूं. (७.२४)

छिपा योगमाया से ढक कर; मैं न प्रकट होता हूं सब पर ।
अविनाशी, मम जन्म नहीं है; मूरख को यह ज्ञान नहीं है ।।७.२५।।

जो मूढ़ मनुष्य मुझ परब्रह्म परमात्मा के जन्मरहित, अविनाशी, दिव्यरूप को अच्छी तरह नहीं जान तथा समझ पाते हैं, उन सब के सामने—अपनी योगमाया से छिपा हुआ—मैं कभी प्रकट नहीं होता हूं. (७.२५)

दोहाः थे अतीत में, आज हैं, जीव जो आगे होय ।
सब को मैं हूं जानता, जाने मुझे न कोय ॥७.२६॥

हे अर्जुन, मैं भूत, वर्तमान और भविष्य के सब प्राणियों को जानता हूं, परन्तु मुझे कोई नहीं जानता. (७.२६)

राग-द्वेष-उत्पन्न सभी जन; इस सारे संसार में, अर्जुन ।
सुखदुख आदि द्वन्द्व से मोहित; अति अज्ञान-प्राप्त होते नित ॥७.२७॥
पुण्य कर्म से है जिनका पर; पाप विनष्ट हो गया वे नर ।
द्वन्द्व मोह से मुक्त सुदृढ़ मन; करते हैं मेरा नित पूजन ॥७.२८॥

हे अर्जुन, राग और द्वेष से उत्पन्न सुख-दुखादि विपरीत जोड़ी (द्वन्द्व) द्वारा सभी प्राणी भ्रमित होते हैं; परन्तु निष्काम भाव से अच्छे कर्म करने वाले जिन मनुष्यों के सारे पाप नष्ट हो गये हैं, वे राग-द्वेष जनित भ्रम से मुक्त होकर दृढ़निश्चय कर मेरी भक्ति करते हैं. (७.२७-२८)

जरा-मरण से छुटने के हित; यत्न करें जो हो मम आश्रित ।
ब्रह्म अध्यात्म पूर्ण जाने हैं; कर्म पूर्णतम पहचाने हैं ॥७.२९॥

जो मेरे शरणागत होकर जन्म और मरण से मुक्ति पाने के लिए प्रयत्न करते हैं, वे उस परब्रह्म को, सम्पूर्ण अध्यात्म को तथा सारे कर्मों को पूर्णरूप से जान जाते हैं. (७.२९)

जो अधिभूत रूप अधिदैवी; मम अधियज्ञ रूप जो सेवी ।
जाने हैं, वे युक्तात्मा मन; अन्तकाल भी मिलें मुझे जन ॥७.३०॥

जो युक्तचित्त वाले मनुष्य—अन्त समय में भी—मुझे ही अधिभूत, अधिदैव और अधियज्ञरूप से जानते हैं, वे मुझको ही प्राप्त होते हैं. (८.०४ भी देखें) (७.३०)

इति सप्तमोऽध्यायः

श्रीकृष्ण गोविन्द हरे मुरारे, हे नाथ नारायण वासुदेवा
पितु मातु स्वामी सखा हमारे, हे नाथ नारायण वासुदेवा

आठवां अध्याय

८. अक्षरब्रह्मयोग

अर्जुन बोले—

दोहाः पुरुषोत्तम, अध्यात्म क्या? कौन ब्रह्म, क्या कर्म?
किसे कहा अधिभूत, क्या अधिदैव कहें मर्म? ॥८.०१॥

कौन, प्रभो, अधियज्ञ यहां है; इस शरीर में रहा कहां है?
अन्त काल तुमको मधुसूदन; कैसे जाने नियतात्मा जन ॥८.०२॥

अर्जुन बोले— हे पुरुषोत्तम, ब्रह्म क्या है? अध्यात्म क्या है? कर्म क्या है? अधिभूत तथा अधिदैव किसे कहते हैं? अधियज्ञ कौन है तथा वह इस देह में कैसे रहता है? हे कृष्ण, संयत चित्त वाले मनुष्य द्वारा अन्त समय में आप किस तरह जानने में आते हैं? (८.०१-०२)

श्रीभगवान बोले—

ब्रह्म नाम चिर अविनाशी का; है अध्यात्म स्वभाव उसी का ।
जीव-भाव पैदा करता जो; सर्जन-शक्ति कर्म ही है वो ॥८.०३॥

ब्रह्म, आत्मा, जीवात्मा और कर्म की परिभाषा

श्रीभगवान बोले— परम अविनाशी जीवात्मा ही ब्रह्म है. ब्रह्म का स्वभाव अध्यात्म कहा जाता है. प्राणियों को उत्पन्न करने वाली ब्रह्म की क्रिया-शक्ति को कर्म कहते हैं. (८.०३)

है अधिभूत भाव जो नश्वर; अधिदैव चैतन्य पुरुष वर ।
इस तन में मैं ही मधुसूदन; हूं अधियज्ञ, नरोत्तम अर्जुन ॥८.०४॥

हे श्रेष्ठ अर्जुन, नश्वर वस्तु को अधिभूत और अक्षरब्रह्म के विस्तार (नारायण आदि) को अधिदैव कहते हैं. इस शरीर में ईश्वररूप मैं, परब्रह्म परमात्मा, ही अधियज्ञ हूं. (८.०४)

अन्तकाल कर याद मुझे ही; त्यागेगा शरीर जो देही ।
वह मम-भाव प्राप्त होगा ही; इसमें कुछ भी संशय नाहीं ॥८.०५॥

पुनर्जन्म का सिद्धान्त और कर्म

जो मनुष्य अन्तकाल में भी मेरा ही स्मरण करते हुए शरीर छोड़ता है, वह मुझे ही प्राप्त होता है. इसमें सन्देह नहीं है. (८.०५)

अन्त काल जो भाव लिये मन; करता याद, त्यागता है तन ।
उसी भाव का चिन्तन करता— सदा, प्राप्त वह ही जन करता ॥

हे अर्जुन, मनुष्य मरने के समय जिस किसी भी भाव को स्मरण करता हुआ शरीर त्यागता है, वह सदा उस भाव के चिन्तन करने के कारण उसी भाव को प्राप्त होता है. (८.०६)

इसीलिये सब समय निरन्तर; याद मुझे कर और समर कर ।
मुझमें बुद्धि-मनस से अर्पित; मुझे मिले, संशय नहीं किंचित ॥८.०७॥

प्रभु-प्राप्ति का सहज मार्ग

इसलिए हे अर्जुन, तुम सदा मेरा स्मरण करो और अपना कर्तव्य करो. इस तरह मुझ में अर्पण किए मन और बुद्धि से युक्त होकर तुम मुझको ही प्राप्त होगे. (१२.०८ भी देखें) (८.०७)

जो अभ्यासयोग से संचित; कहीं और न है जिसका चित्त ।
चिन्तन, पार्थ, उसीका करता; प्राप्त दिव्य प्रभु को है करता ॥

हे अर्जुन, परमात्मा के ध्यान के अभ्यासरूपी योग से युक्त, एकाग्र चित्त से परमात्मा का सदा चिन्तन करता हुआ साधक परब्रह्म परमात्मा को प्राप्त होता है. (८.०८)

छन्द : सर्वज्ञ कवि सबका नियन्ता जो अनादि अनन्त है,
   परमाणु सम अणुओं में है जो पूर्णरूप अचिन्त्य है ।
   जग पालता है पोसता, आदित्य सम तम से परे,
   उस सर्वव्यापी नित्य का जो भक्त नित चिन्तन करे ॥८.०९॥
   वह भक्तिभाव भरा पुरुष निज मृत्यु को ऐसा वरे,
   निज योग बल से प्राण को भौंहों में सुस्थापित करे ।
   निश्चल मनस से दिव्यतम प्रभु-रूप का चिन्तन करे,
   उस परमप्रभु को प्राप्त निश्चित पूर्णतः वह जन करे ॥८.१०॥

जो भक्त सर्वव्यापी, अनादि, सबके शासक, सूक्ष्म से सूक्ष्म, सबका पालन पोषण करने वाला, अविचारणीय रूप, सूर्य के समान प्रकाशित तथा अविद्या से परे परमात्मा का सदा स्मरण करता है, वह अचल मन से योगबल के द्वारा प्राण को भृकुटी के बीच में अच्छी तरह से स्थापित करके शरीर छोड़ने पर परमात्मा को प्राप्त करता है. (४.२९, ५.२७, ६.१३ भी देखें) (८.०९-१०)

जिसको सभी वेदज्ञ अविनाशी चिरन्तन नित कहें,
   शुचि वीतरागी, यत्न-साधक पा सदा जिसमें रहें ।
   पालन करें ब्रह्मचर्य व्रत, जिसकी हृदय इच्छा लिये,
   वह परम पद संक्षेप में कहता हूं मैं तेरे लिये ॥८.११॥

वेद के जानने वाले विद्वान जिसे अविनाशी कहते हैं, आसक्तिरहित यत्नशील महात्मा जिसे प्राप्त करते हैं और जिस परमपद की प्राप्ति के लिए साधक ब्रह्मचर्य व्रत का पालन करते हैं, उसे मैं तुम्हें संक्षेप में कहूंगा. (८.११)

चौ : इन्द्रिय-द्वार सभी संयम कर; हृदय-मध्य निश्चल निज मन कर ।
   मस्तक में कर प्राण अवस्थित; योग-धारणा में हो सुस्थित ॥८.१२॥
   एक अक्षरी 'ओं' उच्चारे; ब्रह्मरूप मुझको मन धारे ।
   त्यागे देह धार यह सुस्थित; पाता है वह पुरुष परम गति ॥८.१३॥

मृत्युकाल में प्रभु-ध्यान से मोक्ष-प्राप्ति

जो साधक सब इन्द्रियों को वश में करके, मन को परमात्मा में और प्राण को मस्तक में स्थापित कर तथा योगधारणा में स्थित होकर अक्षरब्रह्म की ध्वनि-शक्ति, ओंकार, का उच्चारण करके मेरा स्मरण करता हुआ शरीर त्यागता है, वह परमगति को प्राप्त होता है. (८.१२-१३)

जो अनन्य मन से हे अर्जुन; सदा मुझे भजता है निशिदिन ।
मुझमें रमा नित्य योगी जो; पार्थ, सुलभ अति ही मैं उसको ॥८.१४॥

हे अर्जुन, जो प्रतिदिन एकाग्र चित्त से मुझ में ध्यान लगाकर मेरा स्मरण करता है, उस योगी को मैं सहज ही प्राप्त होता हूं. (८.१४)

परम सिद्धि को प्राप्त हुए नर; महापुरुष वे मुझको पाकर ।
क्षणभंगुर अति पीड़ा का घर; पुनर्जन्म नहीं पाते हैं फिर ॥८.१५॥

महात्मा लोग परम सिद्धिरूपी मुझे प्राप्त करने के बाद फिर इस नश्वर दुख भरे सन्सार में पुनर्जन्म नहीं लेते. (८.१५)

ब्रह्मलोक तक लोक सभी ही; पुनः पुनः पा, आने को ही ।
पर, कौन्तेय, मुझे पाने पर; पुनर्जन्म नहीं लेता है नर ॥८.१६॥

हे अर्जुन, ब्रह्मलोक के नीचे के सभी लोकों के प्राणियों का पुनर्जन्म होता है; परन्तु हे कुन्ती पुत्र, मेरा लोक अर्थात् परमधाम प्राप्त होने पर मनुष्य का पुनर्जन्म नहीं होता. (९.२५ भी देखें) (८.१६)

एक हजार युग है जो जन का; एक दिवस है वह ब्रह्मा का ।
रात सहस्र युग भी जो जानें; रात्रि-दिवस-गति वे जन जानें ॥८.१७॥

सृष्टि में सब कुछ आवर्ती है

जो लोग यह जानते हैं कि ब्रह्माजी के एक दिन की अवधि एक हजार युग (अर्थात् ४.३२ अरब वर्ष) है तथा उनकी एक रात की अवधि भी एक हजार युग है, वे दिन और रात को जानने वाले हैं. (८.१७)

ब्रह्म-दिवस शुरु है जब होता; जग पैदा अव्यक्त से होता ।
रात्रि-समय अव्यक्त वही है; जिसमें सृष्टि विलीन हुई है ॥८.१८॥

ब्रह्माजी के दिन के आरम्भ में आदि प्रकृति से सारा जगत उत्पन्न होता है, तथा ब्रह्माजी की रात्रि के आने पर जगत उस आदि प्रकृति में ही विलीन हो जाता है. (८.१८)

दोहाः विवश जीव-समुदाय यह, हो-हो कर हर बार ।
लय होता विधि-रात्रि में, जीवन दिन में धार ॥८.१९॥

हे अर्जुन, वही प्राणिसमुदाय अवश जैसा हुआ बार-बार ब्रह्माजी के दिन में उत्पन्न तथा ब्रह्माजी के रात्रि में विलीन होता रहता है. (८.१९)

उस निर्व्यक्त-परे भी अर्जुन; जो अव्यक्त है भाव सनातन ।
जीव-जगत का क्षय जब होता; तब भी नष्ट न है वह होता
कहा गया जो अव्यक्त अक्षर; कहते उसे परम गति हैं नर ।
पुनर्जन्म नहीं जिसको पाकर; परमधाम वह ही मेरा घर ॥८.२१॥

परन्तु इस क्षर प्रकृति से परे एक दूसरी अविनाशी प्रकृति है, जो सब भूतों के नष्ट होने पर भी नष्ट नहीं होती. उसी को अव्यक्त अक्षरब्रह्म अर्थात् परमगति कहा गया है, वही मेरा परमधाम है, जिसे प्राप्तकर मनुष्य आवागमन के बन्धनों से मुक्त हो जाता है. (८.२०-२१)

सभी जीव हैं जिस के भीतर; जिस से है परिपूर्ण जगत भर ।
परम पुरुष वह प्राप्त उसी को; भक्ति अनन्य सदा करता जो ॥

हे अर्जुन, सभी प्राणी जिस परमात्मा के अन्दर हैं तथा जिससे यह सारा संसार व्याप्त है, वह परम पुरुष परमात्मा अनन्य (एकाश्रयी) भक्ति से प्राप्त होता है. (९.०४, ११.५५ भी देखें) (८.२२)

काल-मार्ग जिस में योगी नर; त्याग शरीर न आते हैं फिर ।
पुनर्जन्म-गति या देता जो; भरतश्रेष्ठ, कहता दोनों को ॥८.२३॥

संसार से जाने के दो प्रमुख मार्ग

हे भरतकुल श्रेष्ठ, जिस मार्ग द्वारा शरीर त्यागकर गये हुए योगीजन वापस न लौटने वाली गति को और वापस लौटने वाली गति को प्राप्त होते हैं, उन दोनों मार्गों को मैं तुम्हें बताऊंगा. (८.२३)

दिवस, अग्नि, पख शुक्ल, प्रभासी; उत्तरायण औ जो षण्मासी ।
त्यागें उस सुकाल में जो तन; पायें ब्रह्म, ब्रह्मज्ञानी जन ॥८.२४॥

जो ब्रह्मविद् साधकजन अग्नि, प्रकाश, दिन, शुक्लपक्ष और उत्तरायण के छः मास वाले ज्ञान का प्रकाश मार्ग द्वारा जाते हैं, वे ब्रह्म को प्राप्त होते हैं तथा पुनः संसार में वापस नहीं आते हैं. (८.२४)

धूम्र, रात्रि, पख कृष्ण उदासी; दक्षिणायण औ जो षण्मासी ।
उस में प्राण त्याग योगी नर; चन्द्र लोक पा, लौटें भू पर ॥८.२५॥

धूम, रात्रि, कृष्णपक्ष और दक्षिणायन के छः मास वाले अज्ञान मार्ग से जाने वाला सकाम योगी स्वर्ग जाकर पुनः वापस आता है. (९.२१ भी देखें) (८.२५)

शुक्ल-कृष्ण दो मार्ग सनातन; जग के माने जाते, अर्जुन ।
एक वृतहीन मुक्ति है देता; गमनागमन दूसरा देता ॥८.२६॥

जगत में ये दो—शुक्ल और कृष्ण (अर्थात् ज्ञान और अज्ञान)—सनातन मार्ग माने गये हैं. इनमें ज्ञानमार्ग के द्वारा जाने वालों को लौटना नहीं पड़ता और अज्ञानमार्ग वालों को लौटना पड़ता है. (८.२६)

पार्थ, मार्ग दोनों जाने जो; योगी कभी भ्रमित नहीं वह हो ।
अतः सभी कालों में, अर्जुन; योग-युक्त योगी ही तू बन ॥८.२७॥

आत्मज्ञान से मुक्ति

हे अर्जुन, इन दो मार्गों को तत्त्व से जानने वाला कोई भी योगी भ्रमित नहीं होता. इसलिए हे अर्जुन, तुम सदा योगयुक्त रहो. (८.२७)

छन्द : जो पुण्य फल, कहते, मिलेंगे योग, तप, यज्ञ, दान से,
योगी पुरुष सब युक्त होकर तत्त्वतः इस ज्ञान से ।
है छोड़ता, करके उलंघन पार जा उन से परे,
उपलब्धि शाश्वत सनातन, परमपद निश्चित वरे ॥८.२८॥

योगी इस अध्याय को समझकर वेदों में, यज्ञों में, तपों में तथा दान में जो पुण्यफल कहे गये हैं, उन सबको पार कर जाता है और परब्रह्म परमात्मा के परमधाम को प्राप्त करता है. (८.२८)

इति अष्टमोऽध्यायः

श्रीकृष्ण गोविन्द हरे मुरारे, हे नाथ नारायण वासुदेवा
गोकुल में चमके मथुरा के तारे, हे नाथ नारायण वासुदेवा

पहला विश्राम

नवमां अध्याय

९. राजविद्याराजगुह्ययोग

श्रीभगवान बोले—

दोहाः अनघ दृष्टि तुझको कहूं, गूढ़ ज्ञान-विज्ञान ।
अशुभ जगत से मुक्त हो, जायेगा जो जान ॥९.०१॥

ब्रह्म का तत्त्वज्ञान परम रहस्य है

श्रीभगवान बोले— तुम दोषदृष्टि रहित भक्त के लिये मैं इस परम गुह्य ब्रह्मविद्या (ज्ञान) को ब्रह्म अनुभूति (विज्ञान) सहित कहता हूं, जिसे जानकर तुम जन्म-मरण दुखरूपी संसार से मुक्त हो जाओगे। (९.०१)

विद्याओं में नृप यह राजन; परम गुप्त, उत्तम, अति पावन ।
देता फल प्रत्यक्ष, धरममय; सुखद, सहज, अविनाशी, अक्षय ॥

यह तत्त्वज्ञान सब विद्याओं का राजा, रहस्यमय, अत्यन्त पवित्र, प्रत्यक्ष फल वाला, धर्मयुक्त, साधन में सुगम तथा अविनाशी है. (९.०२)

श्रद्धा नहीं इस धर्म में जिनकी; मैं उपलब्धि नहीं हूं उनकी ।
मृत्यु-लोक के चक्र में फंस कर; अर्जुन, करते भ्रमण निरन्तर ॥

हे अर्जुन, इस धर्म में श्रद्धा न रखने वाले मनुष्य मुझे न प्राप्त होकर मृत्युरूपी संसार में बारम्बार जन्म लेते हैं. (९.०३)

मुझ अव्यक्त रूप से, धनुवर; विस्तृत है परिपूर्ण जगत भर ।
सभी जीव मुझ में आधारित; मैं उन में हूं नहीं अवस्थित ॥९.०४॥

यह सारा संसार मुझ परब्रह्म परमात्मा की आदि प्रकृति का विस्तार है. सभी मुझपर निर्भर रहते हैं, मैं उनपर निर्भर नहीं रहता. (७.१२ भी देखें) (९.०४)

नहीं जीव वे मुझ में सुस्थित; योग-प्रभाव देख मम अतुलित ।
जीव उत्पन्न करूं मैं पोषित; मम आत्मा उन में न अवस्थित ॥९.०५॥

मेरी ईश्वरीय योगशक्ति को देखो कि वास्तव में मैं—सभी भूतों को उत्पन्न तथा पोषण करने वाला—उनपर निर्भर नहीं रहता तथा वे सब भी मुझपर निर्भर नहीं रहते. (९.०५)

ज्यों सर्वत्र विचरने वाली; वायु सदा नभ रहने वाली ।
मुझमें सभी जीव हैं वैसे; जान अवस्थित अर्जुन ऐसे ॥९.०६॥

जैसे सर्वत्र विचरण करने वाली महान् वायु सदा आकाश में—बिना कोई सहारा लिये—स्थित रहती है, वैसे ही सभी मुझ में स्थित रहते हैं, ऐसा समझो. (९.०६)

सभी जीव कल्पान्त में अर्जुन; प्रकृति-मध्य मम होय विसर्जन ।
कल्प दूसरा जब फिर आता; रचना उनकी फिर कर जाता ॥९.०७॥

सृष्टि-रचना और प्रलय का सिद्धान्त

हे अर्जुन, एक कल्प के अन्त में सम्पूर्ण सृष्टि मेरी आदि प्रकृति में लय हो जाती है और दूसरे कल्प के प्रारम्भ में मैं फिर उसकी रचना करता हूं. (९.०७)

मायामय निज प्रकृति ग्रहण कर; जीवों का समुदाय जगत भर ।

निज स्वभाव-वश बेबस सब जन; रचता बार-बार मैं, अर्जुन ॥९.०८॥

मैं अपनी मायारूपी प्रकृति के द्वारा समस्त प्राणि को—जो प्रकृति के गुणों के वश में रहते हैं—बार-बार रचता हूं. (९.०८)

उदासीन आसक्ति-रहित हूं; उन कर्मों में यूं सुस्थित हूं ।

इसीलिये मुझको हे अर्जुन; कभी न हो कर्मों का बन्धन ॥९.०९॥

हे अर्जुन, सृष्टि की रचना आदि कर्मों में अनासक्त और उदासीन रहने के कारण वे कर्म मुझ परमात्मा को नहीं बांधते.

दोहाः अर्जुन, मम अधिकार में, प्रकृति चराचर-धाम ।

रचती है, जो घूमता, इसी हेतु अविराम ॥९.१०॥

हे अर्जुन, मेरी माया अपनी प्रकृति के द्वारा चराचर जगत को उत्पन्न करती है. इस तरह सृष्टि-चक्र चलता रहता है. (१४.०३ भी देखें) (९.१०)

सब जीवों का महा महेश्वर; परम भाव मेरा मूरख नर ।

नहीं जानते नर-तन-धारी; करें अनादर मेरा भारी ॥९.११॥

वृथा-ज्ञान, आशा कर्मों से; लिप्त सदा अज्ञानी जन ये ।

राक्षस-असुर-प्रकृति को धारे; रहते मोह के वश ये सारे ॥९.१२॥

ज्ञानी और अज्ञानी के मार्ग

मुझ परमेश्वर के परम भाव को नहीं जानने के कारण—जब मैं मनुष्य का शरीर धारण करता हूं—मूढ़ लोग मुझे साधारण मनुष्य समझकर मेरा अनादर करते हैं, क्योंकि वे राक्षसी और आसुरी स्वभाव से मोहित, झूठी आशा, झूठा कर्म तथा झूठा ज्ञान वाले अविचारी मनुष्य मुझे नहीं पहचान पाते हैं. (९.११-१२)

दैवी-प्रकृति-अधीन महामन; जानें सभी जीवों का कारन ।

पार्थ, जानकर अव्यय अक्षर; अनन्य मन से भजें निरन्तर ॥९.१३॥

परन्तु हे अर्जुन, दैवी स्वभाव वाले महात्मा लोग मुझे अविनाशी तथा सम्पूर्ण प्राणियों का कारण समझकर एकाग्र मन से मेरी भक्ति करते हैं. (९.१३)

नित्य दृढ़व्रत साधक बुधजन; यत्नशील मम करते कीर्तन ।

मुझमें रम प्रणाम नित करते; भक्तिभाव से मुझको भजते ॥९.१४॥

मेरा कीर्तन करते हुए, प्रयत्नशील, दृढ़व्रती साधक मुझे नमस्कार करके भक्तिपूर्वक मेरी उपासना करते हैं. (९.१४)

द्वैत-भाव, अद्वैत किसी का; ज्ञान-यज्ञ-पथ महत किसी का ।

भांति-भांति से और बहुत जन; मुझ विराट का करते वन्दन ॥९.१५॥

कोई साधक ज्ञानयज्ञ के द्वारा, कोई अद्वैतभाव (जीव और ईश्वर एक है) से, दूसरे द्वैतभाव (जीव और ईश्वर भिन्न है) से तथा कोई अनेक प्रकार से पूजा करके मुझ विराट्स्वरूप परमेश्वर की उपासना करते हैं. (९.१५)

श्रौत कर्म यज्ञों का मैं ही; पिंडदान पितरों का मैं ही ।

औषधि, मंत्र, अग्नि, घृत, आहुति; मैं ही अर्जुन, होम-यजन-कृति ॥

जगत-पितामह, पितु औ माता; धारण कर्ता, पोषण-दाता ।

ज्ञेय पूत ओंकार स्वयं मैं; यजुर्वेद ऋक् साम स्वयं मैं ॥९.१७॥

सद्गति सबकी, पोषक, स्वामी; वास, शरण, साक्षी, हितकामी
मैं उत्पति-प्रलय-अवलम्बन; मैं निधान, बीजाक्षर, अर्जुन ॥९.१८॥

सब कुछ परमात्मा का ही विस्तार है

धार्मिक संस्कार मैं हूं, यज्ञ मैं हूं, औषधि मैं हूं, मंत्र मैं हूं, घी मैं हूं, अग्नि मैं हूं तथा हवन कर्म भी मैं ही हूं. (४.२४ भी देखें). मैं ही इस जगत का पिता, माता, धारण करने वाला और पितामह हूं. मैं ही जानने योग्य वस्तु हूं; पवित्र ओंकार, ऋग्वेद, सामवेद और यजुर्वेद भी मैं ही हूं. प्राप्त करने योग्य परमधाम, भरण करने वाला, सबका स्वामी, साक्षी, निवासस्थान, शरण लेने योग्य, मित्र, उत्पत्ति, प्रलय, आधार और अविनाशी कारण भी मैं ही हूं. (७.१०, १०.३९ भी देखें) (९.१६-१८)

दोहाः बरसाता, जल रोकता, तपता, अर्जुन, आप ।
अमृत मैं हूं, मृत्यु मैं, असत् और सत् आप ॥९.१९॥

हे अर्जुन, मैं ही संसार के हित के लिए सूर्यरूप से तपाता हूं, मैं वर्षा का नियंत्रण करता हूं. अमृत और मृत्यु तथा सत् और असत् भी मैं ही हूं. (१३.१२ भी देखें) (९.१९)

छन्द ः कर्म करते हैं तीनों वेदों के विधान से,
पूत पाप-मुक्त सुखी सोमरस पान से ।
यज्ञ द्वारा मुझे पूजते हैं इष्ट जानकर,
प्रार्थना करें जो स्वर्ग लक्ष्य निज मानकर ।
पुण्यफल से वे इन्द्र-लोक प्राप्त करके,
भोगते हैं भोग सभी दिव्य सुरपुर के ॥९.२०॥

एकनिष्ठ भक्ति द्वारा मोक्ष-प्राप्ति

तीनों वेदों में कहे हुए सकाम कर्म करने वाले, भक्तिरस पान करने वाले, पापरहित मनुष्य मुझे यज्ञ के द्वारा पूजकर स्वर्ग प्राप्त करने की प्रार्थना करते हैं, वे अपने पुण्यों के फलरूप इन्द्रलोक को प्राप्त कर स्वर्ग में दिव्य देवताओं के भोगों को भोगते हैं (९.२०)

वे विशाल दिव्य स्वर्ग लोक को हैं भोगते,
पुण्य क्षीण होते, मृत्यु लोक को ही लौटते ।
तीनों वेदों के जो लगे ऐसे धर्मयोग में,
आवागमन कामियों को मिला फल-भोग में ॥९.२१॥

वे लोग स्वर्गलोक के भोगों को भोगकर, पुण्य समाप्त होने पर फिर मृत्युलोक में आते हैं. इस प्रकार तीनों वेदों में कहे हुए सकाम कर्म करने वाले मनुष्य आवागमन को प्राप्त होते हैं. (८.२५ भी देखें) (९.२१)

चौः भक्ति अनन्य भाव से जो जन; करते हुए सतत मम चिन्तन ।
मुझमें रमे भजन मम गाते; योगक्षेम सब मुझ से पाते ॥९.२२॥

जो भक्तजन एकनिष्ठ भाव से चिन्तन करते हुए मेरी उपासना करते हैं, उन भक्तों का कुशलक्षेम का भार मैं स्वयं लेता हूं. (९.२२)

श्रद्धाहीन भक्तिमय जो जन; करें अन्य देवों का पूजन ।
करते वे भी ही मम-वंदन; विधि-विहीन यद्यपि वह, अर्जुन ॥९.२३॥

हे अर्जुन, जो भक्त श्रद्धापूर्वक दूसरे देवी-देवताओं को पूजते हैं, वे भी मेरा ही पूजन करते हैं—पर अज्ञानपूर्वक (अद्वैतरूप को नहीं जानने के कारण). (९.२३)

भोक्ता सब यज्ञों का मैं ही; स्वामी भी लोकों का मैं ही ।
तत्त्वज्ञान से जान न पाते– मुझको, यूं ही वे गिर जाते ।।९.२४।।

क्योंकि सब यज्ञों का भोक्ता और स्वामी मैं–परब्रह्म परमात्मा–ही हूं; परन्तु वे मुझ परमेश्वर के अधियज्ञ स्वरूप को तत्त्व से नहीं जानते, इसीसे उनका पतन अर्थात् आवागमन होता है. (९.२४)

देव-भक्त सुर भू को पाते; पितर-भक्त पितरों को जाते ।
भूत-भक्त भूतों को पायें; मेरे भक्त मुझे ही आयें ।।९.२५।।

देवताओं को पूजने वाले देवलोक जाते हैं, पितरों को पूजने वाले पितृलोक जाते हैं, भूत-प्रेतों को पूजने वाले भूत-प्रेतों के लोक को जाते हैं तथा मेरी पूजा करने वाले भक्त मेरे परमधाम को जाते हैं और उनका पुनर्जन्म नहीं होता. (८.१६ भी देखें) (९.२५)

पत्र-पुष्प-फल-जल जो भी जन; भक्तिभाव से करता अर्पन ।
शुद्ध बुद्धि से जो पाता हूं ; दिया भक्ति से, मैं खाता हूं ।।९.२६।।

जो मनुष्य प्रेमभक्ति से पत्र, फूल, फल, जल आदि कोई भी वस्तु मुझे अर्पण करता है, तो मैं उस शुद्धचित्त वाले भक्त का वह प्रेमोपहार केवल स्वीकार ही नहीं करता, बल्कि उसका भोग भी करता हूं. (९.२६)

अर्जुन, कर्म करे है तू जो; खान पान और दान हवन को ।
यज्ञ तपस्या करता जो नित; कर वह सब मुझको ही अर्पित ।।

हे अर्जुन, तुम जो कुच्छ कर्म करते हो, जो कुच्छ खाते हो, जो कुच्छ हवन करते हो, जो दान देते हो, जो तप करते हो, वह सब मुझे ही अर्पण करो. (१२.१०, १८.४६ भी देखें) (९.२७)

यूं संन्यासी-आत्मा योगी; मुक्ति कर्म-बन्धन से होगी ।
अच्छे-बुरे न फल पायेगा; हो विमुक्त मुझमें आयेगा ।।९.२८।।

इस प्रकार संन्यासयोगयुक्त होकर कार्य करने से तुम कर्मफल के शुभ और अशुभ दोनों बन्धनों से मुक्त होकर मुझे ही प्राप्त करोगे. (९.२८)

दोहाः *सब जीवों में व्याप्त हूं , रहकर एक समान,*
प्रिय मेरा कोई नहीं, ना ही अप्रिय जान ।
भक्ति-भाव से तदपि जो, भजते मुझको भक्त,
वे मुझ में हैं और मैं, भी उन में हूं व्यक्त ।।९.२९।।

कोई अक्षम्य पापी नहीं

सभी प्राणी मेरे लिए बराबर हैं. न मेरा कोई अप्रिय है और न प्रिय; परन्तु जो श्रद्धा और प्रेम से मेरी उपासना करते हैं, वे मेरे समीप रहते हैं और मैं भी उनके निकट रहता हूं. (७.१८ भी देखें) (९.२९)

पापी दुष्ट अधम नर भी जो; पूर्ण भक्ति से पूजे मुझको ।
साधु मानने योग्य, धनंजय; उचित अर्थमय उनका निश्चय ।।९.३०।।

यदि कोई बड़े-से-बड़ा दुराचारी भी एकनिष्ठ भक्ति से मुझे भजता है, तो उसे भी साधु ही मानना चाहिए, क्योंकि उसने यथार्थ निश्चय किया है. (९.३०)

वह धर्मात्मा शीघ्र हो जाता; शाश्वत शान्ति, पार्थ, पा जाता ।
जान सत्य, यह ज्ञान सही ही; हो मम भक्त, न नष्ट कभी भी ।।९.३१।।

और वह शीघ्र ही धर्मात्मा हो जाता है तथा परम शान्ति को प्राप्त होता है. हे अर्जुन, तुम यह निश्चयपूर्वक सत्य मानो कि मेरे भक्त का कभी भी विनाश अर्थात् नीच योनि में जन्म नहीं होता है. (९.३१)

नारी, वैश्य, शूद्र या दुर्जन; याकि अन्य कोई पापी जन ।
मम शरणागत जो हो जाते; परम मोक्ष गति को वे पाते ॥९.३२॥

भक्तिमार्ग अन्य मार्गों से सहज

हे अर्जुन, स्त्री, वैश्य, शूद्र, पापी आदि जो कोई भी मेरी शरण में आते हैं, वे सभी परमधाम को प्राप्त करते हैं. (१८.६६ भी देखें) (९.३२)

राज-ऋषि, द्विज, पुण्यात्मा या; भक्तों का तो कहना ही क्या ?
कष्टपूर्ण नश्वर जग पाकर; भजन मात्र मेरा ही तू कर ॥९.३३॥

फिर पुण्यशील ब्राह्मणों और राजर्षि भक्तजनों का तो कहना ही क्या? इसलिए यह क्षणभंगुर और सुखरहित मनुष्य शरीर पाकर तुम सदा मेरा ही भजन करो. (९.३३)

मुझमें तन-मन-भक्ति रमा कर; भक्त प्रणाम मुझे वन्दन कर ।
हो एकात्म मुझी में आश्रित; मुझे प्राप्त होगा तू निश्चित ॥९.३४॥

मुझ में मन लगाओ, मेरे भक्त बनो, मेरी पूजा करो, मुझे प्रणाम करो. इस प्रकार मुझे अपना परम लक्ष्य मानकर अपने-आप को मुझ से जोड़ कर तुम मुझे ही प्राप्त होगे. (९.३४)

इति नवमोऽध्यायः

श्रीकृष्ण गोविन्द हरे मुरारे, हे नाथ नारायण वासुदेवा
वहीं गये जहां गये पुकारे, हे नाथ नारायण वासुदेवा

दसवां अध्याय

१०. विभूतियोग

श्रीभगवान बोले—

दोहाः *परम पुण्यमय मम वचन, महाबाहु, सुन और ।*
तव हित को ही कहत हूं ; प्रीति-पात्र तू मोर ।।१०.०१।।

परमात्मा सब वस्तुओं का मूल है

श्रीभगवान बोले— हे अर्जुन, मेरे परम वचन को तुम फिर सुनो, जिसे मैं तुम जैसे प्रेमी के हित के लिए कहूंगा. (१०.०१)

पता न सुरगण महर्षियों को; मेरा प्रादुर्भाव किसी को ।
सभी देवता महर्षियों का; आदि मूल हूं मैं सब ही का ।।१०.०२।।

मेरी उत्पत्ति को देवता, महर्षि आदि कोई भी नहीं जानते हैं; क्योंकि मैं सभी देवताओं और महर्षियों का भी आदिकारण हूं. (१०.०२)

अज, अनादि मुझको जो जाने; विश्व-महेश्वर कर पहचाने ।
सब लोगों में ज्ञानी वह जन; पाप मुक्त होता पावन मन ।।१०.०३।।

जो मुझे अजन्मा, अनादि और समस्त लोकों के महान् ईश्वर के रूप में जानता है, वह मनुष्यों में ज्ञानी है और सब पापों से मुक्त हो जाता है. (१०.०३)

बुद्धि-ज्ञान, निर्भ्रमता, सच, दम; क्षमा-दया, सुख-दुख, मन का शम
भय और अभय, प्रलय-उत्पत्ति; समता, दान, अहिंसा तृप्ति ।
तप, यश-अपयश भाव सभी ही; जीव-जीव में करता मैं ही ।।

बुद्धि, ज्ञान, भ्रम का अभाव, क्षमा, सत्य, इन्द्रिय संयम, मन संयम, सुख, दुख, उत्पत्ति, प्रलय, भय, अभय, अहिंसा, समता, संतोष, तप, दान, यश, अपयश आदि प्राणियों के अनेक प्रकार के भाव मुझसे ही प्रकट होते हैं. (१०.०४-०५)

सप्त महर्षि, चार पुरातन; स्वायंभुव-सम चौदह मनुजन ।
मेरे मानस से पैदा सब; जिनकी प्रजा लोक भर में अब ।।१०.०६।।

सात महर्षि, उनसे पहले चार सनकादि तथा चौदह मनु ये सब मेरे ही संकल्प से उत्पन्न हुए हैं, जिनकी संसार में ये सारी प्रजा हैं. (१०.०६)

योगशक्ति औ मम विभूति को; पूर्ण तत्त्व से जाने है जो ।
योगयुक्त होता अविचल चित; संशय इसमें कहीं न किंचित ।।

जो मनुष्य मेरी इस विस्तार और योगमाया को तत्त्व से जानता है, वह भक्तियोग से युक्त हो जाता है, इसमें कुछ भी संशय नहीं है. (१०.०७)

सब जग का उद्भव हूं मैं ही; जग-विकास-प्रेरक हूं मैं ही ।
मान यही, श्रद्धामय बुद्धजन; निशिदिन करते मेरा पूजन ।।१०.०८।।

मैं ही सबकी उत्पत्ति का कारण हूं और मुझ से ही जगत का विकास (या पालन-पोषण) होता है. ऐसा जानकर बुद्धिमान् भक्तजन श्रद्धापूर्वक मुझ परमेश्वर को ही सदा भजते हैं. (१०.०८)

प्राण चित सुस्थित मुझमें कर; मेरा जान प्रभाव, परस्पर–
करते कथन, तृप्त अति होकर; रमते मुझमें नित्य निरन्तर ॥१०.०९॥

मुझ में ही चित्त को स्थिर रखने वाले और मेरी शरण में आने वाले भक्तजन आपस में मेरे गुण, प्रभाव आदि का एक दूसरे से कहते हुए सदा संतुष्ट रहते हैं. (१०.०९)

मुझमें सतत लगाकर जो मन; भजते प्रीति सहित हैं जो जन ।
उनको ज्ञानयोग वह देता; जिससे जन मुझको पा लेता ॥१०.१०॥

प्रभु भक्तों को ज्ञान देता है

सदा मेरे ध्यान में लगे प्रेमपूर्वक मेरा भजन करने वाले भक्तों को मैं ब्रह्मज्ञान और विवेक देता हूं, जिससे वे मुझे प्राप्त करते हैं. (१०.१०)

दोहाः ***उनमें हो हृदयस्थ मैं, होकर स्वयं दयाल ।***
नष्ट करूं अज्ञान-तम, ज्ञान-दीप-द्युति बाल ॥१०.११॥

उनपर कृपा करके उनके अन्दर रहने वाला, मैं, उनके अज्ञानजनित अन्धकार को तत्त्वज्ञानरूपी दीपक द्वारा नष्ट कर देता हूं. (१०.११)

अर्जुन बोले–

सार्वभौम, प्रभु, धाम परम हो; परम ब्रह्म, शुचि नाम परम हो ।
दिव्य पुरुष, अविनाशी, अजन्मा; शाश्वत आदि-देव, भव-कर्मा ॥
प्रभु कहते ऋषिजन सब ऐसे; देवल व्यास असित नारद से ।
सभी देवता, ऋषि हैं कहते; स्वयं आप भी मुझसे कहते ॥

अर्जुन बोले– आप परमब्रह्म, परमधाम और परमपवित्र हैं; आप दिव्य पुरुष आदिदेव, अजन्मा और सर्वव्यापी हैं; ऐसा देवर्षि नारद, असित, देवल, व्यास आदि समस्त ऋषिजन तथा स्वयं आप भी मुझसे कहते हैं. (१०.१२-१३)

किया आपने जो कुछ वर्णन; सबकुछ सत्य मानता, भगवन ।
जो व्यक्तित्व आप का केशव; नहीं जानते सुर या दानव ॥१०.१४॥

ब्रह्म का वास्तविक स्वरूप कोई नहीं जान सकता

हे केशव, मुझसे आप जो कुछ कह रहे हैं इन सबको मैं सत्य मानता हूं. हे भगवन्, आपके वास्तविक स्वरूप को न देवता जानते हैं और न दानव. (४.०६ भी देखें) (१०.१४)

जीवों के सृष्टा, प्रभु हो तुम; देवदेव जगदीश नरोत्तम ।
स्वयं स्वयं को अपने से ही; आप जानते, पुरुषोत्तम, ही ॥

हे प्राणियों को उत्पन्न करने वाले, हे भूतेश, हे देवों के देव, जगत के स्वामी, पुरुषोत्तम, केवल आप स्वयं ही अपने आपको जानते हैं. (१०.१५)

अपनी दिव्य विभूति सभी ही; कह सकते हैं आप स्वयं ही ।
जिन विभूतियों से हो भूषित; सब लोकों में व्याप्त अवस्थित ॥

अतः अपनी उन दिव्य विभूतियों को–जिनसे आप इन सम्पूर्ण लोकों में व्याप्त होकर स्थित रहते हैं–पूर्णरूपसे वर्णन करने में केवल आप ही समर्थ हैं. (१०.१६)

चिन्तन करता हुआ निरन्तर; जानूं मैं कैसे, योगेश्वर ।
मैं किन किन भावों के द्वारा; भगवन, चिन्तन करूं तुम्हारा ॥१०.१७॥

हे योगेश्वर, मैं आपको सदा चिन्तन करता हुआ कैसे जानूं और हे भगवन, किन-किन भावों द्वारा मैं आपका चिन्तन करूं? (१०.१७)

योग-विभूति स्वयं फिर भगवन; कहें मुझे, कर विस्तृत वर्णन ।
वचन आपके पुण्य सुधा वर; तृप्ति नहीं होती सुन-सुन कर ॥

हे कृष्ण, आप अपनी योगशक्ति एवं महिमा को विस्तारपूर्वक फिर से कहिए, क्योंकि आपके अमृतमय वचनों को सुनते हुए मुझे तृप्ति नहीं हो रही है. (१०.१८)

श्रीभगवान बोले—

दोहाः *मेरी दिव्य विभूतियां, अति विस्तृत निश्शेष ।*
मैं अब कहता हूं तुम्हें, जो उनमें सुविशेष ॥१०.१९॥

सम्पूर्ण सृष्टि परब्रह्म का विस्तार है

श्रीभगवान बोले— हे कुरुश्रेष्ठ, अब मैं अपनी प्रमुख विस्तार को तेरे लिए संक्षेप में कहूंगा, क्योंकि मेरे विस्तार का तो अन्त ही नहीं है. (१०.१९)

जीव-जीव के हृदय बसा हूं ; सब जीवों की मैं आत्मा हूं ।
आदि, मध्य और अन्त सभी ही; सबका गुडाकेश हूं मैं ही ॥१०.२०॥

हे अर्जुन, मैं समस्त प्राणियों के अन्दर स्थित आत्मा हूं तथा सम्पूर्ण भूतों के आदि, मध्य और अन्त भी मैं ही हूं. (१०.२०)

आदित्यों में विष्णु महा हूं; दिनकर द्युतियों मध्य रहा हूं ।
मरुतों में हूं मरीचि अनुपम; नक्षत्रों में शशि सर्वोत्तम ॥१०.२१॥

मैं अदिति के बारह पुत्रों में विष्णु और ज्योतियों में सूर्य हूं, वायु देवताओं में मरीचि और नक्षत्रों में चन्द्रमा हूं. (१०.२१)

सामवेद हूं मैं वेदों में; वासव इन्द्र और देवों में ।
मन मैं, सभी इन्द्रियों में हूं; शक्ति चेतना जीवों में हूं ॥१०.२२॥

मैं वेदों में सामवेद हूं, देवों में इन्द्र हूं, इन्द्रियों में मन हूं और प्राणियों की चेतना हूं. (१०.२२)

रुद्रगणों में हूं शिवशंकर; यक्ष-राक्षसों में वित्तेश्वर ।
अग्नि स्वयं मैं सब वसुओं में; हूं सुमेरु मैं गिरि-शिखरों में ॥१०.२३॥

मैं रुद्रों में शंकर हूं और यक्ष तथा राक्षसों में धनपति कुबेर हूं, वसुओं में अग्नि और पर्वतों में सुमेरु पर्वत हूं. (१०.२३)

मुख्य पुरोहित गण में मानो; पार्थ, बृहस्पति मुझको जानो ।
वीरस्कन्द सैन्यपति गण वर; जलाशयों में मैं हूं सागर ॥१०.२४॥

हे अर्जुन, मुझे पुरोहितों में उनका मुखिया बृहस्पति जानो. मैं सेनापतियों में स्कन्द और जलाशयों में समुद्र हूं. (१०.२४)

महर्षियों में भृगु अनुपम हूं ; वचनों में 'ओंकार' परम हूं ।
यज्ञों में जपयज्ञ महत्तम; स्थावरों में हिमगिरि उत्तम ॥१०.२५॥

मैं महर्षियों में भृगु और शब्दों में ओंकार हूं. मैं यज्ञों में जपयज्ञ और स्थिर रहने वालों में हिमालय पर्वत हूं. (१०.२५)

पीपल हूं मैं सब वृक्षों में; नारद मुनि हूं महर्षियों में ।
और चित्ररथ गन्धर्वों में; कपिल देवमुनि मैं सिद्धों में ॥१०.२६॥

दैवी विस्तार का संक्षिप्त वर्णन

मैं समस्त वृक्षों में पीपल का वृक्ष, देवर्षियों में नारद, गन्धर्वों में चित्ररथ और सिद्धों में कपिल मुनि हूं. (१०.२६)

अमृत-मंथन से पैदा जो; घोड़ों में उच्चैःश्रवा वो ।
मैं ऐरावत गजगण में हूं; जान, नृपति नरगण में हूं ॥१०.२७॥

दोहाः शस्त्रों में हूं वज्र मैं, कामधेनु गौ मध्य ।
कामदेव सन्तान हित, वासुकि सर्पों मध्य ॥१०.२८॥

मैं अश्वों में अमृत के साथ समुद्र से प्रकट हुए उच्चैःश्रवा नामक घोड़ा, हाथियों में ऐरावत और मनुष्यों में राजा, शस्त्रों में वज्र, गायों में कामधेनु, संतान की उत्पत्ति के लिए कामदेव और सर्पों में वासुकि हूं. (१०.२७-२८)

शेषनाग मैं नागों में हूं; मैं यमराज शासकों में हूं ।
वरुण जलचरों में हूं ईश्वर; पितरों में अर्यमा पितेश्वर ॥१०.२९॥

दैत्यों में पह्लाद महा हूं; संगणको में काल सदा हूं ।
पशुओं में मैं सिंह मृगेश्वर; गरुड़ पक्षियों में खगेश्वर ॥१०.३०॥

मैं नागों में शेषनाग, जल देवताओं में वरुण, पितरों में अर्यमा और शासकों में यमराज; दिति के वंशजों में प्रह्लाद, गणना करने वालों में समय, पशुओं में सिंह और पक्षियों में गरुड़ हूं. (१०.२९-३०)

पवन हूं पावन-कर्ताओं में; स्वयं राम हूं शस्त्रधरों में ।
मत्स्यों में मैं मच्छमगर; नदियों में गंगा शुचिकर हूं ॥१०.३१॥

मैं पवित्र करने वालों में वायु हूं और शस्त्रधारियों में राम हूं, जलचरों में मगर और नदियों में पवित्र गंगा नदी हूं. (१०.३१)

आदि-मध्य सब सर्गों का क्षय; अर्जुन, मैं ही हूं, यह निश्चय ।
ब्रह्मज्ञान मैं विद्याओं में; वाद-तर्क शास्त्रार्थ विदों में ॥१०.३२॥

हे अर्जुन, सारी सृष्टि का आदि, मध्य और अन्त भी मुझसे ही होता है. मैं विद्याओं में ब्रह्मविद्या और विवाद करने वालों का तर्क हूं. (१०.३२)

आदि अकार अक्षरों में हूं; द्वन्द्व समास समासों में हूं ।
अक्षय काल, विराट मुखी मैं; सबका हूं पालक पोषी मैं ॥१०.३३॥

मैं अक्षरों में अकार और समासों में द्वन्द्व समास हूं. अक्षयकाल अर्थात् अकाल पुरुष तथा विराट्स्वरूप से सबका पालन-पोषण करने वाला भी मैं ही हूं. (१०.३३)

मृत्यु काल सबका नाशाक हूं; भावी जनों का उत्पादक हूं ।
वाक्, मेधा, श्री, कीर्ति, सुस्मृति; क्षमा नारियों में मैं ही धृति ॥

मैं सबका नाश करने वाली मृत्यु और भविष्य में होने वालों की उत्पत्ति का कारण हूं. संसार की सात श्रेष्ठ देवियां, जो कीर्ति, श्री, वाणी, स्मृति, मेधा, धृति और क्षमा की शासिका हैं, वे भी मैं ही हूं. (१०.३४)

बृहत्साम मैं सामों में हूं; गायत्री मैं छन्दों में हूं ।
मार्गशीर्ष हूं सब मासों में; हूं वसन्त मैं सब ऋतुओं में ॥१०.३५॥

मैं सामवेद के गाये जाने वाले मंत्रों में बृहत्साम, वैदिक छन्दों में गायत्री छन्द, महीनों में मार्गशीर्ष और ऋतुओं में वसन्त ऋतु हूं. (१०.३५)

छलियों में मैं, पार्थ, जुआ हूं; तेजस्वियों में तेज महा हूं ।
विजय और व्यवसाय स्वयं हूं; सात्त्विक जन का सत्त्व परम हूं ॥

मैं छलियों में जुआ, तेजस्वियों का तेज, तथा विजय, निश्चय और सात्त्विक मनुष्यों का सात्त्विक भाव हूं. (१०.३६)

दोहाः वृष्णिगणों में कृष्ण मैं, पाण्डवगण में पार्थ ।
मुनियों में हूं व्यास मैं, कविगण-शुक्र यथार्थ ॥१०.३७॥

मैं वृष्णि वंशियों में कृष्ण, पाण्डवों में अर्जुन, मुनियों में व्यास और कवियों में शुक्राचार्य हूं. (१०.३७)

दमनशील का दण्ड स्वयं हूं; विजयेच्छुक का नीति-नियम हूं ।
मौन गुह्यभावों का मैं हूं; तत्त्वज्ञान विज्ञों का मैं हूं ॥१०.३८॥

मैं दमन करने वालों में दण्डनीति और विजय चाहने वालों में नीति हूं. मैं गोपनीय भावों में मौन और ज्ञानियों का तत्त्वज्ञान हूं. (१०.३८)

सब जीवों का यूं मैं, अर्जुन; मूल-बीज, कारण, उत्पादन ।
चर औ अचर जीव, हे अर्जुन; नहीं होता कोई मेरे बिन ॥१०.३९॥

हे अर्जुन, समस्त प्राणियों की उत्पत्ति का बीज मैं ही हूं, क्योंकि चर और अचर किसी का अस्तित्व मेरे बिना नहीं है (अर्थात् सब कुछ मेरा ही स्वरूप है). (७.१०, ९.१८ भी देखें) (१०.३९)

दिव्य विभूति-गणों का, अर्जुन; कोई अन्त नहीं है, यह सुन ।
वे विभूतियां अपनी विस्तृत; की संक्षेप रूप में वर्णित ॥१०.४०॥

सृष्टि परब्रह्म का लघुतम अंश मात्र है

हे अर्जुन, मेरी दिव्य विभूतियों का तो अन्त ही नहीं है. मैंने तुम्हें अपनी विभूतियों के विस्तार का वर्णन संक्षेप में कहा है. (१०.४०)

दोहाः जो विभूतिमय जगत में, शक्ति-कान्ति सम्पन्न ।
मेरे ही तेजांश से, जान उसे उत्पन्न ॥१०.४१॥
क्या होगा बहुज्ञान से, अर्जुन, यह पर्याप्त ।
एक अंश धारण किये, सब जग को हूं व्याप्त ॥१०.४२॥

जो भी वस्तु है उसे तुम मेरे तेज के एक अंश से ही उत्पन्न हुई समझो. हे अर्जुन, तुम्हें बहुत जानने की क्या आवश्यकता है? मैं अपने तेज अर्थात् योगमाया के एक अंशमात्र से ही सम्पूर्ण जगत को धारण करके उस में रहता हूं. (१०.४१-४२)

इति दशमोऽध्यायः

श्रीकृष्ण गोविन्द हरे मुरारे, हे नाथ नारायण वासुदेवा
अमर है गीता के बोल सारे, हे नाथ नारायण वासुदेवा

ग्यारहवां अध्याय
११. विराट्रूपदर्शनयोग
अर्जुन बोले—

दोहाः परम गुह्य अध्यात्म का, दे उपदेश महान ।
हो कृपालु, मेटा सभी, मेरा मोह-अज्ञान ॥११.०१॥

प्रभुदर्शन भक्त का परम ध्येय

अर्जुन बोले— आपने मुझपर कृपा करके जिस परम गोपनीय अध्यात्मतत्त्व को कहा, उससे मेरा भ्रम नष्ट हो गया है। (११.०१)

जीव-जन्म-उत्पत्ति-मरण-लय; महिमा तव अविनाशी अक्षय ।
सविस्तार मैंने हे भगवन; पूर्ण सुना है पंकज-लोचन ॥११.०२॥

हे कमलनयन कृष्ण, मैंने आपसे प्राणियों की उत्पत्ति और प्रलय तथा आपके अविनाशी माहात्म्य को विस्तारपूर्वक सुना। (११.०२)

आप स्वयं को कहते जैसे; पुरुषोत्तम, सच ही हो वैसे ।
किन्तु चाहता मैं यदुनन्दन; उस ऐश्वर्य-रूप का दर्शन ॥११.०३॥

हे परमेश्वर, आप अपने को जैसा कहते हैं, वह ठीक है; परन्तु हे पुरुषोत्तम, मैं आपके ईश्वरीयरूप को अपनी आंखों से देखना चाहता हूं। (११.०३)

उस विराट छवि का दिग्दर्शन; यदि सम्भव माने प्रभु का मन ।
तो अविनाशी रूप मनोहर; अपना दिखलायें, योगेश्वर ॥११.०४॥

हे प्रभो, यदि आप समझें कि मेरे द्वारा आपका विराट्रूप देखा जाना संभव है; तो हे योगेश्वर, आप अपने दिव्य विराट्रूप का दर्शन दें। (११.०४)

श्रीभगवान बोले—

नाना वर्णाकृति वाले मम; दिव्यरूप नाना विध उत्तम ।
शत-शत सहस्र भांति के, अर्जुन; रूपों का अब तू कर दर्शन ॥

श्रीभगवान बोले— हे अर्जुन, अब तुम मेरे अनेक तरह के और अनेक रंग तथा आकृति वाले सैकड़ों-हजारों दिव्यरूपों को देखो। (११.०५)

आदित्यों को, सब वसुओं को; अश्विनी सुत दोनों रुद्रों को ।
देख मरुत सब अचरजमय ले; कभी नहीं देखे जो पहले ॥११.०६॥

हे अर्जुन, मुझ में आदित्यों, वसुओं, रुद्रों तथा अश्विनी कुमारों और मरुद्गणों को देखो तथा और भी बहुत-से पहले न देखे हुए आश्चर्यजनक रूपों को भी देखो। (११.०६)

दोहाः मम देह में एकत्र चर, अचर जीव, पद, अर्थ ।
देख सभी जगत और भी, जो हो इच्छा, पार्थ ॥११.०७॥

हे अर्जुन, अब मेरे शरीर में एक ही जगह पर स्थित हुए चर और अचर सहित सारे जगत को तथा और जो कुछ देखना चाहते हो, उसे भी देख लो। (११.०७)

पर इन निज नयनों से, अर्जुन; कर न सकोगे मेरे दर्शन ।
दिव्य चक्षु देता हूं तुम को; देखो योग ऐश्वर्य परम को ॥११.०८॥

परन्तु तुम अपनी इन आंखों से मुझे नहीं देख सकते हो, इसलिए मेरी योगशक्ति को देखने के लिए मैं तुम्हें दिव्य दृष्टि प्रदान करता हूं., (११.०८)

इस प्रकार से कह कर, राजन; महायोगेश्वर हरि ने उस छन ।
अर्जुन को फैला निज माया; परम ऐश्वर्य-रूप दिखलाया ॥११.०९॥

श्रीकृष्ण द्वारा अर्जुन को अपने विराट विश्वरूप का दर्शन कराना

संजय बोले— हे राजन, महायोगेश्वर हरि ने ऐसा कहकर अर्जुन को अपने ऐश्वर्ययुक्त परम दिव्यरूप का दर्शन कराया.

मुख अनेक अति दिव्य नयन औ; अद्भुत रूप भव्य अनगिन औ।
भूषण दिव्य अनेक विभूषित; दिव्य अनेक शस्त्र से सज्जित ॥
दिव्य माल-पट-सन सुसज्जित; दिव्य गन्ध-लेपों से मंडित ।
वह असीम आश्चर्य भरा सब; रूप विराट देव देखा तब ॥

अर्जुन ने भगवान् श्रीकृष्ण के अनेक मुख और नेत्रों वाले, अनेक अद्भुत दृश्य वाले, अनेक दिव्य आभूषणों से युक्त, बहुत सारे दिव्य शस्त्रों को हाथों में लिए हुए, दिव्य माला और वस्त्रों को धारण किये हुए, दिव्य गन्ध का लेपन किये हुए, समस्त प्रकार के आश्चर्यों से युक्त, अनन्त विराट्स्वरूप का दर्शन किया. (११.१०-११)

नभ में एक हजार सूरज भी; उगें एक ही साथ न तब भी ।
उन सब की भी ज्योति कदाचित; विश्व-रूप-छवि-सम हो किंचित

आकाश में हजारों सूर्यों के एक साथ उदय होने पर उत्पन्न प्रकाश भी उस विश्वरूप परमात्मा के प्रकाश के समान शायद ही हो. (११.१२)

भांति-भांति से पृथक विभाजित; सारा जगत हुआ एकत्रित ।
देव-देव-तन में इक थल सब; पाण्डु पुत्र ने देखा था सब ॥११.१३॥

उस समय अर्जुन ने देवों के देव श्रीकृष्ण भगवान् के दिव्य शरीर में—अनेक प्रकार के विभागों में विभक्त परन्तु एक ही जगह एकत्रित—सम्पूर्ण जगत को देखा. (१३.१६, १८.२० भी देखें) (११.१३)

दोहाः रोमांचित, अचरज-चकित, नत-मस्तक, करबद्ध ।
कर प्रणाम श्रीदेव को, अर्जुन बोला शब्द ॥११.१४॥

प्रभु-दर्शन के सब योग्य नहीं

भगवान् के विराट्स्वरूप को देखकर अर्जुन बहुत चकित हुए और आश्चर्य के कारण उनका शरीर पुलकित हो गया. अर्जुन ने हाथ जोड़कर विराट्रूप देव को श्रद्धा और भक्ति सहित सिर झुकाकर प्रणाम करके कहा. (११.१४)

अर्जुन बोले—

छन्दः मैं देख रहा हूं देव, आप के तन में,
सब जीवों के समुदाय, देवता सारे ।
बैठे पद्मासन पर ब्रह्मा को, शिव को,
ऋषिगण सब, दैवी सर्प कुण्डली मारे ॥११.१५॥

अनगिन हैं प्रभु के उदर, नयन, मुखमंडल,
सब ओर अनन्त रूप वाले, विश्वेश्वर ।
हे विश्वरूप, तव आदि अन्त नहीं दिखता,
मैं देख न पाता मध्य, परम परमेश्वर ।।११.१६।।

अर्जुन बोले– हे देव, मैं आपके शरीर में समस्त देवताओं को, प्राणियों के अनेक समुदायों को, कमल पर बैठे हुए ब्रह्माजी, महादेवजी, समस्त ऋषिगण और दिव्य सर्पों को देख रहा हूं. (११.१५) हे विश्वेश्वर, आपको मैं अनेक हाथों, पेटों, मुखों और नेत्रों से युक्त तथा सब ओर से अनन्त रूपों वाला देखता हूं. हे विश्वरूप, मैं आपके न अन्त को देखता हूं, न मध्य को और न आदि को ही. (११.१६)

प्रभु मुकुट-गदायुत, चक्र-सुशोभित दिखते,
सब ओर दीप्तिमय, तेजपुंज, हे भगवन ।
ज्वाला-रवि-सम द्युतिमान, नयन क्या देखें?
सब दिशि से करता हूं असीम के दर्शन ।।११.१७।।

हैं आप जानने योग्य परम अक्षर, प्रभु,
आश्रित जिस प्रभु पर यह सब विश्व जगत है ।
हैं धर्म सनातन के रक्षक अविनाशी,
हैं परम सनातन पुरुष, यही मम मत है ।।११.१८।।

मैं आपके मुकुट, गदा और चक्र धारण किये सब ओर से प्रकाशमान तेज के पुंज जैसा; अग्नि और सूर्य के समान ज्योति वाले तथा नेत्रों द्वारा देखने में अत्यन्त कठिन रूप को देख रहा हूं. (११.१७) आप ही जानने योग्य परब्रह्म परमात्मा हैं, आप ही इस विश्व के परम आधार हैं, आप ही सनातन धर्म के रक्षक हैं, आप ही अविनाशी सनातन पुरुष हैं, ऐसा मेरा मत है. (११.१८)

नहीं आदि, मध्य औ अन्त, महाबलशाली,
शशि सूर्य नेत्रवाले, ज्वाला-मुख रौरव ।
अनगिन हैं प्रभु के हाथ, तेज से अपने,
मैं देख रहा आपको तपाते यह भव ।।११.१९।।

द्यावा-पृथ्वी के मध्य दिशायें सारी,
हैं मात्र आपसे व्याप्त, महात्मन प्रभुवर ।
यह उग्ररूप आपका देखकर अद्भुत,
सब लोक व्याप्त हैं, कांप रहे हैं थरथर ।।११.२०।।

मैं आपको आदि, मध्य और अन्त से रहित तथा अनन्त प्रभावशाली और अनन्त भुजाओं वाले तथा चन्द्रमा और सूर्य की तरह नेत्रों वाले और प्रज्वलित अग्निरूपी मुखों वाले तथा अपने तेज से विश्व को तपाते हुए देख रहा हूं । (११.१९) हे महात्मन्, स्वर्ग और पृथ्वी के बीच का यह सम्पूर्ण आकाश तथा समस्त दिशाएं केवल आपसे ही व्याप्त हैं. आपके इस अलौकिक और भयंकर रूप को देखकर तीनों लोक भयभीत हो रहे हैं. (११.२०)

सब देवों का समुदाय जा रहा प्रभु में,
भयभीत कई करबद्ध कर रहे कीर्तन ।
सब 'स्वस्ति-स्वस्ति' कह सिद्ध, महर्षिगण,
उत्तम स्तोत्रों से करें आपका वंदन ।।११.२१।।

समस्त देवताओं के समूह आप में प्रवेश कर रहे हैं; और कई एक भयभीत होकर हाथ जोड़े हुए आपके नाम और गुणों का कीर्तन कर रहे हैं. महर्षियों और सिद्धों के समुदाय "कल्याण हो, कल्याण हो" कहकर मन्त्रों द्वारा आपकी स्तुति कर रहे हैं. (११.२१)

सब रुद्र, साध्य, आदित्य, सिद्ध, अश्विनी द्वय,
वसु, मरुत, यक्ष, गन्धर्व, पितर औ सारे ।
सब असुरों के समुदाय देखते प्रभु को,
विस्मित होकर अति, नेत्र विस्तृत कर सारे ।।११.२२।।

रुद्र आदित्य, वसु, साध्य, विश्वेदेव, अश्विनी कुमार, मरुत, पितृ, गन्धर्व, यक्ष, असुर और सिद्धगण—ये सब चकित होकर आपको देख रहे हैं. (११.२२)

हे महाबाहो, तव बहु मुख, बहु कर, बहु पग,
बहु नयन, उदर बहु-रूप देख जग सब ही ।
विकराल जबाड़ों-जंघाओं वाले को,
व्याकुल हैं अतिशय और व्यथित हूं मैं भी ।।११.२३।।

आपके बहुत मुखों तथा नेत्रों वाले, बहुत भुजाओं, जंघाओं तथा पैरों वाले, बहुत पेटों तथा बहुत-सी भयंकर दाढ़ों वाले महान् रूप को देखकर सब प्राणी व्याकुल हो रहे हैं तथा मैं भी व्याकुल हो रहा हूं । (११.२३)

नभ को छूते अति दीप्त रूप बहुरंगी,
व्यापक-मुख, दीप्त-विशाल-नयन, औ भगवन ।
है देख आपको व्यथित आत्मा वाला,
मैं धैर्य-हीन हूं; है अशान्त मेरा मन ।।११.२४।।

विराट विश्वरूप दर्शन से अर्जुन को भय

हे विष्णु, आकाश को छूते हुये अनेक रंगों वाले फैले हुए मुख और प्रकाशमान विशाल नेत्रों से युक्त आपको देखकर मैं भयभीत हो रहा हूं तथा धीरज और शान्ति नहीं पा रहा हूं । (११.२४)

विकराल डाढ़ वाले तव मुख को लख कर,
जो धधक रहा कालाग्नि-समान महा है ।
देवेश, जगत-आधार प्रमुद हों मुझ पर,
सुख मुझे न दिशि का कोई ज्ञान रहा है ।।११.२५।।

आपके विकराल दाढ़ों वाले, प्रलय की अग्नि के समान मुखों को देखकर मुझे न तो दिशाओं का ज्ञान हो रहा है और न शान्ति ही मिल रही है. इसलिए हे देवेश, हे जगत के पालन कर्ता, आप प्रसन्न हों. (११.२५)

ये सब धृतराष्ट्र-तनय, नृपदल सारे ही,
ये कर्ण,भीष्म औ द्रोण, सभी ये कौरव ।
यौद्धा प्रधान अपने भी दल के सारे,
है निगल रहा सब को ही मुख तव रौरव ॥११.२६॥

विकराल जबाड़ों वाले तव मुखदल में,
कितने ही हैं प्रवेश करते द्रुतगति से ।
सिर सहित चूर्ण कुछ हुए आपके भगवन,
दांतो के बीच फंसे मुझको हैं दिखते ॥११.२७॥

राजाओं के समुदाय—भीष्म, द्रोण, कर्ण और हमारे पक्ष के प्रधान योद्धागण—सहित धृतराष्ट्र के सभी पुत्र बड़ी तेजी से आपके विकराल दाढ़ों वाले भयानक मुखों में प्रवेश कर रहे हैं. उनमें से कुछ तो चूर्णित शिरों सहित आपके दांतों के बीच में फंसे हुए दीख रहे हैं. (११.२६-२७)

जैसे नदियों के जल-प्रवाह बहुतेरे,
सागर दिशि को ही स्वभावतः जाते हैं।
वैसे ही वीर्यवान शूरों के दल ये,
आपके धधकते मुखदल में आते हैं ॥११.२८॥

प्रज्ज्वलित शिखा की ओर नष्ट होने को,
अति वेग पूर्ण दौड़े पतंग जाते हैं ।
वैसे ही ये सब लोग नष्ट होने को,
आपके मुखों में दौड़-दौड़ आते हैं ॥११.२९॥

जैसे नदियों के बहुत सारे जल के प्रवाह स्वाभाविक रूप से समुद्र की ओर जाते हैं, वैसे ही संसार के शूरवीर भी आपके प्रज्जवलित मुखों में प्रवेश कर रहे हैं. (११.२८) जैसे पतंगे अपने नाश के लिए प्रज्जवलित अग्नि में बड़े वेग से दौड़ते हुए प्रवेश करते हैं, वैसे ही ये सब लोग भी अपने नाश के लिए आपके मुखों में बड़े वेग से दौड़ते हुए प्रवेश कर रहे हैं. (११.२९)

प्रज्ज्वलित मुखों का अपने ग्रास बना कर,
हैं चाट रहे सब लोक आप, हे भगवन—
सब ओर चाव से, तपा रही सारा जग,
आपकी उग्र द्युति भरे तेज से त्रिभुवन ॥११.३०॥

करता प्रणाम मैं, देवश्रेष्ठ, खुश होवें,
हैं उग्ररूप प्रभु कौन आप, बतलायें ।
मैं, आदिरूप आप का जानना चाहता,
अनभिज्ञ दिव्य तव कृति से हूं, समझायें ॥११.३१॥

आप सब लोकों को मुखों द्वारा ग्रास करते हुए सब ओर से चाट रहे हैं; और हे विष्णु, आपका प्रकाश अपने तेजसे सम्पूर्ण जगत को तपा रहा है. (११.३०) कृपया मुझे यह बतायें कि आप कौन हैं? हे देवों में श्रेष्ठ, आपको मेरा नमस्कार, आप मुझसे प्रसन्न हों. हे आदि पुरुष, मैं आपको तत्त्व से जानना चाहता हूं, क्योंकि मैं आपका ध्येय नहीं समझ पा रहा हूं । (११.३१)

श्रीभगवान बोले—

मैं उग्ररूप महकाल लोक नाशक हूं,
इस समय मारने इन लोगों को आया ।
हैं शत्रुपक्ष में ये जो भी यौद्धागण,
तुझ बिन भी जीवित रहे न उनकी काया ॥११.३२॥

हम सब दैवी निमित्त मात्र

श्रीभगवान बोले— मैं सम्पूर्ण लोकों का नाश करने वाला महाकाल हूं और इस समय इन सब लोगों का संहार करने के लिए यहां आया हूं । तुम्हारे सामने जो योद्धा लोग खड़े हैं, वे सब तुम्हारे युद्ध किए बिना भी जिन्दा नहीं रहेंगे. (११.३२)

इसलिये खड़ा हो तू यश को पाने को,
तू भोग राज-समृद्धि विजय पा अरि पर ।
ये सब पहले ही मरे हुए हैं मुझसे,
हे सव्यसाचि, तू हो जा मात्र निमित भर ॥११.३३॥

अतः तुम युद्ध के लिए तैयार हो जाओ और यश को प्राप्त करो; शत्रुओं को जीतकर राज्य भोगो. ये सब योद्धा पहले से ही मेरे द्वारा मारे जा चुके हैं. हे अर्जुन, तुम तो केवल मेरा निमित्त (उपादान, साधन) हो. (११.३३)

सब द्रोण, भीष्म, जयद्रथ औ कर्ण महारथ,
औ अन्य बहुत से मृत हैं मेरे द्वारा ।
इसलिये युद्ध कर, मार शूरवीरों को,
रण में जीतेगा शत्रु, न हो भय-मारा ॥११.३४॥

द्रोण, भीष्म, जयद्रथ, कर्ण तथा और भी बहुत सारे मेरे द्वारा मारे हुए वीर योद्धाओं को तुम मारो. भय मत करो, निस्सन्देह तुम युद्ध में शत्रुओं को जीतोगे. इसलिए युद्ध करो. (११.३४)

संजय बोले—

सुनकर केशव के वचन मुकुटधारी वह,
करबद्ध कांपता अर्जुन नमस्कार कर ।
भयभीत और भी फिर प्रणाम कर हरि को,
बोला विनीत वाणी से गद्गद हो कर ॥११.३५॥

अर्जुन द्वारा विश्वरूप की वन्दना

संजय बोले— भगवान् कृष्ण के इस वचन को सुनकर भयभीत अर्जुन ने हाथ जोड़कर कांपते हुए नमस्कार करके गद्गद वाणी से श्रीकृष्ण से कहा. (११.३५)

अर्जुन बोले—

हे हृषीकेश, यह उचित सर्वथा ही है,
जग हर्षित अनुरागी है तव वन्दन कर ।
करते प्रणाम हैं सभी सिद्धगण, दानव,
भागते दिशाओं में हैं , प्रभु से डर कर ॥११.३६॥

अर्जुन बोले— हे अन्तर्यामी भगवन, यह सब उचित ही है कि आपके नाम, गुण, लीला आदि का कीर्तन से जगत हर्षित हो रहा है. भयभीत राक्षस लोग सभी ओर भाग रहे हैं तथा सिद्धगण आपको नमस्कार कर रहे हैं. (११.३६)

कैसे न आपको करें प्रणाम महात्मन,
हैं ब्रह्मा के भी श्रेष्ठ आदिकर्ता वर ।
देवेश, जगत-आवास, यहां जो भी है,
सत्-असत् परे उनसे भी प्रभु ही अक्षर ॥११.३७॥

हे महात्मा, वे आपको—जो ब्रह्माजी से भी बड़े और आदिकर्ता हैं—कैसे नमस्कार न करें? क्योंकि हे अनन्त, हे देवेश, हे जगत के पालनकर्ता ; जो सत्, असत् और इन दोनों से परे परब्रह्म है, वह आप ही हैं. (९.१९, १३.१२ भी देखें) (११.३७)

हैं आदि पुरातन आप स्वयं ही भगवन,
हैं आदिदेव आधार परम जगती के ।
हे अनन्त छवि, हैं ज्ञेय आप ज्ञानी भी,
हैं परमधाम, प्रभु, विश्व व्याप्त है जिससे ॥११.३८॥

आप ही आदिदेव और सनातन पुरुष हैं. आप ही जगत के आधार, सबको जानने वाले, जानने योग्य तथा परमधाम हैं. हे अनन्तरूप, यह सारा संसार आपसे ही व्याप्त है. (११.३८)

हैं वायु, अग्नि, यमराज, वरुण, शशि, प्रभुवर,
हैं प्रजा-ईश, ब्रह्मा औ पितामह उनके ।
है बारम्बार प्रणाम कोटिशः प्रभु को,
औ नमस्कार हर बार ईश त्रिभुवन के ॥११.३९॥

आप ही वायु, यमराज, अग्नि, वरुण, चन्द्रमा, प्रजापति ब्रह्मा और ब्रह्मा के पिता भी हैं. आपको हमारा सहस्र बार नमस्कार, नमस्कार और फिर बारम्बार नमस्कार है. (११.३९)

हे अनन्त प्रभुता-पुंज, नमन आगे से,
पीछे से प्रभु को नमन, परम सर्वात्मन ।
जो सर्वरूप हैं विश्व-व्याप्त होने से,
हर दिशि से प्रभु को नमन, अमित विक्रमधन ॥११.४०॥

हे भगवन, आपको आगे से और पीछे से भी नमस्कार. हे सर्वात्मन, आपको सब ओर से नमस्कार. आप अनन्त साहसी और शक्तिशाली हैं. सबमें व्याप्त रहने के कारण सब कुछ तथा सब जगह आप ही हैं. (११.४०)

निज सखा मान कर मैंने, हे प्रभु, अपना,
प्रभु-महिमा से अनभिज्ञ, प्रेमवश अथवा ।
या यह प्रमाद था हठ मेरा, जो मैं ने,
हे कृष्ण, हे सखे, कहा हे यादव या ॥११.४१॥

हे भगवन, आपकी महिमा को न जानने के कारण, आपको सखा मानकर, प्रेम से अथवा लापरवाही से मैंने "हे कृष्ण, हे यादव, हे सखे," आदि कहा है. (११.४१)

अथवा हे अच्युत, हास-भाव से मैंने,
आसन-विहार-शैया या भोजन-थल पर ।
एकाकी अथवा मित्रगणों के सम्मुख,
अपमानित प्रभु है किया, अचिन्त्य, क्षमा कर ॥११.४२॥

आप मेरे द्वारा हंसी में, खेलने, सोने, बैठने और भोजन के समय---अकेले में अथवा दूसरों के सामने भी---जो अपमानित किए गए हैं, उन सब के लिए हे भगवन, मैं आपसे क्षमा मांगता हूं. (११.४२)

हैं पिता चराचर जग के, गुरु गुरुतर से,
अति पूज्य आप हैं, प्रभाव तव अनुपम वर ।
तीनों लोकों में आप समान कहीं भी,
है और न कोई, कहां भला फिर गुरुतर ॥११.४३॥

आप इस चराचर जगत के पिता और सर्वश्रेष्ठ पूज्यनीय गुरु हैं. हे बहुत प्रभाव वाले, तीनों लोकों में आपके जैसा दूसरा कोई भी नहीं है, फिर आपसे बड़ा कौन है? (११.४३)

काया चरणों में रख, प्रणाम कर करता,
सुस्तुत्य ईश, वन्दन प्रसन्न होने को ।
ज्यों पिता पुत्र को, मित्र मित्र को पति औ,
पत्नी को देता क्षमा, देव, दें मुझको ॥११.४४॥

इसलिए हे भगवन, मैं आपके चरणों में साष्टांग प्रणाम करके आपको प्रसन्न करने के लिए प्रार्थना करता हूं. हे देव, जैसे पिता पुत्र के, मित्र अपने मित्र के और पति पत्नी के अपराध को क्षमा करता है, वैसे ही आप भी मेरे अपराधों को क्षमा कीजिए. (११.४४)

पहले जो देखी नहीं, देख उस छवि को,
मैं हर्षित हूं, पर भय से अति व्याकुल मन ।
हे देव परम देवेश, जगत के आश्रय,
होकर प्रसन्न दें पूर्व-रूप में दर्शन ॥११.४५॥

मैं आपके पहले कभी नहीं देखे जाने वाले इस रूप को देखकर हर्षित हो रहा हूं तथा भय से मेरा मन अत्यन्त व्याकुल भी हो रहा है. अतः हे देवेश, हे जगत के आश्रय, आप प्रसन्न हों और मुझे अपना चतुर्भुजरूप दिखायें. (११.४५)

सिर-मुकुट, गदामय चक्र हाथ में शोभित,
मैं, हरि, चाहता हूं, वैसे ही प्रभु-दर्शन ।
हे विश्वरूप, हे सहस्रभुज, अब होकर—
उस रूप चतुर्भुज में आयें, हे भगवन ॥११.४६॥

प्रभु के साकार रूप का दर्शन सम्भव है

मैं आपको मुकुट धारण किये हुए तथा गदा और चक्र हाथ में लिए हुए देखना चाहता हूं । इसलिए हे विराट्रूप, हे सहस्रबाहो,
आप अपने चतुर्भुजरूप में प्रकट हों. (११.४६)

श्रीभगवान बोले—

निज योगशक्ति के परम तेजमय मैंने,
तुझ पर प्रसन्न हो, अति कृपालु, हे अर्जुन ।
दिखलाई आदि अनन्त विश्व छवि, जिसके—
तुझसे पहले नहीं हुए किसी को दर्शन ॥११.४७॥

श्रीभगवान बोले— हे अर्जुन, तुम से प्रसन्न होकर मैंने—अपनी योगमाया के बलसे—अपना यह परम, विराट, अनन्त और
मूलरूप तुम्हें दिखाया है, जिसे तुम से पहले किसी ने नहीं देखा है. (११.४७)

हे अर्जुन, तेरे सिवा न भू पर मेरा,
यह रूप यज्ञ से, वेद पाठ, दानों से ।
या उग्र तपों से अन्य क्रियाओं से या,
देखा जाना सम्भव नहीं अन्य जनों से ॥११.४८॥

हे अर्जुन, तुम्हारे सिवा इस मनुष्यलोक में किसी और दूसरे के द्वारा—न वेदों के पढ़ने से, न यज्ञ से, न दान से, न उग्र तप से
और न वैदिक क्रियाओं द्वारा ही—मैं इस रूप में देखा जा सका हूं । (११.४८)

यह देख परम विकराल रूप व्याकुलता,
तुझ में विमूढ़ता-भाव न होवे, अर्जुन ।
हो भय विहीन अति प्रीति हृदय वाला तू,
कर पूर्व रूप का मेरे फिर से दर्शन ॥११.४९॥

मेरे इस विकराल रूप को देखकर तुम्हें व्याकुल नहीं होना चाहिए. निर्भय और प्रसन्नचित्त होकर अब तुम मेरे शंख, चक्र, गदा
और पद्म धारण किए हुए चतुर्भुजरूप को देखो. (११.४९)

संजय बोले—

यह कह अर्जुन को वासुदेव ने फिर से,
अपना पहला वैसा ही रूप दिखाया ।
फिर सौम्य मूर्ति हो कर महात्मा हरि ने,
भयभीत हुए अर्जुन को धैर्य दिलाया ॥११.५०॥

संजय बोले— भगवान् श्रीकृष्ण ने अर्जुन से ऐसा कहकर उसे अपना चतुर्भुजरूप दिखाया और फिर सुहावना मनुष्यरूप
धारणकर महात्मा कृष्ण ने भयभीत अर्जुन को सांत्वना दिया. (११.५०)

अर्जुन बोले—

दोहाः हे जनार्दन देख यह, तव प्रशान्त नर-रूप ।
हो सचेत मैं पा गया, अपना सहज स्वरूप ॥११.५१॥

अर्जुन बोले— हे कृष्ण, आपके इस सुन्दर मनुष्यरूप को देखकर अब मैं शान्तचित्त होकर अपनी स्वाभाविक स्थिति को प्राप्त हो गया हूं । (११.५१)

श्रीभगवान बोले—

तुमने जिस मम रूप के दर्शन; किये, बहुत दुर्लभ वह, अर्जुन ।
स्वयं देवता नित्य तरसते; यही रूप-दर्शन-इच्छा ले ॥११.५२॥

भक्ति द्वारा प्रभु-दर्शन

श्रीभगवान बोले— मेरे जिस चतुर्भुजरूप को तुम ने देखा है, उसका दर्शन बड़ा ही दुर्लभ है. देवतागण भी सदा इस रूप के दर्शन की आकांक्षा करते रहते हैं. (११.५२)

नहीं तपस्या से, वेदों से; नहीं दान से या यज्ञों से ।
सम्भव है मेरा यह दर्शन; जो तुमने देखा है, अर्जुन ॥११.५३॥

उस चतुर्भुजरूप में—जैसा तुम ने देखा है—मैं न वेदों के पढ़ने से, न तप से, न दान से और न यज्ञ करने से ही देखा जा सकता हूं. (११.५३)

मात्र अनन्य भक्ति से, अर्जुन; तत्त्वतः जाने, करे मम दर्शन ।
एक-भाव होने को, पाण्डव; मम-मय होने को है सम्भव ॥११.५४॥

परन्तु हे अर्जुन, केवल अनन्य (एकाश्रयी) भक्ति के द्वारा ही मैं उस चतुर्भुजरूप में देखा, तत्त्व से जाना तथा प्राप्त भी किया जा सकता हूं. (११.५४)

मेरे लिये कर्म करता जो; मुझ में रम, मम भक्त रहा जो ।
अनासक्त निर्वैर सभी में; पाता है, हो एक मुझी में ॥११.५५॥

हे अर्जुन, जो मनुष्य केवल मेरे ही लिए अपने सम्पूर्ण कर्तव्य कर्मों को करता है, मुझ पर ही भरोसा रखता है, मेरा भक्त है तथा जो आसक्ति रहित और निर्वैर है, वही मुझे प्राप्त करता है. (८.२२ भी देखें) (११.५५)

इति एकादशोऽध्यायः

श्रीकृष्ण गोविन्द हरे मुरारे, हे नाथ नारायण वासुदेवा
तुम्हीं हो माता पिता हमारे, हे नाथ नारायण वासुदेवा

बारहवां अध्याय

१२. भक्तियोग

अर्जुन बोले—

दोहाः योगश्रेष्ठ को तव करे, चिर पूजा जो भक्त ।
या उत्तम, जो पूजते, अविनाशी, अव्यक्त? ॥१२.०१॥

अर्जुन बोले— जो भक्त आपके इस कृष्णस्वरूप सगुण साकार रूप की उपासना करते हैं और जो भक्त मन और वाणी से परे निराकार ब्रह्म की उपासना करते हैं, उन दोनों में कौन उत्तम योगी है. (१२.०१)

श्रीभगवान बोले—

मुझ में मन एकाग्र करे जो; अति श्रद्धा से मुझे भजे जो ।
योगिजनों में वे अति उत्तम; मान्य पुरुष मुझको सर्वोत्तम ॥१२.०२॥

साकार की उपासना करें या निराकार ब्रह्म की?

श्रीभगवान बोले— जो भक्तजन मुझ में मन को एकाग्र करके परम श्रद्धा और भक्ति से युक्त होकर मुझ परब्रह्म परमेश्वर के साकार रूप की उपासना करते हैं, वे मेरे मत से श्रेष्ठ हैं. (६.४७ भी देखें) (१२.०२)

सभी इन्द्रियों को वश में कर; सर्वव्याप्त ध्रुव निश्चल अक्षर ।
चिन्तनीय कथनीय नहीं जो; नित्य एकरस को भजते जो ।
सर्वजीव-हित-रत समभावी; प्राप्त करेंगे मुझको वे भी ॥१२.०३-०४॥

परन्तु जो मनुष्य अक्षर, अनिर्वचनीय, अव्यक्त, सर्वगत, अचिन्त्य, अपरिवर्तनशील, अचल और सनातन ब्रह्म की उपासना इन्द्रियों को अच्छी तरह नियमित करके, सभी में समभाव होकर, भूतमात्र के हित में रत रहकर करते हैं, वे भी मुझे प्राप्त करते हैं. (१२.०३-०४)

मन अव्यक्त-भक्ति में जिसका; क्लेश विशेष अधिक श्रम उसका ।
गति अव्यक्त विषम, देहधारी— पाता करके विपदा भारी ॥१२.०५॥

साकार की उपासना के कारण

परन्तु निराकार ब्रह्म की साधना में क्लेश अधिक होता है, क्योंकि देहधारियों द्वारा निराकार की गति कठिनाई पूर्वक प्राप्त होती है. (१२.०५)

सब कर्मों को मुझको अर्पण; मम मय हो मेरा ही पूजन ।
करते ध्यान अनन्य चिरन्तन; मुझमें लगा पूर्ण जिनका मन।
सागर शीघ्र मृत्यु-संसारा; उन भक्तों का मैं ही तारा ॥१२.०६-०७॥

परन्तु हे अर्जुन, जो भक्त मुझको ही अपना परम लक्ष्य मानते हुए सभी कर्मों को मुझे अर्पण करके अनन्य भक्ति से मेरे साकार रूप का ध्यान करते हैं, ऐसे भक्तों का—जिनका चित्त मेरे सगुण रूप में स्थिर रहता है—मैं शीघ्र ही मृत्युरूपी संसार सागर से उद्धार कर देता हूं. (१२.०६-०७)

दोहाः मनस-बुद्धि मुझमें लगा, मम चिन्तन हर सांस ।
निस्संदेह तुम्हें मिले, तब मुझमें ही वास ॥१२.०८॥

ईश्वर प्राप्ति के चार मार्ग

तुम मुझ में ही अपना मन लगाओ और बुद्धिसे मेरा ही चिन्तन करो, इसके उपरान्त निस्संदेह तुम मुझ में ही निवास करोगे. (१२.०८)

मुझमें धरने में निश्चल मन; हो सामर्थ्य न यदि हे अर्जुन ।
तो अभ्यासयोग से मुझको; पाने की इच्छा हो तुझको ॥१२.०९॥

हे अर्जुन , यदि तुम अपने मन को मुझ में स्थिर करने में असमर्थ हो, तो तुम पूजा, पाठ आदि के अभ्यास के द्वारा मुझे प्राप्त करने की इच्छा से प्रयत्न करो. (१२.०९)

ना अभ्यासयोग में भी क्षम; मम-हित कर्म-परायण हो तुम ।
करते कर्म सभी मेरे हित; प्राप्त सिद्धि को होगे निश्चित ॥१२.१०॥

यदि तुम अभ्यास करने में असमर्थ हो, तो मेरे लिए अपने कर्तव्य कर्मों का पालन करो, कर्मों को मेरे लिए करते हुए तुम मेरी प्राप्तिरूपी सिद्धि पाओगे. (९.२७, १८.४६ भी देखें) (१२.१०)

यदि यह भी तू नहीं सके कर; आत्मजयी मम आश्रित होकर ।
योग करो तू अनासक्त हो; सभी कर्मफलेच्छा त्यागो ॥१२.११॥

यदि तुम इसे करने में भी असमर्थ हो, तो मुझपर निर्भर रहकर, मन पर विजय प्राप्त कर, सब कर्मों के फल की आसक्ति का त्याग करो. (१२.११)

दोहाः श्रेष्ठ ज्ञान अभ्यास से, श्रेष्ठ ज्ञान से ध्यान ।
उससे गुरु फल्त्याग है, करता शान्ति प्रदान ॥१२.१२॥

कर्मयोग का सरल और सर्वोत्तम मार्ग

मर्म जाने बिना अभ्यास करने से शास्त्रों का ज्ञान श्रेष्ठ है, शास्त्र-ज्ञान से परमात्मा के स्वरूप का ध्यान श्रेष्ठ है, और सब कर्मों के फल में आसक्ति का त्याग ध्यानसे भी श्रेष्ठ है, क्योंकि त्याग से तत्काल परम शान्ति की प्राप्ति होती है. (१२.१२)

द्वेषहीन सब जीब-सखा हो; करुणावान, न मद-ममता हो ।
सुखदुख एक समान जिसे हो; क्षमाशील जो मनुज महा हो ॥
योगी जो सन्तुष्ट निरन्तर; आत्मजयी संयमी महत्तर ।
दृढ़निश्चयी, मनस-धी अर्पित; मुझको, प्रिय वह भक्त मुझे नित ॥

भक्त के लक्षण

जो मनुष्य सभी प्राणियों से द्वेषरहित है, सबका प्रेमी है, दयालु है, ममता और अहंकार से रहित है, सुख और दुख में सम, क्षमाशील और संतुष्ट है; जो अपने मन और इन्द्रियों को वश में करके मुझ में दृढ़निश्चय होकर अपने मन और बुद्धि को मुझे अर्पण करके सदा मेरा ही ध्यान करता है, ऐसा भक्त मुझे प्रिय है. (१२.१३-१४)

दोहाः क्लेश न पाता लोक से, लोक न जिससे क्लेश ।
हर्ष-अमर्ष न क्रोध-भय, प्रिय मम भक्त हमेश ॥१२.१५॥

जिससे कोई व्यक्ति भय प्राप्त नहीं करता तथा जो स्वयं भी किसी से भयभीत नहीं होता; जो सुख, दुख से मुक्त है, वह मुझे प्रिय है. (१२.१५)

इच्छा-रहित, कुशल, पावन मन; पक्षपात से रहित, सुखी जन ।
अनासक्त अभिमान न घेरा; भक्त वही अति प्रिय है मेरा ॥१२.१६॥

जो इच्छारहित, शुद्ध, कुशल, पक्षपात से रहित, सुखी और सभी कर्म में अनासक्त है, वैसा भक्त मुझे प्रिय है. (१२.१६)

द्वेषहीन, नहीं सुख में हर्षित; इच्छाहीन, शोक नहीं किंचित ।
सब शुभ-अशुभ कर्मफल त्यागी; भक्तिपूर्ण मम प्रिय बड़भागी ॥

जो न किसी से द्वेष करता है, न सुख में हर्षित होता है और न दुख में शोक करता है; जो कामना रहित है तथा शुभ और अशुभ दोनों कर्मों के फल का त्याग करने वाला है, वैसा भक्तियुक्त मनुष्य मुझे प्रिय है. (१२.१७)

शत्रु-मित्र औ मान-निरादर; सुख-दुख, शीतल-गरम बराबर ।
जिसको, जो आसक्ति-रहित अति; समान जिसे हो निन्दा-संस्तुति
हर प्रकार संतुष्ट सदा ही; मननशील अनिकेत महा ही ।
सुस्थिर बुद्धि, भक्तिमय तन-मन; वह नर मुझको अति प्रिय, अर्जुन

जो शत्रु और मित्र, मान और अपमान, सर्दी और गर्मी तथा सुख और दुख में सम है; जो आसक्ति रहित है, जिसे निन्दा और स्तुति दोनों बराबर है, जो कम बोलता है, जो कुछ हो उसी में संतुष्ट है, जिसे स्थान में आसक्ति नहीं है तथा जिसकी बुद्धि स्थिर है, ऐसा भक्त मुझे प्रिय है. (१२.१८-१९)

धर्म-सुधा जो यह प्रस्तुत की; श्रद्धावान पुरुष जिसने पी ।
स्वयं प्राप्य उनको, मम-मय वे; भक्त मुझे अत्यन्त प्रिय वे

जो श्रद्धावान भक्त मुझे ही अपना परम लक्ष्य मानकर उपरोक्त धर्ममय अमृत का सेवन करते हैं, वे तो मुझे बहुत ही प्रिय हैं. (१२.२०)

इति द्वादशोऽध्यायः

राधे राधे, राधे-श्याम; कृष्ण मुरारी राधे-श्याम
कुंज बिहारी राधे-श्याम; कृष्ण मुरारी राधे-श्याम (२)

तेरहवां अध्याय

१३. क्षेत्रक्षेत्रज्ञविभागयोग

श्रीभगवान बोले—

दोहाः *अर्जुन, यह तन क्षेत्र है, कहते ऐसा विज्ञ ।*
जो इसको है जानता, कहलाता क्षेत्रज्ञ ॥१३.०१॥
क्षेत्रों में क्षेत्रज्ञ भी, भारत मुझ को जान ।
ज्ञान क्षेत्र-क्षेत्रज्ञ का, मेरे मत में ज्ञान ॥१३.०२॥

श्रीभगवान बोले— हे अर्जुन, इस शरीर को क्षेत्र कहते हैं और जो इस क्षेत्र को जानता है, उसे ज्ञानी लोग क्षेत्रज्ञ कहते हैं. हे अर्जुन, मुझे तुम सभी क्षेत्रों का क्षेत्रज्ञ जानो. मेरे मत से क्षेत्र और क्षेत्रज्ञ (अर्थात् सृष्टि और सृष्टा) का ज्ञान ही तत्त्वज्ञान है.

जो है क्षेत्र और है जैसा; किस कारण विकारमय वैसा ।
सप्रभाव क्षेत्रज्ञ का वर्णन; थोड़े में मुझसे सुन, अर्जुन ॥१३.०३॥

क्षेत्र क्या है, कैसा है, इनके स्रोत कहाँ है, इनकी विभूतियाँ क्या हैं; तथा क्षेत्रज्ञ क्या है, उसकी शक्तियाँ क्या हैं, वह सब संक्षेप में सुनो. (१३.०३)

गाया भांति-भांति ऋषियों ने; पृथक पृथक श्रुति के मंत्रों ने ।
युक्तियुक्त निश्चय करके औ; गाते ब्रह्मसूत्र पद उसको ॥१३.०४॥

क्षेत्र और क्षेत्रज्ञ के विषय में ऋषियों द्वारा बहुत प्रकार से बताया गया है तथा नाना प्रकार के वेदमंत्रों द्वारा भी विस्तारपूर्वक कहा गया है. (१३.०४)

मूल प्रकृति, महाभूत, अहं औ; बुद्धि और दस इन्द्रियां, मन औ ।
पांच इन्द्रियों के और विषय; इच्छा-द्वेष, पिण्ड, देह-संचय ।
धैर्य चेतना, सुख-दुख, अर्जुन; यह सविकार क्षेत्र लघु-वर्णन ॥ १३.०५-०६ ॥

आदि प्रकृति, महत्तत्त्व, अहंकार तत्त्व, पांच महाभूत, दस इन्द्रियां, मन, पांचो ज्ञानेन्द्रिय के पांच विषय, इच्छा, द्वेष, सुख, दुख, स्थूल शरीर, चेतना तथा धैर्य—इस प्रकार मेरी विभूतियों के सहित क्षेत्र का वर्णन संक्षेप से कहा गया है. (७.०४ भी देखें)

निरभिमान, मन-वचन सरलता; क्षमा, अहिंसा, दम्भ-रहितता ।
गरु सेवा, तन-मन की शुचिता; मन-इन्द्रिय-निग्रह, सुस्थिरता ॥
इन्द्रिय-भोग-विराग चिरन्तन; अहंकार से शून्य सरल मन ।
जन्म, बुढ़ापा, दुख औ मरना; रोग-दोष का चिन्तन करना ॥

निर्वाण-साधन के लिये चतुर्विधि आर्ष सत्य

अपने में मान और दिखावे का न होना, अहिंसा, क्षमा, सरलता, गुरु की सेवा, चित्त की शुद्धि, स्थिरता, मन का वश में होना; इन्द्रियों के विषयों से वैराग्य, अहंकार का अभाव तथा जन्म, वृद्धावस्था, रोग और मृत्यु में दुखरूप दोषों को बार-बार देखना; (१३.०७-०८)

पत्नी, पुत्र, भवन औ धन में; अनासक्ति, ममता नहीं मन में ।
इष्ट-अनिष्ट प्राप्त करके जन; एक समान नित्य निश्चल मन ॥

अनन्य योग से अति अविकारी; भक्ति मुझी में शुचितम सारी ।
शुद्ध एकान्त-देश-सेवन नित; जन-समुदाय-राग नहीं किंचित ॥
नित्य अध्यात्म-ज्ञान में तन-मन; तत्त्वज्ञान हित प्रभु का दर्शन ।
यही ज्ञान, इसका उल्टा जो; कहा गया अज्ञान उसी को ॥१३.०९-११॥

आसक्तिरहित होना; पुत्र, स्त्री, घर आदि में ममता का न होना; प्रिय और अप्रिय की प्राप्ति में सम रहना, मुझमें अटल भक्ति का होना, एकान्त में रहना, संसारी मनुष्यों के समाज से अरुचि, अध्यात्मज्ञान की प्राप्ति में लगे रहना, और तत्त्वज्ञान द्वारा सर्वत्र परमात्मा को ही देखना— यह सब ज्ञान प्राप्ति के साधन है और जो इसके विपरीत है, वह अज्ञान कहा गया है.(१३.०९-११)

जो है ज्ञेय, जिसे औ पाकर; प्राप्त अमरता को करता नर ।
कहता हूं, जो आदि-रहित है; परम ब्रह्म सत् न ही असत् है ॥

दृष्टान्त कथा द्वारा ही प्रभु का वर्णन सम्भव

मैं तुम्हें जानने योग्य वस्तु अर्थात् परमात्मा के बारे में अच्छी तरह कहूंगा, जिसे जानकर मनुष्य मुक्ति को प्राप्त करता है. वह अनादि परब्रह्म परमात्मा न सत् (अर्थात् अक्षर या अविनाशी) है, न असत् (अर्थात् क्षर या नाशवान) है. (वह इन दोनों से परे है) (९.१९, ११.३७, १५.१८ भी देखें) (१३.१२)

हैं सब ओर हाथ पग उसके; नेत्र, कान, मुख, शिर सब दिशि से
पूर्ण लोक में पूर्ण अवस्थित; सब में व्याप्त, घेर सबको नित ॥

उसके हाथ और पैर सब जगह हैं; उसके नेत्र, सिर, मुख और कान भी सब जगह हैं; क्योंकि वह सर्वव्यापी है. (१३.१३)

दोहाः ***इन्द्रिय-गुण सब जानता, सर्व-इन्द्रिय-विहीन ।***
अनासक्त, जग पालता, निर्गुण वह गुण-लीन ॥१३.१४॥

वह प्राकृत इन्द्रियों के बिना भी सूक्ष्म इन्द्रियों द्वारा सभी विषयों का अनुभव करता है. सम्पूर्ण संसार का पालन-पोषण करते हुए भी आसक्तिरहित है तथा प्रकृति के गुणों से रहित होते हुए भी जीवरूप धारण कर गुणों का भोक्ता है. (१३.१४)

सब जीवों के भीतर-बाहर; विद्यमान है, अचर वही चर ।
सूक्ष्म रूप, जाने नहीं कोई; अति समीप, अति दूर है वो ही ॥१३.१५॥

सभी चर और अचर भूतों के बाहर और भीतर भी वही है. सूक्ष्म होने के कारण वह मनुष्य की इन्द्रियों द्वारा देखा या जाना नहीं जा सकता है तथा वह सर्वव्यापी होने के कारण अत्यन्त दूर भी है और समीप भी. (१३.१५)

है अविभक्त, प्राणियों में पर; अलग-अलग सा है परमेश्वर ।
ज्ञेय वही, पालक-नाशक भी; ब्रह्मरूप में उत्पादक भी ॥१३.१६॥

वह एक होते हुए भी प्राणीरूप में अनेक दिखाई देता है. वह ज्ञान का विषय है तथा सभी भूतों को उत्पन्न करने वाला, पालन-पोषण करने वाला और संहार कर्ता भी वही है. (११.१३, १८.२० भी देखें) (१३.१६)

ज्योति-ज्योति की ज्योति परम वह; तम से परे ज्ञान अनुपम वह ।
सब मन बसा ज्ञेय है वो ही; तत्त्वज्ञान से मिलता सो ही ॥१३.१७॥

वह, सभी ज्योतियों का स्रोत, अन्धकार से परे है. वही ज्ञान है, ज्ञान का विषय है और वह ब्रह्मविद्या द्वारा जाना जा सकता है. वह ईश्वररूप से सबके अन्दर रहता है. (१५.०६, १५.१२ भी देखें) (१३.१७)

दोहाः ***क्षेत्र, ज्ञेय औ ज्ञान का, वर्णन यह संक्षिप्त ।***
जान जिसे मम भक्त हो, मम स्वरूप में लिप्त ॥१३.१८॥

**प्रकृति-पुरुष दोनों सतत, हैं अनादि, तू जान ।
प्रकृति-जात ही गुण तथा, सब विकार तू मान ॥१३.१९॥**

इस प्रकार मेरे द्वारा सृष्टि, तत्त्वज्ञान और जानने योग्य परमात्मा के विषय में संक्षेप से कहा गया. इसे तत्त्व से जानकर मेरा भक्त मुझे प्राप्त करता है. प्रकृति और पुरुष, इन दोनों को तुम अनादि जानो. सभी विस्तार (विभूतियां) और गुण प्रकृति से उत्पन्न होते हैं. (१३.१८-१९)

**कार्य-करण-उद्भव का कारन; प्रकृति मात्र को कहते, अर्जुन ।
सुखों दुखों के भोक्तापन का; कारन पुरुष, कथन बुधजन का ॥**

पुरुष, प्रकृति, आत्मा, और परमात्मा का वर्णन,
शरीर और इन्द्रियों की उत्पत्ति भी प्रकृति से होती है और सुख-दुख का अनुभव पुरुष अर्थात् चेतन शक्ति के द्वारा होता है. (१३.२०)

**पुरुष प्रकृति में रमा हुआ रे; भोगे प्रकृति-जात गुण सारे ।
गुण-संयोग जन्म का कारन; अच्छी-बुरी योनि में, अर्जुन ॥१३.२१॥**

प्रकृति के साथ मिलकर पुरुष प्रकृति के गुणों को भोगता है. प्रकृति के गुणों से संयोग के कारण ही पुरुष जीव बनकर अच्छी और बुरी योनियों में जन्म लेता है. (१३.२१)

**रह इस तन में पुरुष कहाता; द्रष्टा, भर्ता, सम्मति दाता ।
भोक्ता, परमात्मा, महेश्वर; नाम अनेक इसे देते नर ॥१३.२२॥**

यह परम पुरुष अर्थात् आत्मा ही जीवरूप से शरीर में साक्षी, सम्मति देने वाला, पालन कर्ता, भोक्ता, महेश्वर, परमात्मा आदि कहा जाता है. (१३.२२)

**प्रकृति गुण सहित और पुरुष को; तत्त्वरूप से जाने जन जो ।
कैसा भी व्यवहार करे वह; पुनर्जन्म तन फिर न धरे वह ॥१३.२३॥**

इस प्रकार पुरुष को और गुणों के सहित प्रकृति को जो मनुष्य अच्छी तरह से जान लेता है, वह सभी कर्तव्यकर्म करता हुआ भी पुनर्जन्म को नहीं प्राप्त करता है. (१३.२३)

**आत्म-बुद्धि से कोई देखें; आत्म-ध्यान से हृदय विलोकें ।
सांख्ययोग से देखें बहुजन; कर्मयोग से करते दर्शन ॥१३.२४॥**

कोई साधक ध्यान के अभ्यास से, कोई सांख्ययोग के द्वारा तथा कोई कर्मयोग के द्वारा शुद्ध किये हुए मन और बुद्धि से अपने अन्दर परमात्मा का दर्शन करता है. (१३.२४)

**किन्तु अन्य अनजाने इनसे; भजते हैं सुनकर औरों से ।
श्रवण-परायण वे सब भी नर; करते पार मृत्यु का सागर ॥१३.२५॥**

विश्वास भी मोक्ष का मार्ग
परन्तु, कुछ लोग परमात्मा को ध्यानयोग, सांख्ययोग, कर्मयोग आदि द्वारा नहीं जानते. वे केवल शास्त्र और महापुरुषों के वचनों के अनुसार उपासना करते हैं. वे भी मृत्युरूपी संसार सागर को श्रद्धारूपी नौका द्वारा पार कर जाते हैं. (१३.२५)

**जो भी वस्तु जगत में पैदा; होती है चर और अचर या ।
क्षेत्र-क्षेत्री संयोग ही कारन; सभी सृष्टि का जानो, अर्जुन ॥१३.२६॥**

हे अर्जुन, चर और अचर जितने भी प्राणी पैदा होते हैं, उन सबको तुम प्रकृति और पुरुष (अर्थात् क्षेत्र और क्षेत्रज्ञ) के संयोग से ही उत्पन्न हुए जानो. (७.०६ भी देखें) (१३.२६)

सब नश्वर जीवों में जो नर; देखे अविनाशी परमेश्वर ।
तुल्यभाव से पूर्ण अवस्थित; वही देखता सत्य सुनिश्चित ॥१३.२७॥

जो मनुष्य अविनाशी परमेश्वर को ही समस्त नश्वर प्राणियों में समान भाव से स्थित देखता है, वही वास्तव में ईश्वर का दर्शन करता है. (१३.२७)

समता-भाव-पूर्ण हो जो नर; व्याप्त सभी में देखे ईश्वर ।
नष्ट स्वयं को स्वयं न करेगा; परम मोक्षगति प्राप्त करेगा ॥१३.२८॥

क्योंकि सब में स्थित एक ही परमेश्वर को देखने वाला मनुष्य किसी की भी हिंसा नहीं करता है, इससे वह परमगति को प्राप्त होता है. (१३.२८)

दोहाः* *प्रकृति कर्म सब कर रही, आत्म अकर्ता नित्य ।
जो जन ऐसा देखता, वही देखता सत्य ॥१३.२९॥

जो मनुष्य सभी कर्मों को प्रकृति के गुणों द्वारा ही किये जाते हुए देखता है और अपने आपको कर्ता नहीं मानता है, वास्तव में वही ज्ञानी है. (३.२७, ५.०९, १४.१९ भी देखें) (१३.२९)

अलग भाव जीवों के सारे; आधारित एक में विचारे ।
है विस्तार एक ही का सब; देखे, ब्रह्म-प्राप्ति होती तब ॥१३.३०॥

जस क्षण साधक सभी प्राणियों को तथा उनके अलग-अलग विचारों को एकमात्र परब्रह्म परमात्मा से ही उत्पन्न समझ जाता है, उसी क्षण वह परब्रह्म परमात्मा को प्राप्त कर लेता है. (१३.३०)

होने से अनादि औ निरगुन; यह अविनाशी प्रभु, हे अर्जुन ।
यद्यपि तन में रमता है वह; अलिप्त, कुछ नहीं करता वह ॥१३.३१॥

ब्रह्म के लक्षण

हे अर्जुन, अविनाशी परमात्मा—अनादि और विकार रहित होने के कारण—शरीर में वास करता हुआ भी न कुछ करता है और न देह से लिप्त होता है. (१३.३१)

सर्वव्यापी सूक्षम होने से; लिप्त नहीं होता नभ जैसे ।
वैसे ही सब देहों में रह; आत्मा लिप्त नहीं होती यह ॥१३.३२॥

जैसे सर्वव्यापी आकाश अत्यन्त सूक्ष्म होने के कारण किसी विकार से दूषित नहीं होता, वैसे ही सर्वव्यापी आत्मा सभी देह के अन्दर रहते हुए भी देह के विकारों से दूषित नहीं होती. (१३.३२)

एक मात्र ही रवि जैसे नित; करता यह सब लोक प्रकाशित ।
यूं क्षेत्रज्ञ क्षेत्र पूरा ही; अर्जुन, ज्योतित करे सदा ही ॥१३.३३॥

हे अर्जुन, जैसे एक ही सूर्य सारे जगत को प्रकाश देता है, वैसे ही एक परमात्मा सम्पूर्ण ब्रह्माण्ड को चेतना प्रदान करता है.

क्षेत्र-क्षेत्री के यूं अन्तर को; जीव-प्रकृति से मुक्ति सुपथ को ।
ज्ञान-चक्षु से जो जानेंगे; परम ब्रह्म को वे पा लेंगे ॥१३.३४॥

इस प्रकार तत्त्वज्ञान द्वारा क्षेत्र और क्षेत्रज्ञ के भेद को तथा साधना द्वारा जीव के प्रकृति के विकारों से मुक्त होने के उपाय को जो लोग जान लेते हैं, वे परब्रह्म परमात्मा को प्राप्त होते हैं. (१३.३४)

इति त्रयोदशोऽध्यायः

शिव शंकर, नमामी शंकर, शिव शंकर शंभू (२)
गिरीजापति भवानी शंकर, शिव शंकर शंभू (२)

चौदवां अध्याय

१४. गुणत्रयविभागयोग

श्रीभगवान बोले—

दोहाः परम सिद्धि को पा गये, मुनि सब जिसको जान ।
फिर से कहता हूं परम, ज्ञानोत्तम वह ज्ञान ॥१४.०१॥

श्रीभगवान बोले— समस्त ज्ञानों में उत्तम उस परम ज्ञान को मैं फिर से कहूंगा, जिसे जानकर सब साधकों ने इस संसार से मुक्त होकर परम सिद्धि प्राप्त की है. (१४.०१)

इसी ज्ञान का आश्रय पाकर; मेरा ही स्वरूप अपनाकर ।
जन्म न लेते सृष्टि-उदय में; व्यथित न होते लोक-प्रलय में ॥१४.०२॥

इस ज्ञान का आश्रय लेकर मेरे स्वरूप को प्राप्त मनुष्य सृष्टि के आदि में पुनर्जन्म नहीं लेते तथा प्रलयकाल में भी व्यथित नहीं होते हैं. (१४.०२)

प्रकृति योनि है मेरी, अर्जुन; ब्रह्म रूप यह, जिस में धारन ।
करूं गर्भ, जिस से जीवों की; पैदायश है, पार्थ, सबों की ॥१४.०३॥

पुरुष-प्रकृति-संयोग से सब प्राणियों की उत्पत्ति

हे अर्जुन, मेरी प्रकृति सभी प्राणियों की योनि है, जिसमें मैं चेतनारूप बीज डालकर, जड़ और चेतन के संयोग से, समस्त भूतों की उत्पत्ति करता हूं. (९.१० भी देखें) (१४.०३)

योनि-योनि में मूरत जो भी; महत-ब्रह्म है योनि सभी की ।
बीजों का करके प्रस्थापन; पिता सभी इनका मैं, अर्जुन ॥१४.०४॥

हे अर्जुन, सभी योनियों में जितने शरीर पैदा होते हैं, प्रकृति उन सबकी माता है और मैं चेतना देने वाला पिता हूं. (१४.०४)

हुए प्रकृति से ही हैं, अर्जुन; सत्त्व, रजस, तम तीनों ही गुन ।
हैं शरीर में बांध रहे जो; इस अविनाशी जीवात्मा को ॥१४.०५॥

हे अर्जुन, प्रकृति से उत्पन्न तीनों गुणरूपी रस्सी—सत्त्व, रजस और तमस—अविनाशी जीव को देह के साथ बांध देते हैं. (१४.०५)

हे निष्पाप, सत्त्वगुण इस थल; द्युतिकर, निर्विकार हो निर्मल ।
ज्ञान, सुखों से करके मोहित; कर लेता जीवों को बन्धित ॥१४.०६॥

हे अर्जुन, इनमें सतोगुण निर्मल होने के कारण विकाररहित और ज्ञान देने वाला है, यह जीव को सुख और ज्ञान की आसक्ति से बांधता है. (१४.०६)

रागरूप यह जान रजोगुन; कामासक्ति-जात, हे अर्जुन ।
कर्मफलों से कर आकर्षित; जीवात्मा को करता बन्धित ॥१४.०७॥

हे अर्जुन, रजोगुण को रागस्वरूप समझो, जिससे विषय-भोग की प्यास और आसक्ति उत्पन्न होती है. यह जीवात्मा को कर्मफल की आसक्ति से बांधता है. (१४.०७)

तमस अज्ञान-जात है, अर्जुन; मोहित करता है जो सब जन ।
नींद, प्रमाद, अलसता देकर; लेता जीवात्मा बन्धित कर ॥१४.०८॥

और हे अर्जुन, सब जीवों को भ्रम में डालने वाले तमोगुण को अज्ञान से उत्पन्न जानो. तमोगुण लापरवाही, आलस और निद्रा के द्वारा जीव को बांधता है. (१४.०८)

सुख-संलग्न करे है सतगुन; लिप्त कर्म में करे रजोगुन ।
करके ज्ञान पूर्ण आच्छादित; करे तमोगुण प्रमाद-प्रेरित ॥१४.०९॥

हे अर्जुन, सतोगुण सुख में और रजोगुण कर्म में आसक्त करवाता है तथा तमोगुण ज्ञान को ढककर जीव को लापरवाह बना देता है. (१४.०९)

दबा रजस तम गुण को, अर्जुन; उन्नति को पाता है सतगुन ।
सत्त्व, रजस गुण दब, तम बढ़ता; दबा सत्त्व-तम को रज चढ़ता ॥

प्रकृति के तीन गुणों के लक्षण

हे अर्जुन, कभी रजोगुण और तमोगुण को दबाकर सतोगुण, कभी सतोगुण और तमोगुण को दबाकर रजोगुण तथा कभी सतोगुण और रजोगुण को दबाकर तमोगुण बढ़ता है. (१४.१०)

दोहाः सब इन्द्रियों में देह के, जब हो ज्ञान-उजास ।
यह जानो तब सत्त्वगुण, का है हुआ विकास ॥१४.११॥

जब ज्ञान का प्रकाश इस देह के सभी द्वारों अर्थात् समस्त इन्द्रियों को प्रकाशित करता है अर्थात् जब जीवात्मा के मन में ज्ञान के प्रकाश का उदय होता है, तब सतोगुण को बढ़ा हुआ जानना चाहिए. (१४.११)

बढ़े रजोगुण जब, हे अर्जुन; होता लोभ-प्रवृत्ति-प्रवर्धन ।
कर्मों का आरम्भ अस्थिरता; भोग-लालसा में मन बढ़ता ॥१४.१२॥
बढ़े तमोगुण, जब कुरुनन्दन; घिरता है अज्ञान-तमस-घन ।
आलस, मोह, प्रमाद अ-करतब; पैदा हो जाते हैं ये सब ॥१४.१३॥

रजोगुण के बढ़नेपर लोभ, सक्रियता, सकाम कर्म, बेचैनी, लालसा आदि उत्पन्न होते हैं. (१४.१२) हे अर्जुन, तमोगुण के बढ़नेपर अज्ञान, लापरवाही, भ्रम आदि उत्पन्न होते हैं. (१४.१३)

हो उत्कर्ष सत्त्वगुण का जब; देही यदि देह त्यागे तब ।
शुभकर्मी लोगों का उत्तम; पाता दिव्य लोक पावनतम ॥१४.१४॥

त्रिगुण ही आत्मा के पुनर्जन्म के वाहक हैं

जिस समय सतोगुण बढ़ा हो, उस समय यदि मनुष्य मरता है, तब जीव स्वर्ग को जाता है. (१४.१४)

बढ़ें रजोगुण, तब मरने पर; कर्मासक्त जनों में हो नर ।
प्राण तमोगुण में जो खोता; पैदा मूढ़योनि में होता ॥१४.१५॥

जिस समय रजोगुण बढ़ा हो, उस समय यदि मनुष्य मरता है, तब वह मनुष्य योनि में जन्म लेता है. तमोगुण की वृद्धि के समय मरने वाला मनुष्य पशु आदि मूढ़योनियों में जन्म लेता है. (१४.१५)

पुण्यकर्म का सात्विक फल है; श्रेष्ठ ज्ञानमय अति निर्मल है ।
दुःख राजस कर्मों का फल है; तामस का अज्ञान कुफल है ॥१४.१६॥
जन्म ज्ञान को सतगुण देता; और रजोगुण लोभ-प्रणेता ।
मोह, अज्ञान, प्रमाद तमोगुन; पैदा करता है, हे अर्जुन ॥१४.१७॥

सात्त्विक कर्म का फल शुभ और निर्मल कहा गया है, राजसिक कर्म का फल दुख और तामसिक कर्म का फल अज्ञान कहा गया है. (१४.१६) सतोगुण से ज्ञान, रजोगुण से लोभ तथा तमोगुण से लापरवाही, भ्रम और अज्ञान उत्पन्न होते हैं. (१४.१७)

सात्त्विक जन ऊपर जाते हैं; राजस मध्यलोक पाते हैं ।
नीच वृत्ति में रत तामस नर; प्राप्त अधोगति को हों पामर ॥१४.१८॥

सत्त्वगुण में स्थित व्यक्ति उत्तम लोकों को जाते हैं, राजस व्यक्ति मनुष्ययोनि में आते हैं और तमोगुण में स्थित तामस मनुष्य नीचयोनियों में जन्म लेते हैं. (१४.१८)

द्रष्टा जब सिवाय त्रिगुणों के; कर्ता अन्य न और विलोके।
परे गुणों से जाने ईश्वर; मम स्वरूप पा लेता तब नर ॥१४.१९॥

गुणातीत होने पर मोक्ष

जब विवेकी मनुष्य तीनों गुणों के अलावे किसी अन्य को कर्ता नहीं समझता है तथा गुणों से परे मुझ परमात्मा को तत्त्व से जान लेता है, उस समय वह मुक्ति को प्राप्त करता है. (३.२७, ५.०९, १३.२९ भी देखें) (१४.१९)

देह-उत्पत्ति-मूल ये कारण; पुरुष लांघ ले जब तीनों गुण ।
जन्म-मृत्यु-दुख और बुढ़ापा; छूट सभी से, प्रभु को पाता ॥१४.२०॥

जब मनुष्य देह में उत्पन्न तीनों गुणों से पार हो जाता है, तब वह मुक्ति प्राप्तकर जन्म, वृद्धावस्था और मृत्यु, के दुखों से मुक्त हो जाता है. (१४.२०)

अर्जुन बोले—

दोहाः प्रभु, इन तीनों गुणों से, पार हुआ जो मुक्त ।
उस नर का क्या आचरण, वह किन लक्षण-युक्त ॥१४.२१॥

गुणों से पार होने की प्रक्रिया

अर्जुन बोले— हे प्रभो, इन तीनों गुणों से पार हुए (गुणातीत) मनुष्य के क्या लक्षण हैं? उसका आचरण कैसा होता है? और मनुष्य इन तीनों गुणों से पार कैसे हो सकता है? (१४.२१)

श्रीभगवान बोले—

मोह, प्रवृत्ति, प्रकाश को पाकर; द्वेष नहीं उन से करता नर ।
और मुक्त निवृत हो उन से; भरा न उनकी आकांक्षा से ॥१४.२२॥
हो तटस्थ सा स्वयं अवस्थित; नहीं गुणों से होता विचलित ।
जान कि कर्म करे गुण ही सब; अडिग रूप, प्रभु में थिर मानव

श्रीभगवान बोले— हे अर्जुन, जो मनुष्य तीनों गुणों के कार्य—ज्ञान, सक्रियता और भ्रम—में बन्ध जाने पर बुरा नहीं मानता और उनसे मुक्त होने पर उनकी आकांक्षा भी नहीं करता है, जो साक्षी के समान रहकर गुणों के द्वारा विचलित नहीं होता तथा "गुण ही अपने-अपने कार्य कर रहे हैं" ऐसा समझकर परमात्मा में स्थिर भाव से स्थित रहता है; (१४.२२-२३)

आत्म-स्थित, सुख-शोक बराबर; सम हैं मिट्टी, सोना पत्थर ।
धीर जिसे प्रिय-अप्रिय हैं सम; निज-निन्दा-प्रशंसा सब हैं सम ॥
मान-अपमान समान जिसे हैं; बैरी मित्र एक जैसे हैं ।
कर्तापन-मद त्याग चुका है; गुणातीत नर वही कहा है ॥

जो सदा आत्मभाव में रहता है तथा सुख-दुख में समान रहता है; जिसके लिए मिट्टी, पत्थर और सोना बराबर है, जो धीर है, जो प्रिय-अप्रिय, निन्दा-स्तुति, मान-अपमान तथा शत्रु-मित्र में समान भाव रखता है और जो सम्पूर्ण कर्मों में कर्तापन के भाव से रहित है— वह गुणातीत कहा जाता है. (१४.२४-२५)

निश्चल भक्तियोग से जो नर; भजता मुझको नित्य निरन्तर ।
गुणातीत जो पूर्ण हुआ है; ब्रह्म-प्राप्ति के योग्य महा है ॥१४.२६॥

अनन्य भक्ति द्वारा गुण-बन्धनों को काटना सम्भव

जो मनुष्य अनन्य भक्ति से सदा मेरी उपासना करता है, वह प्रकृति के तीनों गुणों को पार करके परब्रह्म परमात्मा की प्राप्ति के योग्य हो जाता है. (७.१४, १५.१९ भी देखें) (१४.२६)

अमृत, पारब्रह्म औ अव्यय; मैं ही हूं इन सब का आश्रय ।
सुख ऐकान्तिक, धर्म सनातन; स्रोत सभी का मैं ही, अर्जुन ॥

क्योंकि मैं (परब्रह्म) ही अविनाशी अक्षरब्रह्म, शाश्वत धर्म तथा परम आनन्द का स्रोत हूं. (१४.२७)

इति चतुर्दशोऽध्यायः

मुकुंद माधव, गोविन्द बोल (२)
केशव माधव, हरि हरि बोल (२)

पन्द्रहवां अध्याय

१५. पुरुषोत्तमयोग

दोहाः *ऊर्ध्वमूल शाखा अधम, अव्यय पीपल वृक्ष ।*
पत्ते जिस के वेद हैं, जो जाने श्रुति दक्ष ।।१५.०१।।

सृष्टि माया की शक्ति से उत्पन्न वृक्ष के समान

श्रीभगवान बोले– इस संसार को एक सनातन पीपल का वृक्ष कहा गया है, जिसका मूल परमात्मा है, अनन्त ब्रह्माण्ड जिसकी शाखायें हैं तथा वेदमंत्र जिसके पत्ते हैं. इस संसाररूपी वृक्ष को जो मनुष्य मूल सहित जान लेता है, वही वेदों का जानने वाला है. (१०.०८ भी देखें) (१५.०१)

विषय-भोग-कोंपल दल वाली; गुण-जल से नित बढ़ने वाली ।
योनिरूप शाखायें, अर्जुन; ऊपर नीचे फैली अनगिन ।।
कर्म-अनुसार बांधने वाली; जड़ें वासना-ममताशाली ।
ऊपर नीचे बहु विस्तारित; मनुज लोक में व्याप्त अपरिमित।। ।।१५.०२।।

इस वृक्ष की शाखायें सभी ओर फैली हुई हैं; प्रकृति के गुणरूपी जल से इसकी वृद्धि होती है; विषयभोग इसकी कोंपलें हैं; इस वृक्ष की अहंकार और इच्छारूपी जड़ें पृथ्वीलोक में कर्मबन्धन बनकर व्याप्त हैं. (१५.०२)

जैसा इसका रूप कहा है; वैसा पाया नहीं गया है ।
आदि अन्त इसका नहीं किंचित; भली भांति जो नहीं अवस्थित ।
गहन-मूल दृढ़ जग-तरु पीपल; काट, विराग-शस्त्र का ले बल ।।१५.०३।।
खोजे वही परम पद फिर नर; पाकर जिसे न लौटे भू पर ।
सोचे, उसे मिला है अक्षय; उस ही आदि पुरुष का आश्रय ।
जिससे विस्तृत हुई पुरातन; वृक्ष-विभूति विश्व में हर कन ।।१५.०४।।

मोह-वृक्ष का काटना और प्रभु-शरण से मोक्ष-प्राप्ति कैसे?

इस मायारूपी संसार वृक्ष के स्वरूप, आदि, आधार तथा अन्त का पता नहीं है. इसलिए मनुष्य इनकी अहंकार और इच्छारूपी जड़ों को ज्ञान और वैराग्यरूपी शस्त्र द्वारा काटकर ऐसा सोचते हुए–कि मैं उस परम पुरुष की शरण में हूं, जिससे ये सारी सनातन विभूतियां व्याप्त हैं–उस परमतत्त्व की खोज करे, जिसे प्राप्तकर मनुष्य पुनः इस संसार में वापस नहीं आते. (१५.०३-०४)

मान-मोह-प्रभृति से निवृत; राग द्वेष कर चुके पराजित ।
जो अध्यात्म-अवस्थित शाश्वत; पूर्व कामनाओं से निवृत ।।
सुख-दुख आदि द्वन्द्व से जो जन; होकर मुक्त, हुए पावन मन ।
अविनाशी पद वे पाते हैं; लौट न फिर जग में आते हैं। ।।१५.०५।।

जो मान और मोह आदि से निवृत्त हो चुके हैं, जिन्होंने आसक्तिरूपी दोष को जीत लिया है, जो परमात्मा के स्वरूप में नित्य स्थित हैं और जिनकी कामनायें पूर्णरूप से समाप्त हो चुकी हैं तथा जो सुख-दुख नामक विपरीत जोडियों से विमुक्त हो गये हैं– ऐसे ज्ञानीजन उस अविनाशी परमधाम को प्राप्त करते हैं. (१५.०५)

कभी सूर्य से वह न प्रकाशित; अग्नि-चन्द्र से वह न प्रभासित ।
जाकर जहां न लौटे फिर जन; परमधाम मेरा वह अर्जुन। ।।१५.०६।।

उस स्वयंप्रकाशित परमधाम को न सूर्य प्रकाशित कर सकता है, न चन्द्रमा और न अग्नि ही. वही मेरा परमधाम है, जिसे प्राप्त कर मनुष्य इस संसार में पुनर्जन्म नहीं लेते हैं. (१३.१७, १५.१२ भी देखें) (१५.०६)

जीवलोक में अंश सनातन; जीवात्मा मेरा ही, अर्जुन ।
मन-षट्-इन्द्रिय-प्रकृति-अवस्थित; करता सबको वही आकर्षित। ॥१५.०७॥

जीवात्मा भोक्ता है

जीवलोक में सनातन जीवभूत, अर्थात् जीवात्मा, मेरी ही शक्ति का एक अंश है, जो प्रकृति में स्थित मन सहित छः इन्द्रियों को चेतना प्रदान करता है. (१५.०७)

सुमन-सुमन से गंध पवन ज्यों; और जगह ले जाती है त्यों ।
जीवात्मा तन त्याग पुरातन; मनेन्द्रियां ले जाता नव तन। ॥१५.०८॥

जैसे हवा फूल से गन्ध को निकालकर एक स्थान से दूसरे स्थान में ले जाती है, वैसे ही जीवात्मा मृत्यु के बाद छः इन्द्रियों को एक शरीर से दूसरे शरीर में ले जाता है. (२.१३ भी देखें) (१५.०८)

त्वचा, कान, रसना, नयनों का; आश्रय ले मन नासेन्द्रियों का ।
जीवात्मा भोगता विषय हर; उसे न देखे अज्ञानी नर। ॥१५.०९॥

ज्ञान-चक्षु जो बुध जन रखते; केवल वही देख हैं सकते ।
तन-त्यागते, भोगते, सुस्थित; तीन गुणों से हुए समन्वित। ॥१५.१०॥

यह जीव आंख, नाक, कान, त्वचा, जीभ, और मन के द्वारा विषयों का सेवन करता है. अज्ञानीजन जीव को—एक शरीर से दूसरे शरीर में जाते हुए अथवा शरीर में स्थित गुणों से मिल कर विषयों को भोगते हुए—नहीं देख सकते; उसे केवल ज्ञानचक्षु वाले ही देख सकते हैं. (१५.०९-१०)

हृदयस्थित आत्मा के दर्शन; करते यत्नशील योगीजन ।
अशुद्ध-मन, अविवेकी मानव; करें प्रयत्न, न दर्शन सम्भव । ॥१५.११॥

प्रयत्न करने वाले योगीजन अपने अन्दर स्थित आत्मा को देखते हैं; अशुद्ध चित्त वाले मनुष्य यत्न करते हुए भी आत्मा को नहीं देख या जान सकते हैं. (१५.११)

दोहाः तेज सूर्य में अवस्थित, करें प्रकाशित लोक ।
अर्जुन, मेरा जान तू ; चन्द्र-अनल-आलोक ॥१५.१२॥

ब्रह्म सब वस्तुओं का सार है

जो तेज सूर्य में स्थित होकर सारे संसार को प्रकाशित करता है तथा जो तेज चन्द्रमा में और अग्नि में है; उसे तुम मेरा ही तेज जानो. (१३.१७, १५.०६ भी देखें) (१५.१२)

आत्मशक्ति से मैं प्राणीगण; भू-प्रवेश कर करता धारण ।
बन कर चन्द्र और रसधारी; पुष्ट करूं औषधियां सारी। ॥१५.१३॥

मैं ही पृथ्वी में प्रवेश करके अपने तेज से सभी भूतों को धारण करता हूं और रस देने वाला चन्द्रमा बनकर सभी वनस्पतियों को रस प्रदान करता हूं. (१५.१३)

जीव-तनों में बन वैश्वानर; प्राण-अपान-वायुमय होकर ।
मैं ही अन्न चतुर्विध खाता; अग्नि रूप में उन्हें पचाता ॥१५.१४॥

मैं ही सब प्राणियों के शरीर में स्थित वैश्वानर अग्नि हूं, जो प्राण और अपान वायु से मिलकर चारों प्रकार के अन्न को पचाता है. (१५.१४)

सब के हृदय-अवस्थित हूं मैं; समाधान, ज्ञान, स्मृति हं मैं ।
मैं ही हूं वेदान्त-प्रणेता; वेद-ज्ञेय, वेदज्ञ सचेता । ॥१५.१५॥

तथा मैं ही सभी प्राणियों के अन्तःकरण में स्थित हूं. स्मृति, ज्ञान तथा शंका समाधान (विवेक या समाधि द्वारा) भी मुझ से ही होता है. समस्त वेदों के द्वारा जानने योग्य वस्तु, वेदान्त का कर्ता तथा वेदों का जानने वाला भी मैं ही हूं. (६.३९ भी देखें)

दोहाः क्षर-अक्षर दो भांति के, 'पुरुष' बसे इस लोक ।
जीव सभी क्षर, आत्मा, अक्षर कहता लोक ॥१५.१६॥

क्षर, अक्षर और अक्षरातीत क्या हैं?

लोक में परब्रह्म के क्षर (नश्वर) पुरुष और अक्षर (अविनाशी) पुरुष नामक दो दिव्य स्वरूप हैं. समस्त जगत क्षर पुरुष का विस्तार है और अक्षर पुरुष (अर्थात् आत्मा) अविनाशी कहलाता है. (१५.१६)

उत्तम पुरुष अन्य इन से है; जग-पोषक त्रैलोक्य-बसे है ।
परमात्मा, अविनाशी, ईश्वर; कहते ऐसे उसको हैं नर। ॥१५.१७॥

परन्तु इन दोनों से परे एक तीसरा उत्तम दिव्य पुरुष है, जो परब्रह्म अर्थात् परमात्मा कहलाता है. वह तीनों लोकों में प्रवेश करके ईश्वररूप से सब का पालन-पोषण करता है. (१५.१७)

क्योंकि मैं अतीत हूं क्षर से; और उत्तम हूं मैं अक्षर से ।
पुरुषोत्तम यूं सब लोकों में; मैं प्रसिद्ध हूं सब वेदों में। ॥१५.१८॥

क्योंकि मैं, परब्रह्म परमात्मा, क्षर पुरुष (अर्थात् नारायण) और अक्षर पुरुष (अर्थात् ब्रह्म) दोनों से परे हूं, इसलिए लोक और वेद में पुरुषोत्तम कहलाता हूं. (१५.१८)

हे भारत, यूं ज्ञानी निभ्रम; मुझे जानता है पुरुषोत्तम ।
वह सर्वज्ञ सतत पूरे मन; करता भजन मनन मम पूजन। ॥१५.१९॥

हे अर्जुन, मुझ पुरुषोत्तम को इस प्रकार तत्त्व से जानने वाला ज्ञानी परा भाव से सदा मुझ परमेश्वर को ही भजता (अर्थात् भक्ति और प्रेम करता) है. (७.१४, १४.२६, १८.६६ भी देखें) (१५.१९)

हे निष्पाप, निष्कलुष अर्जुन; ज्ञान गुह्यतम का जो वर्णन ।
मैंने किया उसे पा, प्राणी; हो जाता कृतार्थ औ ज्ञानी। ॥१५.२०॥

हे अर्जुन, इस प्रकार मेरे द्वारा कहे गये इस गुह्यतम शास्त्र को तत्त्व से जानकर मनुष्य का जीवन सफल हो जाता है. (१५.२०)

इति पञ्चदशोऽध्यायः

जग में सुन्दर हैं दो नाम, चाहे कृष्ण कहो या राम
माखन व्रज में एक चुरावै, एक बेर भिलनी के खावै

सोलहवां अध्याय
१६. दैवासुरसंपद्विभागयोग
श्रीभगवान बोले—

अभय, दान, चिरशुद्धि हृदय की; सुस्थित ज्ञानयोग निश्चय की ।
इन्द्रिय-दमन, सरलतम तन-मन; यज्ञ, त्याग, स्वाध्याय, तपोधन ॥
सत्य, अहिंसा, काम न तृष्णा; लज्जा, जीव-जीव प्रति करुणा ।
शान्ति, अक्रोध, अनिन्दा, कोमल--भाव, वृत्ति औ पूर्ण अचंचल ॥
तेज, क्षमा, धृति, शुचिता पावन; निरभिमानता, द्रोह-रहित मन ।
भारत, ये लक्षण शुचि मन के; दैवी-सम्पदा-प्राप्त सुजन के ॥

श्रीभगवान बोले— हे अर्जुन, अभय, अन्तःकरण की शुद्धि, ज्ञानयोग में दृढ़ स्थिति, दान, इन्द्रियों का दमन, यज्ञ, स्वाध्याय, तप, सरलता, अहिंसा, सत्य, क्रोध का अभाव, त्याग, शान्ति, किसी की निन्दा न करना, दया, विषयों से न ललचना, कोमलता, अकर्तव्य में लज्जा, चपलता का अभाव, तेज, क्षमा, धैर्य, शरीर की शुद्धि, किसी से वैर न करना, गर्व का अभाव आदि दैवी संपदा को प्राप्त हुए मनुष्य के (छब्बीस) लक्षण हैं. (१६.०१-०३)

दम्भ-दर्प, अभिमान-बहुल्ता; क्रोध, अज्ञान, वचन की कटुता ।
असुर-सम्पदा-प्राप्त असज्जन; अभद्र जन के ये लक्षण, अर्जुन ॥१६.०४॥

आध्यात्मिक यात्रा से पहले त्याज्य आसुरी गुणों की सूची

हे अर्जुन, दम्भ, घमण्ड, अभिमान, क्रोध, कठोर वाणी और अज्ञान—ये सब आसुरी सम्पदा प्राप्त मनुष्यों के लक्षण हैं. (१६.०४)

दोहा: दैवी-सम्पत मोक्ष दे, आसुरी बन्धन अर्थ ।
दैवी-सम्पत-प्राप्त है, शोक न कर तू; पार्थ ॥१६.०५॥

दैवी सम्पदा मोक्ष के लिये और आसुरी सम्पदा बन्धन के लिये है. हे अर्जुन, तुम शोक मत करो, क्योंकि तुम्हें दैवी सम्पदा प्राप्त है. (१६.०५)

आसुर दैव द्विभावी हैं जन; लोक बसा है जिन से, अर्जुन ।
पूर्ण रूप से दैव बखाना; मुझसे सुनो आसुरी बाना ॥१६.०६॥

केवल दो जाति के मानव— ज्ञानी और, अज्ञानी

हे अर्जुन, इस लोक में दो ही जाति के मनुष्य हैं— दैवी और आसुरी. दैवी प्रकृति वालों का वर्णन मैंने विस्तारपूर्वक किया, अब तुम आसुरी प्रकृति वालों के बारे में सुनो. (१६.०६)

क्या करना है, क्या नहीं करना; नहीं जानते आसुरी-धर्मा ।
शुचिता, शिव आचार न उन में; सत्य-वचन-व्यवहार न उन में ॥

आसुरी स्वभाव वाले मनुष्य "क्या करना चाहिये तथा क्या नहीं करना चाहिये" इन दोनों को नहीं जानते हैं. उनमें न तो बाहर-भीतर की शुद्धि है, न सदाचार और न सत्यभाषण ही. (१६.०७)

आश्रय-ईश-हीन, झूठा भव; कहते वे, संयोग-जनित भव ।
भोग-हेतु ही लोक बना है; इसके सिवा और कुछ क्या है? ॥१६.०८॥

वे कहते हैं कि संसार असत्य, आश्रयरहित, बिना ईश्वर के और बिना किसी क्रम से अपने-आप केवल स्त्री-पुरुष के कामुक संयोग से ही उत्पन्न है. इसके सिवा और कोई भी दूसरा कारण नहीं है. (१६.०८)

मिथ्या ज्ञान धार कर ऐसे; नष्टात्मा मूरख नर वैसे ।
क्रूर-कर्म पर-अहित-धंसे वे; जगत-नाशा के लिये हुए वे॥१६.०९॥

ऐसे नास्तिक दृष्टिकोण से जिनकी बुद्धि नष्ट हो गयी है, ऐसे मन्द बुद्धि वाले, घोर कर्म करने वाले, अपकारी मनुष्यों का जन्म जगत का नाश करने के लिये ही होता है. (१६.०९)

दम्भ-मान-मद-पूर्ण असज्जन; अति अलभ्य कामना ले मन ।
असत्-आग्रही मोहवश होकर; भ्रष्ट-आचरण में जीते नर ॥१६.१०॥

वे दम्भ, मान और मद में चूर होकर; कभी पूरी न होने वाली कामनाओं का आश्रय लेकर; अज्ञानवश मिथ्या सिद्धान्तों को ग्रहण करके तथा अपवित्र आचरण धारणकर संसार में रहते हैं. (१६.१०)

दोहाः जीते वे ले आमरण, चिन्ता अमित, अशान्त ।
विषय-भोग ही सुख परम, जिन का है सिद्धान्त ॥१६.११॥

जीवनभर अपार चिन्ताओं से ग्रस्त और विषयभोग को ही परम लक्ष्य मानने वाले ये लोग ऐसा समझते हैं कि यह विषयभोग ही सब कुछ है. (१६.११)

आशाओं के शत-शत बन्धन; काम-क्रोध से ग्रसित चिरन्तन ।
विषय-भोग-हित अनीति बरतें; धन-संचय की चेष्टा करतें ॥१६.१२॥

आशा की सैकड़ों बेड़ियों से बन्धे हुए, काम और क्रोध के वशीभूत होकर, विषयों के भोग के लिये अन्यायपूर्वक धन-संचय करने की चेष्टा करते हैं. (१६.१२)

प्राप्त हुआ है आज मुझे यह; सिद्ध मनोरथ होगा कल वह ।
मेरे पास आज धन इतना; और मिलेगा जाने कितना ॥१६.१३॥

वे ऐसा सोचते हैं कि मैंने आज यह प्राप्त किया है और अब इस मनोरथ को पूरा करूंगा, मेरे पास इतना धन है तथा इससे भी अधिक धन भविष्य में होगा. (१६.१३)

आज शत्रु मैं ने यह मारा; करूं और का भी निस्तारा ।
मैं ही भोगी, मैं ही ईश्वर; हूं बलवान, सुखी, सिद्धेश्वर ॥१६.१४॥

वह शत्रु मेरे द्वारा मारा गया है और दूसरे शत्रुओं को भी मैं मारूंगा. मैं सर्वसमर्थ और ऐश्वर्य को भोगने वाला हूं. मैं सिद्ध, बलवान और सुखी हूं (१६.१४)

अति धनवान, कुलीन, कुटुम्बी; मेरे जैसा नहीं कोई भी ।
यज्ञ-दान कर हूंगा हर्षित; वे हैं यूं मूढ़ता-विमोहित ॥१६.१५॥

मैं बड़ा धनी और अच्छे परिवार वाला हूं. मेरे समान दूसरा कौन है? मैं यज्ञ करूंगा, दान दूंगा और मौज करूंगा. इस प्रकार वे अज्ञान से मोहित रहते हैं. (१६.१५)

दोहाः भांति-भांति से भ्रमित चित्त, मोह-जाल-सम्पृक्त ।
घोर नरक में वे गिरें, विषय-भोग आसक्त ॥१६.१६॥

अनेक प्रकार से भ्रमित चित्त वाले, मोह जाल में फंसे, विषयभोगों में अत्यन्त आसक्त, ये लोग घोर अपवित्र नरक में गिरते हैं.

आत्म-प्रशंसक, घोर घमण्डी; धन-अभिमान-भरे पाखण्डी ।
विधिविहीन अपकर्म करें वे; नाम मात्र के यज्ञ करें वे ॥१६.१७॥

अपने आपको श्रेष्ठ मानने वाले, घमंडी, धन और मान के मद में चूर रहने वाले मनुष्य अविधिपूर्वक केवल नाममात्र के दिखावटी यज्ञ करते हैं. (१६.१७)

अहंकार-बल-दर्प-भरे वे; काम-क्रोध में गहन धंसे वे ।
परनिन्दक, द्वेषी मेरे ही; जो तन में उन के, सब के ही ॥१६.१८॥

अहंकार, बल, घमंड, कामना और क्रोध के वशीभूत; दूसरों की निन्दा करने वाले ये लोग अपने और दूसरों के शरीर में स्थित मुझ परमात्मा से द्वेष करते हैं. (१६.१८)

द्वेषी, क्रूर, अधम, पापी नर; उन को बारम्बार निरन्तर ।
गिरा रहा हूं मैं जग माहीं; आसुर नीच योनियों में ही ॥१६.१९॥

अज्ञान का फल है दुख

ऐसे द्वेष करने वाले, क्रूर और अपवित्र नराधमों को मैं संसार में बार-बार आसुरी योनियों में ही डालता हूं. (१६.१९)

जनम-जनम में वे मतिहारे; योनि आसुरी गिरें बिचारे ।
मुझको कभी न, अर्जुन, पाते; फिर हैं घोर अधम गति जाते ॥

हे अर्जुन, वे मूढ़ मनुष्य मुझे प्राप्त न करके जन्म-जन्म में आसुरी योनि को प्राप्त करते हैं, फिर घोर नरक में जाते हैं. (१६.२०)

दोहाः काम, क्रोध अरु लोभ हैं, त्रिविध नरक के द्वार ।
नर इन तीनों को तजे, आत्म-विनाशन हार ॥१६.२१॥

काम-क्रोध-लोभ नरक के तीन द्वार

काम, क्रोध और लोभ, ये जीव को नरक की ओर ले जाने वाले तीन द्वार हैं, इसलिए इन तीनों का त्याग करना चाहिए.

तीनों नरक द्वार तज, अर्जुन; मुक्त हो गया है जो भी जन ।
निज-कल्याण-आचरण करता; जिससे प्राप्त परमगति वरता ॥

हे अर्जुन, नरक के इन तीनों द्वारों से मुक्त व्यक्ति अपने कल्याण के लिये आचरण करता है, इससे वह परमगति अर्थात् मुझे प्राप्त करता है. (१६.२२)

त्याग शास्त्र-विधि जो भी, अर्जुन; मनमाने ही कर्म करे जन ।
नहीं सिद्धि वह प्राप्त करेगा; न ही परम गति कभी वरेगा ॥

शास्त्रीय विधान का पालन अनिवार्य

जो मनुष्य शास्त्रविधि को छोड़कर अपनी इच्छा से मनमाना आचरण करता है, उसे न पूर्णत्व की सिद्धि मिलती है, न परमधाम और न सुख ही. (१६.२३)

कार्य-अकार्य करे जब निर्णय; शास्त्र प्रमाण जानकर निश्चय ।
शास्त्र-विधान-नियत विधि-सम्मत; हैं करणीय कर्म तेरे हित ॥

मनुष्य के कर्तव्य और अकर्तव्य के निर्णय में शास्त्र ही प्रमाण है. अतः तुम्हें शास्त्रोक्त विधान के अनुसार ही अपना कर्तव्यकर्म करना चाहिये. (१६.२४)

इति षोडशोऽध्यायः

जय सियाराम, जय जय, सियाराम
श्रीराम जयराम जय जय राम

सत्रहवां अध्याय
१७. श्रद्धात्रयविभागयोग

अर्जुन बोले—

दोहाः श्रद्धारत पूजें, तजें, शास्त्र-रीति सर्वस्व ।
उन की निष्ठा कौन हरि, तमस, रजस या सत्त्व? ॥१७.०१॥

अर्जुन बोले— हे कृष्ण, जो व्यक्ति शास्त्र-विधि छोड़कर केवल श्रद्धापूर्वक ही पूजा आदि करते हैं, उनकी श्रद्धा कैसी है? क्या वह सात्त्विक है अथवा राजसिक या तामसिक है? (१७.०१)

श्रीभगवान बोले—

जन्मजात संस्कार-जनित जो; तीन प्रकार की है श्रद्धा वो ।
सात्विक, राजस, तामस, अर्जुन; सभी प्रकार की वह मुझसे सुन ॥

आस्था के तीन प्रकार

श्रीभगवान बोले— मनुष्यों की स्वाभाविक श्रद्धा तीन प्रकार की—सात्त्विक, राजसिक और तामसिक—होती है, उसे सुनो.

श्रद्धा सत्त्व-अनुरूप सभी की; मानव स्वयं मूर्ति श्रद्धा की ।
श्रद्धा जैसी जिसकी, अर्जुन; वैसा ही वह स्वयं बने जन ॥१७.०३॥

हे अर्जुन, सभी मनुष्यों की श्रद्धा उनके स्वभाव तथा संस्कार के अनुसार होती है. मनुष्य अपने स्वभाव से जाना जाता है. मनुष्य जैसा भी चाहे वैसा ही बन सकता है, यदि वह श्रद्धापूर्वक अपने इच्छित ध्येय का चिन्तन करता रहे. (१७.०३)

सात्विक जन पूजें देवों को; राजस यक्षों को, असुरों को ।
अन्य मनुज जो हैं तामस जन; करते भूत प्रेत का पूजन ॥१७.०४॥

सात्त्विक व्यक्ति देवी-देवताओं को पूजते हैं; राजस मनुष्य यक्ष और राक्षसों को तथा तामस व्यक्ति भूतों और प्रेतों की पूजा करते हैं. (१७.०४)

हीन शास्त्र-विधि से हो जो जन; तपते घोर तपस हैं निशि दिन ।
अहंकार और दम्भ-भरे जो; काम-राग-बल-दर्प घिरे जो ॥
तन में व्याप्त पंचभूतों को; अन्तर्यामी मुझको भी जो ।
कष्टदायी हैं, वे मूरख जन; निश्चित जान, आसुरी, अर्जुन ॥

जो लोग शास्त्रविधि से रहित घोर तप करते हैं, जो दम्भ और अभिमान से युक्त हैं, जो कामना और आसक्ति से प्रेरित हैं, जो शरीर में स्थित पंचभूतों को और सबके अन्तःकरण में रहने वाला मुझ परमात्मा को भी कष्ट देने वाले अविवेकी लोग हैं, उन्हें तुम आसुरी स्वभाव वाले जानो. (१७.०५-०६)

दोहाः यज्ञ, भोज, तप, दान भी, प्रिय जन-रुचि अनुसार ।
इनके भेदों को सुनो, सब के ही तीन प्रकार ॥१७.०७॥

भोजन तथा यज्ञ के तीन प्रकार

सब का प्रिय भोजन भी तीन प्रकार का होता है और वैसे ही यज्ञ, तप और दान भी तीन प्रकार के होते हैं. उनके भेद तुम मुझसे सुनो. (१७.०७)

बुद्धि सात्विक, आयु बढ़ाता; बल-आरोग्य-प्रीति-सुख-दाता ।
रसमय, स्निग्ध, चिरस्थिर, उर-प्रिय; ये आहार सात्विकों के प्रिय ॥

आयु, बुद्धि, बल, स्वास्थ्य, सुख और प्रसन्नता बढ़ाने वाले; रसयुक्त, चिकने और स्थिर रहने वाले तथा शरीर को शक्ति देने वाले सात्त्विक आहार सात्त्विक व्यक्ति को प्रिय होते हैं. (१७.०८)

बहुत गरम, खट्टे, कटु, तीखे; दाहक, नमकयुक्त और रूखे ।
शोक-रोग-दुखदायक, अर्जुन; राजस पुरुषों के प्रिय भोजन ॥

दुख, चिन्ता और रोगों को उत्पन्न करने वाले; बहुत कड़वे, खट्टे, नमकीन, गरम, तीखे, रूखे और दाहकारक, राजसिक आहार राजसिक व्यक्ति को प्रिय होते हैं. (१७.०९)

रस विहीन, अधपका, अपावन; बासी, जूठा, दूषित भोजन ।
प्रिय है सब तामसी जनों का; सेवन मांस और मदिरा का ॥

अधपका, रसरहित, दुर्गन्धयुक्त, बासी, जूठा और मांस, मदिरा आदि अपवित्र तामसिक आहार तामसिक मनुष्य को प्रिय होता है. (१७.१०)

'स्वधर्म है इस यज्ञ का करना' -- समझाकर मन को यूं रखना ।
विधिवत फल की इच्छा के बिन; यज्ञ सात्त्विक होता, अर्जुन ॥

"यज्ञ करना हमारा कर्तव्य है"— ऐसा सोचकर, बिना फल की आशा करने वालों द्वारा विधिपूर्वक किया गया यज्ञ सात्त्विक है. (१७.११)

जिन में हो पाखण्ड दिखाना; हो उद्‌देश्य फलों का पाना ।
भरतश्रेष्ठ, ऐसे यज्ञों को; यज्ञ राजसी जानो, समझो ॥१७.१२॥

हे अर्जुन, जो यज्ञ फल की इच्छा से अथवा दिखाने के लिये किया जाता है, उसे तुम राजसिक समझो. (१७.१२)

दोहाः ***अन्नदान-विधि-रहित जो, बिना दक्षिणा दीन ।***
तामस यज्ञ कहें उसे, श्रद्‌धा-मंत्र-विहीन ॥१७.१३॥

शास्त्रविधि, अन्नदान, मंत्र, दक्षिणा और श्रद्‌धा के बिना किये जाने वाले यज्ञ को तामसिक यज्ञ कहते हैं. (१७.१३)

सुर, द्विज, गुरु, ज्ञानी-जन पूजन; शुचिता भरा, सरलतामय मन ।
ब्रह्मचर्य-साधना-अहिंसा; तन का तप होता है ऐसा ॥१७.१४॥

विचार, वाणी, और कर्म का तप

देवी-देवता, पुरोहित, गुरु और ज्ञानीजनों का पूजन; पवित्रता, सदाचार, ब्रह्मचर्य और अहिंसा; इन्हें शारीरिक तप कहा जाता है. (१७.१४)

सत्य, प्रिय औ सब को हितकर; अति उद्वेग-विहीन वचन वर
शास्त्र-पठन अभ्यास बढ़ाता; वाणी का तप वह कहलाता ॥१७.१५॥

वाणी वही अच्छी है जो दूसरों के मन में अशान्ति पैदा न करे, जो सत्य, मधुर और हितकारक हो तथा जिसका उपयोग शास्त्रों के पढ़ने में हो. ऐसी अच्छी वाणी को वाणी का तप कहते हैं. (१७.१५)

शान्त भाव, मानस-सुख-वद्‌र्धन; मौन और वश में करना मन ।
भाव-शुद्‌धि भीतर बाहर की; परिभाषा है मन के तप की ॥१७.१६॥

मन की प्रसन्नता, सरलता, चित्त की स्थिरता, मन का नियंत्रण और शुद्ध विचार; इन्हें मानसिक तप कहते हैं. (१७.१६)

फल-इच्छा-विहीन योगी जन; श्रद्धा से असीम भर कर मन ।
तीन भांति का यह करते जो; सात्त्विक तप कहते हैं उस को ॥

तप के तीन प्रकार

बिना फल की इच्छा से, श्रद्धापूर्वक किये गये उपरोक्त तीनों प्रकार—मन, वाणी और शरीर—के तप को सात्त्विक तप कहते हैं (१७.१७)

मिले मान आदर हों पूजित; किया दम्भ से जो इस के हित ।
नश्वर फल, उस में भी शंका; राजस तप है नाम उसीका ॥

जो तप दूसरों से सत्कार, मान और पूजा करवाने के लिये अथवा केवल दिखाने के लिये ही किया जाय, ऐसे अनिश्चित और क्षणिक फल वाले तप को राजसिक तप कहा गया है. (१७.१८)

मूरखता से जो तप हठ कर; किया स्वयं को पीड़ा दे कर ।
पर-विनाश ध्येय हो जिसका; तप तामसी नाम है उसका ॥

जो तप मूढ़तापूर्वक हठ से अपने शरीर को पीड़ा देकर अथवा दूसरों को क्षति पहुंचाने के लिये किया जाता है, उसे तामसिक तप कहा गया है. (१७.१९)

दोहाः ***देश काल औ पात्र पा, मात्र मानकर धर्म ।***
अनुपकारिणी को दिया, सात्त्विक दान सुकर्म ॥१७.२०॥

"दान देना हमारा कर्तव्य है"– ऐसे भाव से जो दान देश, काल और पात्र के अनुसार बिना बदले की इच्छा से दिया जाता है, वह दान सात्त्विक माना गया है. (१७.२०)

क्लेश भरा. फल-इच्छा ले मन; बदले में कुछ मिले, प्रयोजन ।
जब यूं दान किया जाता है; राजस दान कहा जाता है ॥१७.२१॥

जो दान फल-प्राप्ति, बदले की इच्छा से अथवा बिना श्रद्धा से दिया जाता है, वह दान राजसिक कहा गया है. (१७.२१)

बिन सत्कार, वितृष्णा ले मन; देश काल का ध्यान किये बिन ।
जो कुपात्र को हैं धन देते; तामस दान उसे हैं कहते ॥१७.२२॥

जो दान देश, काल और पात्र का विचार किये बिना अथवा पात्र का अनादर करके दिया जाता है, वह दान तामसिक कहा गया है. (१७.२२)

तत् , सत् , ओम् , ये तीन विधा के; कहे गये हैं नाम ब्रह्म के ।
आदि काल में उसने ही की; रचना वेद, यज्ञ, ब्राह्मण की ॥१७.२३॥

ब्रह्म के तीन नाम

ब्रह्म के—जिनके द्वारा सृष्टि के आदि में वेदों, ब्राह्मणों और यज्ञों की रचना हुई है—ओम्, तत् और सत् तीन नाम कहे गये हैं. (१७.२३)

ब्रह्मनिष्ठ सब इस कारण ही; विधि-पद्धति लेकर शास्त्रों की ।
यज्ञ-दान-तप-क्रिया सभी ही; शुरू करते हैं 'ओम्' कहकर ही ॥

इसलिए, परब्रह्म परमात्मा को जानने वालों द्वारा शास्त्रविधि से किये हुये यज्ञ, दान, तप आदि वैदिक क्रियाओं का प्रारम्भ सदा परमात्मा के ओंकार नाम के उच्चारण से ही होता है. (१७.२४)

यज्ञ-दान-तप आदि क्रियाएं; फल की त्याग सभी इच्छाएं ।
सदा शब्द 'तत्' उच्चारण कर; करते मोक्ष-चाह वाले नर ॥१७.२५॥

फल की इच्छा नहीं रखने वाले साधक द्वारा नाना प्रकार के यज्ञ, तप, दान आदि क्रियाएं 'तत्' शब्द का उच्चारण करके की जाती हैं. (१७.२५)

सत्य भाव औ साधु भाव हित; यह 'सत्' नाम होय उच्चारित।
पार्थ, कर्म जब करते उत्तम; कहते शब्द यही 'सत्' शुचितम ॥

हे अर्जुन, 'सत्' शब्द का प्रयोग परमात्मा के अस्तित्व, अच्छे भाव तथा शुभ कर्म के लिए भी होता है. (१७.२६)

यज्ञ, दान, तप में जो स्थित है; कहा गया वह सब ही 'सत्' है ।
उस प्रभु के हित कर्म किया जो; 'सत्' ही कहा गया है उसको ॥

यज्ञ, तप और दान में श्रद्धा तथा परमात्मा के लिए किये जाने वाले निष्काम कर्म को भी 'सत्' कहते हैं. (१७.२७)

दोहाः दान-तपस्या-हवन जो, करते श्रद्धाहीन ।
'असत्' कर्म वह व्यर्थ सब, सर्व-लोक फल-हीन ॥१७.२८॥

हे अर्जुन, यज्ञ, दान, तप आदि जो कुछ भी कर्म बिना श्रद्धा के किया जाता है, वह 'असत्' कहा जाता है, जिसका न इस लोक में और न परलोक में ही कोई लाभ है. (१७.२८)

इति सप्तदशोऽध्यायः

सर्वमंगल मंगल्ये, शिवे सर्वार्थ साधिके
शरण्ये त्र्यम्बके गौरी, नारायणि नमोऽस्तु ते

अठारहवां अध्याय

१८. निरहंकार से मोक्ष की प्राप्ति

अर्जुन बोले–

दोहाः *हृषीकेश, महाबाहु, हरि, इच्छा मम भगवान ।*
तत्त्व त्याग, संन्यास का, अलग-अलग लूं जान ॥१८.०१॥

अर्जुन बोले– हे वासुदेव; मैं संन्यास और त्याग को तथा इनके भेद को अच्छी तरह जानना चाहता हूं. (१८.०१)

श्रीभगवान बोले–

कर्म सकाम त्यागना, अर्जुन; हैं संन्यास, कहें यह बुद्धजन ।
सभी कर्म-फल-त्याग, विचारक; कहते उसे त्याग हैं चिन्तक ॥

श्रीभगवान बोले– सकाम कर्मों के परित्याग को ज्ञानीजन "संन्यास" कहते हैं; तथा विवेकी मनुष्य सभी कर्मों के फल में आसक्ति के त्याग को "त्याग" कहते हैं. (५.०१, ५.०५, ६.०१ भी देखें) (१८.०२)

बहु बुधजन ऐसा कहते हैं; कर्म त्याज्य सब, दोष भरे हैं ।
यज्ञ-दान-तप-कर्म नहीं, पर– त्याज्य, अन्य कहते विद्वत्वर ॥१८.०३॥

कुछ महात्मा लोग कहते हैं कि सभी कर्म दोषयुक्त होने के कारण त्याज्य हैं और दूसरे लोगों का कहना है कि यज्ञ, दान और तप त्याज्य नहीं हैं. (१८.०३)

त्याग-विषय में अब, हे अर्जुन; पुरुष व्याघ्र, मेरा निश्चय सुन ।
सात्विक, राजस, तामस भी है; त्याग भी तीन कोटि का ही है ॥

हे अर्जुन, त्याग के विषय में अब तुम मेरा निर्णय सुनो. हे पुरुषश्रेष्ठ, त्याग भी तीन प्रकार का कहा गया है. (१८.०४)

यज्ञ, दान, तप त्याज्य नहीं हैं; ये करणीय सुनिश्चित ही हैं ।
यज्ञ, दान, तप ये सब, अर्जुन; मनीषियों को करते पावन ॥१८.०५॥

यज्ञ, दान और तप का त्याग नहीं करना चाहिये, उन्हें अवश्य करना चाहिये, क्योंकि यज्ञ, दान और तप ये साधकों के चित्त को पवित्र करते हैं. (१८.०५)

ये सब, और अन्य भी, अर्जुन; त्याग कर्म-फल-मोह करे जन ।
यही सुनिश्चित, अर्जुन, है मम; परमश्रेष्ठ मत मेरा उत्तम ॥१८.०६॥

हे अर्जुन, इन कर्मों को भी फल की आसक्ति त्यागकर ही करना चाहिये, ऐसा मेरा दृढ़ उत्तम मत है. (१८.०६)

नियत स्वधर्म-कर्म का त्यागन; उचित नहीं होता है, अर्जुन ।
उनका त्याग मोहवश, अर्जुन; तामस त्याग कहें पंडित जन ॥

त्याग के तीन प्रकार

हे अर्जुन, अपने कर्तव्यकर्म का त्याग उचित नहीं है. भ्रमवश उसका त्याग करना तामसिक त्याग कहा गया है. (१८.०७)

कर्म सभी दुख, सोच यही मन; कर्म को दुख-भय से त्यागे जन ।
ऐसे त्याग राजसी को कर; नहीं त्याग-फल है पाता नर ।।१८.०८।।

"सभी कर्म दुखरूप है"– ऐसा समझकर यदि कोई शारीरिक कष्ट अथवा कठिनाई के भय से अपने कर्तव्यकर्म को त्याग दे, तो वह ऐसा राजसिक त्याग करके त्याग के फल को प्राप्त नहीं करता है. (१८.०८)

दोहाः ***'कर्म-क्रिया कर्त्तव्य है', फल-आसक्ति कर त्याग ।***
नियत कर्म, अर्जुन, करे, वही है सात्विक त्याग ।।१८.०९।।

"कर्म करना कर्तव्य है" ऐसा समझकर, हे अर्जुन, जो कर्म–फल की आसक्ति त्यागकर–किया जाता है, वही सात्त्विक त्याग माना गया है. (१८.०९)

अशुभ कर्म से द्वेष नहीं है; शुभ में मोह का लेश नहीं है ।
सत्त्वगुणों से युत, निर-संशय; ज्ञानी नर त्यागी है निश्चय ।।१८.१०।।

जो मनुष्य अशुभ कर्म से द्वेष नहीं करता तथा शुभ कर्म में आसक्त नहीं होता, वही सतोगुणी शंकारहित, बुद्धिमान और त्यागी समझा जाता है. (१८.१०)

देहधारी को सब कर्मों का; पूर्ण त्याग सम्भव नहीं होता ।
जो भी पुरुष कर्म-फल-त्यागी; सच्चा वही है अविकल त्यागी ।।

मनुष्य के लिये सम्पूर्णरूप से सभी कर्मों का त्याग करना संभव नहीं है, अतः जो सभी कर्मों के फल में आसक्ति का त्याग करता है, वही त्यागी कहा जाता है. (१८.११)

फल शुभ, अशुभ, मिश्र हैं कामी; पाते त्रिविध होय परगामी ।
संन्यासी त्यागी जन तो पर; उन से मुक्त त्रिकाल निरन्तर ।।१८.१२।।

कर्मों के तीन प्रकार का फल–अच्छा, बुरा और मिश्रित–मरने के बाद कर्मफल में आसक्ति का त्याग न करने वाले को मिलता है, परन्तु त्यागी को कभी नहीं मिलता. (१८.१२)

सब कर्मों की सिद्धि में कारन; कहता पांच सांख्य का दर्शन ।
महाबाहो, उन सब को मुझ से; जान, कहूंगा जो मैं तुझ से ।।१८.१३।।
कृति-आधार और कर्ता रे; करण यानि साधन सब सारे ।
चेष्टा-यत्न विविध हैं जैसे; हेतु पांचवां देव है वैसे ।।१८.१४।।

कर्म के पांच कारण

हे अर्जुन, सांख्य मत के अनुसार सभी कर्मों की सिद्धि के लिये ये पांच कारण–स्थूल शरीर, प्रकृति के गुणरूपी कर्ता, पांच प्राण, इन्द्रियां तथा प्रारब्ध (या दैव)–बताये गये हैं, जिसे तुम मुझसे भलीभांति जानो. (१८.१३-१४)

मन-तन-वाणी से जो विधिवत; नर करता या शास्त्र-असम्मत ।
कृतियां जो आरम्भ हुई हैं; उनके कारण पांच यही हैं ।।१८.१५।।

मनुष्य अपने मन, वाणी और शरीर के द्वारा जो कुछ भी उचित या अनुचित कर्म करता है, उसके ये पांच कारण हैं. (१८.१५)

दोहाः ***अशुभ-बुद्धि जो आत्म को, बैठा कर्ता मान ।***
उस दुर्मति को है नहीं, तत्त्व सत्य का ज्ञान ।।१८.१६।।

अतः जो केवल अपने आपको ही कर्ता मान बैठता है, वह अज्ञानी मनुष्य अशुद्ध बुद्धि के कारण नहीं समझता है. (१८.१६)

"मैं कर्ता" न भावना जिसकी; बुद्धि लिप्त आसक्त न जिसकी

यदि ये सब जन मारे भी वह; हत्या-बन्धन-मुक्त तदपि वह ॥१८.१७॥

जिस मनुष्य के मन में "मैं कर्ता हूं" का भाव नहीं है तथा जिसकी बुद्धि कर्मफल की आसक्ति से लिप्त नहीं है, वह इन सारे प्राणियों को मारकर भी वास्तव में न किसी को मारता है और न पाप से बन्धता है. (१८.१७)

ज्ञाता, ज्ञान, ज्ञेय तीनों ये; स्रोत प्रेरणा हैं कर्मों के ।

कर्ता, क्रिया, करण या साधन; मिल करते कर्मों का प्रणयन ॥

कार्य का ज्ञान, ज्ञान का विषय और ज्ञाता—ये तीन कर्म की प्रेरणा हैं; तथा इन्द्रियां, क्रिया और प्रकृति के तीनों गुण—ये तीन कर्म के अंग हैं. (१८.१८)

ज्ञान, कर्म, कर्ता तीनों, अब; गुण अनुसार भेद से ये सब ।

तीन भांति से सांख्य बखाने; भली-भांति सुनकर तू जाने ॥१८.१९॥

ज्ञान के तीन प्रकार

सांख्यमत के अनुसार ज्ञान, कर्म और कर्ता भी गुणों के भेद से तीन प्रकार के माने गये हैं. उनको भी तुम मुझसे भलीभांति सुनो. (१८.१९)

अलग अलग सब ही जीवों में; एक अनश्वर भाव सबों में ।

जिससे करता नर सम-दर्शन; सात्विक ज्ञान जान वह, अर्जुन ॥

जिस ज्ञान के द्वारा मनुष्य विभक्त रूप में स्थित समस्त प्राणियों में एक ही अविनाशी परमात्मा को समभाव से स्थित देखता है, उस ज्ञान को तुम सात्विक जानो. (११.१३, १३.१६ भी देखें) (१८.२०)

भिन्न-भिन्न जीवों में सारे; भाव अनेक अवस्थित न्यारे ।

भिन्न-भिन्न देखे जिस से जन; राजस भाव जान वह, अर्जुन ॥१८.२१॥

जिस ज्ञान के द्वारा मनुष्य विभिन्न प्राणियों के अस्तित्व में अनेकता का अनुभव करता है, उस ज्ञान को तुम राजसिक समझो.

पूर्ण एक ही कार्य बदन में; है आसक्त उसी बन्धन में ।

युक्तिहीन, तत्त्वार्थ नहीं है; ज्ञान तुच्छ, तामसिक वही है ॥

और जिस मूर्खतापूर्ण, तुच्छ और बेकार ज्ञान के द्वारा मनुष्य शरीर को ही सब कुछ मानकर उसमें आसक्त हो जाता है, वह ज्ञान तामसिक है. (१८.२२)

दोहाः मोह-हीन विधिवत किया, रागद्वेष बिन काम ।

बिना फलों की चाह के, सात्विक उसका नाम ॥१८.२३॥

कर्म और कर्ता के तीन प्रकार

बिना राग-द्वेष से किया गया, कर्मफल की आसक्ति से रहित, कर्तव्यकर्म सात्विक कहा जाता है. (१८.२३)

लगे परिश्रम जिस में भारी; फल की रही कामना सारी ।

मद से नर करता है जिसको; राजस कर्म कहा है उसको ॥

जो कर्मफल की कामना वाले, अहंकारी मनुष्य द्वारा बहुत परिश्रम से किया जाता है, वह राजसिक कहा गया है. (१८.२४)

पौरुष या सामर्थ्य न देखे; क्षति, हिंसा परिणाम न देखे ।

मोहवश जो आरम्भ हुआ है; उसको तामस कर्म कहा है ॥१८.२५॥

जो कर्म परिणाम, अपनी हानि, परपीड़ा और अपना सामर्थ्य को न विचारकर केवल भ्रमवश किया जाता है, वह कर्म तामसिक कहलाता है. (१८.२५)

मोह-मुक्त जो निरहंकारी; सिद्धि-असिद्धि-मध्य अविकारी ।
धैर्यवान उत्साह महा है; सात्विक कर्ता उसे कहा है ॥१८.२६॥

जो कर्ता आसक्ति और अहंकार से रहित तथा धैर्य और उत्साह से युक्त एवं कार्य की सफलता और असफलता में निर्विकार रहता है, वह कर्ता सात्विक कहा जाता है. (१८.२६)

रागी, कर्मफलों का कामी; लोभी औ हिंसा पथ गामी ।
हर्ष-शोक से भरा अपावन; राजसी कर्ता कहलाता जन ॥१८.२७॥

राग-द्वेष से युक्त, कर्मफल का इच्छुक, लोभी तथा दूसरों को कष्ट देने वाला, अपवित्र विचार वाला और हर्ष-शोक से युक्त कर्ता राजसिक कहा जाता है. (१८.२७)

चंचल, शठ, मदभरा, निरक्षर; परहित-नाशक, आल्स का घर ।
कामचोर, टालू, अवसादी— तामस कर्ता की संज्ञा दी ॥१८.२८॥

असभ्य, हठी, धूर्त, द्वेषी, आलसी, उदास और टालमटूल करनेवाला कर्ता तामसिक कहा जाता है. (१८.२८)

बुद्धि और धृति के भी, अर्जुन; त्रिविध भेद को तू मुझसे सुन ।
गुणानुसार जो पूर्ण विभाजित; किये गये बुधजन से वर्णित ॥

बुद्धि के तीन प्रकार

हे अर्जुन, अब तुम मुझ से गुणों के अनुसार बुद्धि के और संकल्प के भी तीन भेद पूर्णरूप से अलग-अलग सुनो. (१८.२९)

कार्य, अकार्य, प्रवृत्ति, निवृत्ति; पार्थ, भय, अभय, बन्धन मुक्ति ।
तत्त्वज्ञान इनका है जिसको; बुद्धि सात्विक कहते उसको ॥१८.३०॥

जो बुद्धि कर्म और अकर्म को, कर्तव्य और अकर्तव्य को, भय और अभय को तथा मुक्ति और बन्धन को यथार्थ रूप से जानती है, वह बुद्धि सात्विक है. (१८.३०)

दोहाः जिस से धर्म-अधर्म को, जाने नर न यथार्थ ।
ना ही कार्य-अकार्य को, बुद्धि राजसी, पार्थ ॥१८.३१॥

हे अर्जुन, जिस बुद्धि के द्वारा मनुष्य धर्म और अधर्म को तथा कर्तव्य और अकर्तव्य को ठीक तरह से नहीं जानता है, वह बुद्धि राजसिक है. (१८.३१)

धर्म अधर्म को ही जो माने; अर्थ सभी उल्टे पहचाने ।
ढकी तमस से रहे चिरन्तन; बुद्धि तामसी है वह, अर्जुन ॥१८.३२॥

हे अर्जुन, जो बुद्धि अज्ञान के कारण अधर्म को ही धर्म मान लेती है, इसी तरह सभी चीजों को उल्टा समझ लेती है, वह बुद्धि तामसिक है. (१८.३२)

ध्यानयोग के द्वारा, अर्जुन; दोषहीन धृतिमय जिस से जन ।
क्रिया प्राण की मन-इन्द्रिय की; धारे जिससे, वह सात्विक धृति ॥

संकल्प के तीन प्रकार और मानव जीवन के चार लक्ष्य

जिस संकल्प के द्वारा केवल परमात्मा को ही जानने के लिए मनुष्य मन, प्राण और इन्द्रियों की क्रियाओं को करता है, वह संकल्प सात्विक है. (१८.३३)

फलाकांक्षी, आसक्ति-निमज्जित; जिससे, अर्जुन, करता धारित ।
धर्म, अर्थ औ काम सभी ही; धृति राजसी कही है वह ही ॥१८.३४॥

हे अर्जुन, फल की इच्छा वाला मनुष्य जिस संकल्प के द्वारा धर्म, अर्थ और काम को अत्यन्त आसक्ति पूर्वक धारण करता है, वह संकल्प राजसिक है. (१८.३४)

चिन्ता, भय, विषाद औ सपना; नहीं छोड़े जिस से मद अपना ।
दुष्ट बुद्धि वाला नर, अर्जुन; धृति तामसी उसी को तू गुन ॥१८.३५॥

बुद्धिहीन मनुष्य जिस धारणा के द्वारा निद्रा, भय, चिन्ता, दुख और लापरवाही को नहीं छोड़ता है, वह संकल्प तामसिक कहा जाता है. (१८.३५)

तीन तरह के ही अब सुख से; हो अवगत, सुन मेरे मुख से ।
कर अभ्यास रमण जिस में कर; पाता अन्त दुखों का है नर ॥

आनन्द के तीन प्रकार

हे अर्जुन, अब तुम तीन प्रकार के सुख को भी मुझ से सुनो. मनुष्य को आध्यात्मिक साधना से प्राप्त सुख से सभी दुखों का अन्त हो जाता है. (१८.३६)

विष की भांति प्रथम जो लगता; सुधा-तुल्य परिणाम उमगता ।
आत्मज्ञान के प्रसाद से जो– जन्मा, सात्त्विक सुख ही है वो ॥

ऐसे आत्मबुद्धि से उत्पन्न सुख को–जो आरम्भ में विष की तरह, परन्तु परिणाम में अमृत के समान होता है–सात्त्विक सुख कहते हैं. (१८.३७)

दोहाः पहले अमृत सा लगे, विष सम पर परिणाम ।
इन्द्रिय-भोगों से मिला, सुख राजसी सुनाम ॥१८.३८॥

इन्द्रियों के भोग से उत्पन्न सुख को–जो भोग के समय तो अमृत के समान लगता है, परन्तु जिसका परिणाम विष की तरह होता है–राजसिक सुख कहा गया है. (५.२२ भी देखें) (१८.३८)

आदि-अन्त में आत्मा-मन को; मोहित भ्रमित करे जो जन को ।
आलस अति प्रमाद निद्रा से; तामस सुख हैं उसको कहते ॥१८.३९॥

निद्रा, आलस्य और लापरवाही से उत्पन्न सुख को, जो भोगकाल में तथा परिणाम में भी मनुष्य को भ्रमित करने वाला होता है, तामसिक सुख कहा गया है. (१८.३९)

धरा-स्वर्ग में, नर देवों में; प्रकृति-जात इन तीन गुणों में ।
बंधा नहीं जो, ऐसा अर्जुन; कहीं नहीं कोई भी है जन ॥१८.४०॥

पृथ्वी पर अथवा स्वर्ग के देवताओं में कोई भी प्राणी प्रकृति के इन तीन गुणों से मुक्त होकर नहीं रह सकता है. (१८.४०)

ब्राह्मण, शूद्र, वैश्य, क्षत्रिय जन; इन सब के ही कर्म भी, अर्जुन ।
स्वभावोत्पन्न गुणों पर आश्रित; किये गये हैं पार्थ, विभाजित ॥

व्यक्ति की योग्यता के अनुसार श्रम का विभाजन

हे अर्जुन, चार वर्णों–ब्राह्मण, क्षत्रिय, वैश्य और शूद्र–में कर्म का विभाजन भी मनुष्यों के स्वभाव जनित गुणों के अनुसार ही किया गया है. (४.१३ भी देखें) (१८.४१)

शम, दम, क्षमा, ज्ञान औ शुचिता; और मनस की, तन की ऋजुता ।
अरु विज्ञान, आस्तिकता ये; सहज स्वभाव-कर्म ब्राह्मण के ॥१८.४२॥

शान्ति, इन्द्रिय संयम, तप, पवित्रता, धैर्य, सत्यवादिता, ज्ञान, विवेक और आस्तिक भाव– ये ब्राह्मण के स्वाभाविक कर्म हैं.
(१८.४२)

धैर्य, तेज, शूरता, निपुण मन; करे युद्ध में नहीं पलायन ।
दान, प्रजा का स्वामी, शासक; क्षत्रिय-कर्म सहज स्वभाविक ॥

अभय, तेज, दृढ़ संकल्प, चालाकी, युद्ध से न भागना, दान देना और शासन करना– ये सब क्षत्रिय के स्वाभाविक कर्म हैं.
(१८.४३)

कृषि, व्यापार और गौ पालन; वैश्य-कर्म स्वाभाविक, अर्जुन ।
सेवा सब की एक धरम है; जो स्वाभाविक शूद्र-करम है ॥१८.४४॥

खेती, गौपालन तथा व्यापार– ये सब वैश्य के स्वाभाविक कर्म हैं तथा शूद्र का स्वाभाविक कर्म सेवा करना है. (१८.४४)

दोहाः सहज स्वकर्म-रत नर करें, परम सिद्धि को प्राप्त ।
कैसे सिद्धि स्वकर्म से, सुनो, वचन मम आप्त ॥१८.४५॥

कर्तव्य, साधना, और भक्ति से मोक्ष की प्राप्ति

मनुष्य अपने-अपने स्वाभाविक कर्म करते हुए परम सिद्धि को कैसे प्राप्त कर सकता है, उसे तुम मुझसे सुनो. (१८.४५)

जिससे पैदा हुए जीव-जन; सर्वव्याप्त है, जो प्रभु भगवन ।
स्वकर्म से उसकी पूजा कर; परमसिद्धि पा जाता है नर ॥१८.४६॥

जिस परब्रह्म परमात्मा से समस्त प्राणियों की उत्पत्ति होती है और जिससे यह सारा जगत व्याप्त है, उसका अपने कर्म के द्वारा पूजन करके मनुष्य सिद्धि को प्राप्त होता है. (९.२७, १२.१० भी देखें) (१८.४६)

शीलोचित परधर्म से बढ़ कर; निज गुणहीन धर्म है श्रेयस्कर ।
निज स्वभावगत कर्म करे जो; नहीं पाप का भागी वह हो ॥१८.४७॥

अपना गुणरहित सहज और स्वाभाविक कर्म आत्मविकास के लिए दूसरे अच्छे अस्वाभाविक कर्म से अच्छा है, क्योंकि निष्काम भाव से अपना स्वभाविक कर्म करने से मनुष्य को पाप नहीं लगता है.

हे कौन्तेय, सदोष हुआ भी; सहज स्वकर्म न त्याज्य कभी भी ।
क्योंकि अग्नि सम ढंकी धुओं से; ढके कर्म सब ही दोषों से ॥

हे अर्जुन, अपने दोषयुक्त सहज स्वाभाविक कर्म का भी त्याग नहीं करना चाहिए; क्योंकि जैसे धुएं से अग्नि लिप्त होती है, वैसे ही सभी कर्म किसी-न-किसी दोष से युक्त होते हैं. (१८.४८)

अनासक्त मति, निष्कामी जन; आत्मजयी निस्पृही विमल मन ।
जो संन्यासयोग अपनाये; वह नैष्कर्म्य सिद्धि को पाये ॥१८.४९॥

आसक्ति रहित, इच्छा रहित और जितेन्द्रिय मनुष्य संन्यास–अर्थात् सकाम कर्मों के त्याग–के द्वारा कर्म के बन्धन से मुक्त होकर मोक्ष को प्राप्त करता है. (४.१८ भी देखें) (१८.४९)

सिद्धि प्राप्त नर कैसे, अर्जुन; पाता ब्रह्म, उसे मुझसे सुन ।
जो है ज्ञान-परानिष्ठा औ; जानो थोड़े में सुन उस को ॥१८.५०॥

हे कौन्तेय, नैष्कर्म्य-सिद्धि को प्राप्त हुआ साधक किस प्रकार तत्त्वज्ञान की परानिष्ठा, परमपुरुष, को प्राप्त होता है, उसे भी मुझसे संक्षेप में सुनो. (१८.५०)

आत्मसंयमी, धृतियुत बनकर; राग द्वेष का औ मर्दन कर ।
तजकर शब्दादिक विषयों को; परम विशुद्ध बुद्धि से युत हो ॥
प्रिय एकान्त जिसे मित भोजन; जिसने जीते वाणी तन-मन ।
ध्यानयोग में लगा निरन्तर; प्राप्त जिसे वैराग्य गहनतर ॥

दोहाः ***अहंकार, बल, दर्प तज, काम परिग्रह क्रोध ।***
मोहशून्य नर शान्त वह, ब्रह्म-ऐक्य के योग्य ॥१८.५३॥

शुद्ध बुद्धि से युक्त, मन के दृढ़ संकल्प द्वारा आत्मसंयम कर, विषयों को त्याग कर, राग-द्वेष से रहित होकर, एकान्त में रहकर, हल्का, सात्त्विक और नियमित भोजन करके, अपने वाणी, कर्मेन्द्रियों और मन को वश में कर, परमात्मा के ध्यान में सदैव लगा हुआ, दृढ़ वैराग्य को प्राप्त, अहंकार, बल, गर्व, काम, क्रोध और 'मेरा' का त्यागकर, ममता से रहित और शान्त मनुष्य परब्रह्म परमात्मा की प्राप्ति के योग्य बन जाता है. (१८.५१-५३)

ब्रह्मभूत, आत्मा से हर्षित; शोक कामना उसे न किंचित ।
जीवों में समभावी होकर; पराभक्ति मम पाता है नर ॥१८.५४॥

उपरोक्त ब्रह्मभूत अवस्था प्राप्त, प्रसन्न चित्त वाला साधक न तो किसी के लिये शोक करता है, न किसी वस्तु की इच्छा ही करता है. ऐसा समस्त प्राणियों में समभाव वाला साधक मेरी पराभक्ति को प्राप्त करता है. (१८.५४)

भक्ति से मुझे तत्त्वतः जाने; कौन हूं, कैसा हूं पहचाने ।
जाना मुझे तत्त्वतः जैसे; मुझ में बसा तुरत वह वैसे ॥१८.५५॥

श्रद्धा और भक्ति (अर्थात् पराभक्ति) के द्वारा ही मैं तत्त्व से जाना जा सकता हूं कि मैं कौन हूं और क्या हूं. मुझे तत्त्व से जानने के बाद मनुष्य शीघ्र ही मुझ में प्रवेश कर मोक्ष प्राप्त करता है. (५.१९ भी देखें) (१८.५५)

मुझ में रम आश्रित हो मुझ पर; करता हुआ करम हर पल नर ।
मेरी कृपा पूर्ण पा जाता; शाश्वत अविनाशी पद पाता ॥१८.५६॥

मेरा आश्रय लेने वाला कर्मयोगी भक्त सदा सब कर्म करता हुआ भी मेरी कृपा से शाश्वत अविनाशी पद को प्राप्त करता है. (१८.५६)

मुझे चित से सब कर्मों को; पूर्ण समर्पित कर मम-मय हो।
बुद्धियोग का कर अवलम्बन; सतत मुझी में रख अपना मन ॥

समस्त कर्मों को श्रद्धा और भक्ति पूर्वक मुझे अर्पण कर, मुझे अपना परम लक्ष्य मानकर मुझ पर ही भरोसा रख तथा निष्काम कर्मयोग का आश्रय लेकर सदा मुझ में ही चित्त लगा. (१८.५७)

निज मन मुझ में रखे निरन्तर; पा मम कृपा जाय सब दुख तर ।
अहंकार वश यदि न सुनेगा; नाश-कुफल ही तुझे मिलेगा ॥१८.५८॥

मुझ में चित्त लगा कर तुम मेरी कृपा से सम्पूर्ण विघ्नों को पार कर जाओगे और यदि तुम अहंकारवश मेरे इस उपदेश को नहीं सुनोगे, तो तुम्हारा पतन होगा. (१८.५८)

'नहीं लड़ूंगा' मन में ठाने; अहंकार वश यदि यह माने ।
मिथ्या है तव निश्चय निश्चित; प्रकृति करे तव युद्ध-नियोजित

कर्म-बन्धन और स्वतंत्र इच्छा-शक्ति

यदि अहंकारवश तुम ऐसा सोच रहे हो कि मैं यह युद्ध नहीं करूंगा, तो तुम्हारा ऐसा सोचना मिथ्या है, क्योंकि तुम्हारा स्वभाव तुम्हें बलात् युद्ध में लगा देगा. (१८.५९)

मोहवश कर्म जिन्हें तेरा मन; नहीं चाहता करना, अर्जुन ।
निज स्वभाव-कर्मों से बन्धकर; वही करेगा बेबस होकर ॥१८.६०॥

हे अर्जुन, तुम अपने संस्काररूपी स्वाभाविक कर्म के बन्धनों से बन्धे हो, अतः भ्रमवश जिस काम को तुम नहीं करना चाहते हो, उसे भी तुम विवश होकर करोगे. (१८.६०)

दोहाः यंत्र-रूढ सा जीव को, निज माया से ईश ।
भरमाता मन-मन बसा, अर्जुन, मैं जगदीश ॥१८.६१॥

हे अर्जुन, ईश्वर सभी प्राणियों के अन्तःकरण में स्थित होकर अपनी माया के द्वारा प्राणियों को यन्त्र पर आरूढ़ कर्म की कठपुतली की तरह नचाता रहता है. (१८.६१)

भारत, पूर्णभाव में रमकर; केवल उसकी शरण ग्रहण कर ।
पा प्रभु-कृपा शान्ति पायेगा; शाश्वत परमधाम जायेगा ॥

हे अर्जुन, तुम पराभक्ति भाव से उस ईश्वर की ही शरण में जाओ. उसकी कृपा से तुम परम शान्ति और परमधाम को प्राप्त करोगे. (१८.६२)

मैंने ज्ञान कहा जो शिवतर; तुझे गूढ़ से गूढ़ उसी पर ।
भली-भांति पूरा विचार कर; फिर जैसी भी इच्छा हो, कर ॥१८.६३॥

मैंने गुह्य से भी गुह्यतर ज्ञान तुमसे कहा है. अब इस पर अच्छी तरह से विचार करने के बाद तुम्हारी जैसी इच्छा हो, वैसा करो. (१८.६३)

सर्वगूढ़तम परम वचन मम; अर्जुन, पुनः सुनो इसको तुम ।
तुम हो तात इष्ट अति मेरे; अतः कहूंगा फिर हित तेरे ॥१८.६४॥

समर्पण, प्रभु-प्राप्ति का परम मार्ग

मेरे इस समस्त गुह्यों में गुह्यतम परम उपदेश को तुम एक बार फिर सुनो. तुम मेरे अत्यन्त प्रिय हो, इसलिए मैं तुम्हारे हित की बात कहूंगा. (१८.६४)

मन में मुझे, भजन मेरा ही; कर प्रणाम, अर्चन मेरा ही ।
मुझे प्राप्त होगा तू निश्चय; सत्य प्रतिज्ञा मेरी, मम प्रिय ॥१८.६५॥

तुम मुझ में अपना मन लगाओ, मेरे भक्त बनो, मेरी पूजा करो, मुझे नमस्कार करो. ऐसा करने से तुम मुझे अवश्य ही प्राप्त करोगे. मैं तुम्हें यह वचन देता हूं, क्योंकि तुम मेरे प्रिय मित्र हो. (१८.६५)

सब धर्मों का त्याग करो तुम; केवल मेरी शरण गहो तुम ।
सब पापों से मुक्ति विसर्जन; करूं, शोक मत कर तू, अर्जुन ॥१८.६६॥

सभी कर्मों में अहंकार और कर्मफल में आसक्ति का त्याग करके तुम एक मेरी ही शरण में आ जाओ. शोक त करो, मैं तुम्हें समस्त पापों (अर्थात कर्म के बन्धनों) से मुक्त कर दूंगा. (१८.६६)

जो तपहीन, भक्ति से वंचित; श्रवण-अनिच्छुक, निन्दा-मज्जित ।
मम प्रति भक्ति-भाव से वंचित; कहना ज्ञान न यह उसके हित

परमात्मा की परम सेवा तथा सर्वोत्तम दान

गीता के इस गुह्य ज्ञान को तपरहित और भक्तिरहित व्यक्तियों को, अथवा जो इसे सुनना नहीं चाहते हों, अथवा जिन्हें मुझ में श्रद्धा न हो; उन लोगों से कभी नहीं कहना चाहिए. (१८.६७)

परम भक्ति से मुझ में रम कर; भक्तों में मम गूढ़ परम वर ।
जो यह शास्त्र-ज्ञान गायेगा; निस्संदेह मुझे पायेगा ॥१८.६८॥

दोहाः उससे बढ़कर कर्म प्रिय, मम न करे नर कोय ।
उससे बढ़कर प्रिय मुझे, और न भू पर होय ॥१८.६९॥

जो व्यक्ति इस परम गुह्य ज्ञान का मेरे भक्तजनों के बीच प्रचार और प्रसार करेगा, वह मेरी यह सर्वोत्तम परा भक्ति करके निस्सन्देह मुझे प्राप्त होगा. उससे बढ़कर मेरा प्रिय कार्य करने वाला कोई मनुष्य नहीं होगा; और न मेरा उससे ज्यादा प्रिय इस पृथ्वी पर कोई दूसरा होगा. (१८.६८-६९)

यह धार्मिक संवाद हमारा; जो भी पुरुष पढ़ेगा सारा ।
उससे ज्ञान-यज्ञ से पूजित; होऊंगा, मत मेरा निश्चित ॥१८.७०॥

श्री गीताजी की महिमा

जो व्यक्ति हम दोनों के इस धर्ममय संवाद का अध्ययन करेगा, उसके द्वारा मैं ज्ञानयज्ञ से पूजित होऊंगा— यह मेरा वचन है.

श्रद्धावान, अदोष, सुपावन; केवल सुने इसे जो भी जन ।
पुण्य कर्ममय पाप-रहित हो; शुभ लोकों में उसकी गति हो ॥

तथा जो श्रद्धा पूर्वक—बिना आलोचना किये—इसे केवल सुनेगा, वह भी सम्पूर्ण पापों से मुक्त होकर स्वर्ग को प्राप्त करेगा.

सुना, पार्थ, क्या तुमने मन से? हो एकाग्र चित पावन से ।
क्या अज्ञान-जनित मोह-क्षय? हुआ तुम्हारा अभी, धनंजय ॥१८.७२॥

हे अर्जुन, क्या तुमने एकाग्रचित्त होकर इसे सुना? और हे अर्जुन, क्या तुम्हारा अज्ञान जनित भ्रम पूर्णरूप से नष्ट हुआ?

अर्जुन बोले—

हे अच्युत आपकी कृपा है; सारा मोह मम नष्ट हुआ है ।
हो संदेह-हीन, पा सुस्मृति; थिर हूं, करूं आप की जो मति ॥

अर्जुन बोले— हे कृष्ण, आपकी कृपा से मेरा मोह दूर हो गया है और मुझे ज्ञान प्राप्त हो गया है. अब मैं संशयरहित हो गया हूं और आपकी आज्ञा का पालन करूंगा. (१८.७३)

संजय बोले—

यूं श्री वासुदेव-अर्जुन का; महामना आत्मा पावन का ।
अद्भुत और परम लोमहर्षक; यह संवाद सुना रोमांचक ॥१८.७४॥

संजय बोले— इस प्रकार मैंने भगवान् श्रीकृष्ण और महात्मा अर्जुन का यह अद्भुत संवाद सुना. (१८.७४)

व्यास कृपा से मैंने, राजन्; परम गूढ़ यह योग सनातन ।
स्वयं कृष्ण-योगेश्वर-मुख से; है साक्षात सुना यह कहते ॥

व्यास जी की कृपा से दिव्य दृष्टि पाकर मैंने इस परम गुह्य ज्ञान को अर्जुन से कहते हुए योगेश्वर श्रीकृष्ण से सुना है. (१८.७५)

केशव-अर्जुन का शुचि त्राता; अद्भुत, परम पुण्य सुख दाता ।
वह संवाद याद जब आता; बार-बार, राजन, हर्षाता ॥१८.७६॥

हे राजन्, भगवान् श्रीकृष्ण और अर्जुन के इस पवित्र और अद्भुत संवाद को बार-बार याद करके मैं हर्षित होता हूं. (१८.७६)

दोहाः राजन अद्भुत रूप को, हरि के कर-कर याद ।
विस्मय होता है बहुत, बार-बार आह्लाद ॥१८.७७॥

हे राजन्, श्रीहरि के अत्यन्त अद्भुत रूप को भी बार-बार स्मरण कर मुझे अत्यन्त आश्चर्य होता है और मैं बारम्बार हर्षित
होता हूं. (१८.७७)

हैं योगेश्वर कृष्ण मुरारी; और जहां अर्जुन धनुधारी ।
वैभव, विजय, नीति, श्री, सारे; ध्रुव हैं, मत में, वहां हमारे ॥१८.७८॥

आत्मज्ञान और कर्मयोग दोनों की आवश्यकता

संजय बोले— जहां भी, जिस देश या घर में, (धर्म अर्थात् शास्त्रधारी) योगेश्वर श्रीकृष्ण तथा (धर्म रक्षा एवं कर्मरूपी) शास्त्रधारी
अर्जुन दोनों होंगे, वहीं श्री, विजय, विभूति और नीति आदि सदा विराजमान रहेंगी. ऐसा मेरा अटल विश्वास है.(१८.७८)

इति अष्टादशोऽध्यायः

इस प्रकार मोक्षसंन्यासयोग नामक अठारहवां अध्याय सम्पूर्ण हुआ ।

ॐ तत्सदिति श्रीमद्भगवद्गीतासूपनिषत्सु ब्रह्मविद्यायां योगशास्त्रे
श्रीकृष्णार्जुनसंवादे मोक्षसंन्यासयोगो नाम अष्टादशोऽध्यायः ॥

श्री कृष्णार्पणं अस्तु शुभं भूयात्
हरिः ॐ तत्सत् हरिः ॐ तत्सत् हरिः ॐ तत्सत्

****

ॐ भूर्भुवः स्वः , तत्सवितुर्वरेण्यं
भर्गो देवस्य धीमहि, धियो यो नः प्रचोदयात्

OM! The Cosmic Sound of Paramatma created the Cosmos.
He who created everything deserves our worship.
Let us Meditate on His glory.
May He guide our intellect in the right direction.

Doha 13+11=24
Chaupai 16+16= 32

श्री हनुमान चालीसा

ॐ श्री हनुमते नमः

दोहा— श्रीगुरु चरन सरोज रज,
निज मनु मुकुर सुधारि।
बरनऊँ रघुबर बिमल जसु,
जो दायकु फल चारि ॥
बुद्धिहीन तनु जानिके,
सुमिरौं पवन-कुमार।
बल बुद्धि बिद्या देहु मोहिं,
हरहु कलेस बिकार ॥

जय हनुमान ज्ञान गुण सागर।
जय कपीस तिहुँ लोक उजागर ॥
राम दूत अतुलीत बल धामा।
अंजनि-पुत्र पवन-सुत नामा ॥
महाबीर बिक्रम बजरंगी।
कुमति निवार सुमति के संगी ॥
कंचन बरन बिराज सुबेसा।
कानन कुंडल कुंचित केसा ॥
हाथ बज्र औ ध्वजा बिराजै।
कांधे मूँज जनेऊ साजै ।।५।।
संकर सुवन केसरीनन्दन।
तेज प्रताप महा जग बन्दन ॥
विद्यावान गुनी अति चातुर।
राम काज करिबे को आतुर ॥
प्रभु चरित्र सुनिबे को रसिया।
राम लखन सीता मन बसिया।
सूक्ष्म रूप धरि सियहिं दिखावा।
बिकट रूप धरी लंक जरावा ॥
भीम रूप धरी असुर सँहारे।
रामचन्द्र के काज सँवारे ।।१०।।
लाय सजीवन लखन जियाये।
श्री रघुबीर हरषि उर लाये ॥
रघुपति कीन्ही बहुत बड़ाई।
तुम मम प्रिय भरतहि सम भाई
सहस बदन तुम्हरो जस गावैं।
अस कहि श्रीपती कंठ लगावैं ॥
सनकादिक ब्रह्मादि मुनीसा।
नारद सारद सहित अहीसा ॥
जम कुबेर दिगपाल जहाँ ते।
कबि कोबिद कहि सके कहाँ ते ।।१५
तुम उपकार सुग्रीवहिं कीन्हा।
राम मिलाय राज पद दीन्हा ॥
तुम्हरो मंत्र बिभीषण माना।
लंकेस्वर भए सब जग जाना ॥
जुग सहस्र जोजन पर भानू।
लील्यो ताहि मधुर फल जानू ॥
प्रभु मुद्रिका मेलि मुख माहीं।
जलधि लाँघि गये अचरज नाहीं ॥
दुर्गम काज जगत के जेते।
सुगम अनुग्रह तुम्हरे तेते ।।२०
राम दुआरे तुम रखवारे।
होत न आज्ञा बिनु पैसारे ॥
सब सुख लहै तुम्हारी सरना।
तुम रच्छक काहु को डरना ॥
आपन तेज सम्हारो आपै।
तीनों लोक हाँक ते काँपै ॥
भूत पिसाच निकट नहीं आवै।
महाबीर जब नाम सुनावै ॥
नासै रोग हरे सब पीरा।
जपत निरन्तर हनुमत बीरा ।।२५
संकट तें हनुमान छुड़ावै।
मन क्रम बचन ध्यान जो लावै।
सब पर राम तपस्वी राजा।
तिन के काज सकल तुम साजा ॥
और मनोरथ जो कोई लावै।
तासु अमित जीवन फल पावै ॥
चारों जुग परताप तुम्हारा।
है परसिद्ध जगत उजियारा ॥
साधु सन्त के तुम रखवारे।
असुर निकंदन राम दुलारे ।।३०
अष्ट सिद्धि नौ निधी के दाता।
अस बर दीन जानकी माता ॥
राम रसायन तुम्हरे पासा।
सदा रहो रघुपति के दासा ॥
तुम्हरे भजन राम को पावै।
जनम जनम के दुख बिसरावै ॥
अन्त काल रघुबर पुर जाई।
जहाँ जनम हरि-भक्त कहाई ॥
और देवता चित्त न धरई।
हनुमत सेई सर्ब सुख करई ।।३५
संकट कटै मिटै सब पीरा।
जो सुमिरै हनुमत बलबीरा ॥
जय जय जय हनुमान गोसाईं। (३)
कृपा करहु गुरु देव की नाईं ॥
जो सत बार पाठ कर कोई।
छूटहि बंदि महा सुख होई ॥
जो यह पढ़ै हनुमान चालीसा।
होय सिद्धि, साखी गौरीसा ॥
तुलसीदास सदा हरि चेरा।
कीजे नाथ हृदय मँह डेरा ।।४०

दोहा— पवनतनय संकट हरन,
मंगल मूरति रूप।
राम लखन सीता सहित,
हृदय बसहु सुर भूप ॥

श्री गीता जी की आरती

ॐ जय भगवद्गीते, देवी जय भगवद्गीते ।
    हरि-हिय कमल-विहारिणि, सुन्दर सुपुनीते ॥ ॐ ...

कर्म-सुकर्म प्रकाशिनि, कामासक्ति हरा ।
    तत्त्वज्ञान-विकाशिनि, विद्या ब्रह्म परा ॥ ॐ ...

निश्चल-भक्ति-विधायिनि, निर्मल मलहारी ।
    शरण-रहस्य-प्रदायिनि, सब विधि सुखकारी ॥ ॐ ...

राग-द्वेष-विदारिणि, कारिणि मोद सदा ।
    भव-भय-हारिणि, तरिणि, परमानन्दप्रदा ॥ ॐ ...

आसुर-भाव-विनाशिनि, नाशिनि तम-रजनी ।
    दैवी सद्गुणदायिनि, हरि-रसिका सजनी ॥ ॐ ...

समता, त्याग, सिखावनि, हरि-मुख की वानी ।
    सकल शास्त्र की स्वामिनि, श्रुतियों की रानी ॥ ॐ ...

दया-सुधा वरसावनि, मातु कृपा कीजै ।
    हरि-पद-प्रेम प्रदायिनि, अपनो कर लीजै ॥ ॐ ...

ॐ पूर्णमदः पूर्णमिदं, पूर्णात् पूर्णमुदच्यते ।
पूर्णस्य पूर्णमादाय, पूर्णमेवावशिष्यते ॥
ॐ शान्तिः शान्तिः शान्तिः

आरती कुंजबिहारी की

आरती कुंजबिहारी की, श्री गिरिधर कृष्णमुरारी की ॥ (2)

गले में बैजंती माला, बजावै मुरली मधुर बाला ।

श्रवण में कुण्डल झलकाला, नंद के आनंद नंदलाला ।

गगन सम अंग कांति काली, राधिका चमक रही आली ।

लतन में ठाढ़े बनमाली;

भ्रमर सी अलक, कस्तूरी तिलक, चंद्र सी झलक;

ललित छवि श्यामा प्यारी की;

श्री गिरिधर कृष्णमुरारी की ॥

आरती कुंजबिहारी की, श्री गिरिधर कृष्णमुरारी की ॥

कनकमय मोर मुकुट बिलसै, देवता दरसन को तरसैं ।

गगन सों सुमन रासि बरसैं;

बजे मुरचंग, मधुर मिरदंग, ग्वालिन संग;

अतुल रति गोप कुमारी की;

श्री गिरिधर कृष्णमुरारी की ॥

आरती कुंजबिहारी की, श्री गिरिधर कृष्णमुरारी की ॥

जहां ते प्रकट भई गंगा, कलुष कलि हारिणि श्रीगंगा ।

स्मरन ते होत मोह भंगा;

बसी सिव सीस, जटा के बीच, हरै अघ कीच;

चरन छवि श्रीबनवारी की;

श्री गिरिधर कृष्णमुरारी की ॥

आरती कुंजबिहारी की, श्री गिरिधर कृष्णमुरारी की ॥

चमकती उज्ज्वल तट रेनू, बज रही वृंदावन बेनू ।

चहुं दिसि गोपि ग्वाल धेनू;

हंसत मृदु मंद, चांदनी चंद, कटत भव फंद;

टेर सुन दीन भिखारी की;

श्री गिरिधर कृष्णमुरारी की ॥

आरती कुंजबिहारी की, श्री गिरिधर कृष्णमुरारी की ॥ (2)

Made in United States
Orlando, FL
19 December 2021

12195919R00063

OLIVIA TWIST

HONOR
AMONG
THIEVES

BERGER
BOOKS
AN IMPRINT OF
DARK HORSE COMICS

OLIVIA TWIST ™

HONOR AMONG THIEVES

WRITERS
**Darin Strauss
& Adam Dalva**

ARTIST
Emma Vieceli

COLORIST
Lee Loughridge

LETTERER
Sal Cipriano

V
AL CITY

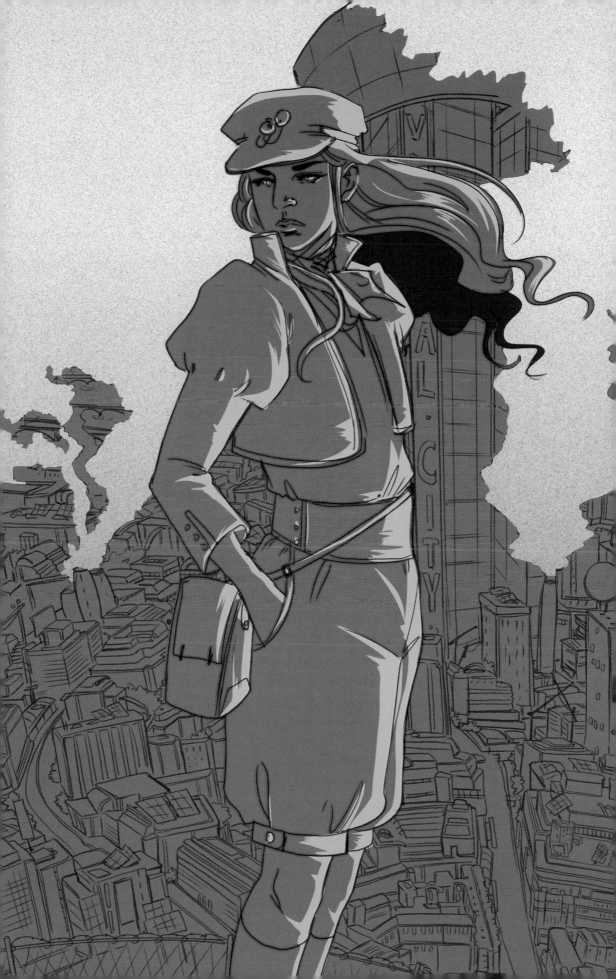

- — DEDICATIONS — -

To Beau and Shepherd,
may you finally read
something I wrote.

DARIN STRAUSS

For Alana Salguero,
my favorite future.

ADAM DALVA

Family really does
shape and inspire us,
so this is for mine.

EMMA VIECELI

○

CHAPTER ONE:
THE GATES OF LOSS

PROVIS
WORK HOUSE
447

'gnore everything you have heard and read. This is my story, told from the gates of utter loss.
BORDER
MOVE, YOU 'MIGS!
Here is my mother, twenty-five when England suffered "the Contraction."
GO HOME!
There was a terrible war. And after, many thousands of residents were designated "unsafe."
BLOOD AND SOIL!
Anger lifted foreigners in its grip and dropped them in camps.
TEMPORARY FACILITY FOR DISLOCATED INDIVIDUALS. "A PLACE FOR GUESTS"

But even in the camps, some outcasts were cast out more than others.

Erasure is a condition of exile.

And identity became something to fight for.

My mother learned that you fight so those you love won't have to.

Hate had trapped my mother, but no prison can contain the mind.

She was a scientist. Even in the camp, she remained who she was.

My father had known my mother's work and spent years trying to seek her out.

He found her, finally, in that place that no longer had a name.

They worked in secret on their great invention. It was grueling.
But love, that tough little garden, can flourish in even the most harried soil.
The world, however, worked to keep them apart.
What they had made would change everything...
...if only they could get it out of the camp.
CHRISTIAN KRESPO
LEAVE IT TO US
CHARLES LEEFORD
VERT

Finally, they saw an opening. I was their--my mother's--way out.
But because of me, danger lurked.
A stalking danger.
?
BANG BANG
KRAK
KRAK
BOOM

A danger that took something I never knew, but have always missed.
ERGGH! NOT NOW--
KRAK KRAK BOOM
KLIK
In our sad new world, my story is saddest.

The Provis Corporation made a labor force of child orphans.

PROVIS WORK HOUSE 447

I was one such orphan, one such worker. Given society's **3Ds**: labor that is dirty, dull, and dangerous.

After the anti-singularity laws were passed, machines were no longer allowed to work on other machines.

OI, NEW BOY!

And so we children became the secret engine of a new industrial era.

OOH, WHAT A YOUNG YOUNG **YOUNG** ONE, THE YOUNGEST-EVER BOY.

AH! DON'T BE **SCARED**, MY DIRTY LITTLE STRAY.

THIS IS **YOUR** FAMILY NOW, DEAR HEART.

THINK OF THIS AS HOME.
YES, BOY, YOU'LL FIND *PROVIS* VERY KIND TO YOU.
ISN'T THAT *RIGHT*, MY SPECIALS?
YES, MR. BUMBLE!
LEEFORD
SO MUCH *LOVE!*
NOW, WHAT IS *YOUR* NAME, AND WHO IS YOUR HANDSOME FRIEND THERE?
P-P-PIP.
AND THIS IS AN APAT-APAT-APATOSAURUS.
APATOSAURUSES WEIGHED *TWENTY-FOUR* TONS! AND A LOT OF PEOPLE THINK THEY WERE LIKE BRONTOSAURUSES BUT THERE ARE *LOTS* OF LITTLE DIFFERENCES IF--
WHY NOT *GIVE* YOUR ALANSAURUS TO ME AND I'LL KEEP HIM SAFE?
APATOSAURUS.
YES, LET GOOD OLD MR. BUMBLE *WATCH* OVER HIM.
NOW, TO *WORK*, AND WAIT YOUR TURN!

YO, *CREED*. YANK HIM.

KID, GO BACK UP THERE WITH MY *BIG-BOY* BOWL. ASK FOR YOUR FOOD.

AND THEN COME BACK AND WE'LL SHARE IT WITH YOU...

AND REMEMBER, IF YOU DON'T *KEEP* YOUR PROMISES HERE, YOU GO TO *RAT ALLEY*, WHERE KIDS LOSE THEIR BONES.

Before that moment, I hadn't helped anyone, hadn't thought of myself as special--as anything. What had changed?

Even now, after all that happened, the truth is hard to believe.

SOMETHING I CAN *HELP* YOU WITH, UM?

OLIVIA, SIR.

HOW DEPRESSINGLY *EXPECTED* OF YOU, RICHARD.

I wasn't then the woman you know--the woman who leads men.
PLEASE.
GLOOP

THWAP

TO THE BEADLE WITH HER!

A WEEK! A WEEK!

I was, if you can believe this of me, an innocent.

Don't be scared my little orphan. This is your family now. Don't be scared my little orphan. This is your family now. scared my little orphan. your family now. scared my little orphan. is your family now. 't be scared my little orphan. This is your family now. This is our family

The authorities magnanimously and humanely resolved that no orphan should suffer the *inconvenience* of a bed, or privacy.

...yes, my girl, you'll find provis very kind to you, isn't that right, my special ones? ...yes, my girl, you'll find provis very kind to you, isn't that right, my special ones...

When we turned 18, we were set free, given an apartment for our labors, a job with Provis, the "first seeds of life."

I had been waiting a very long time.

I was almost out.

PROVIS
beep
PROVIS
OLIVIA.
PLEASE NO! WHO IS...?
NOT HER.
OH, WELL.

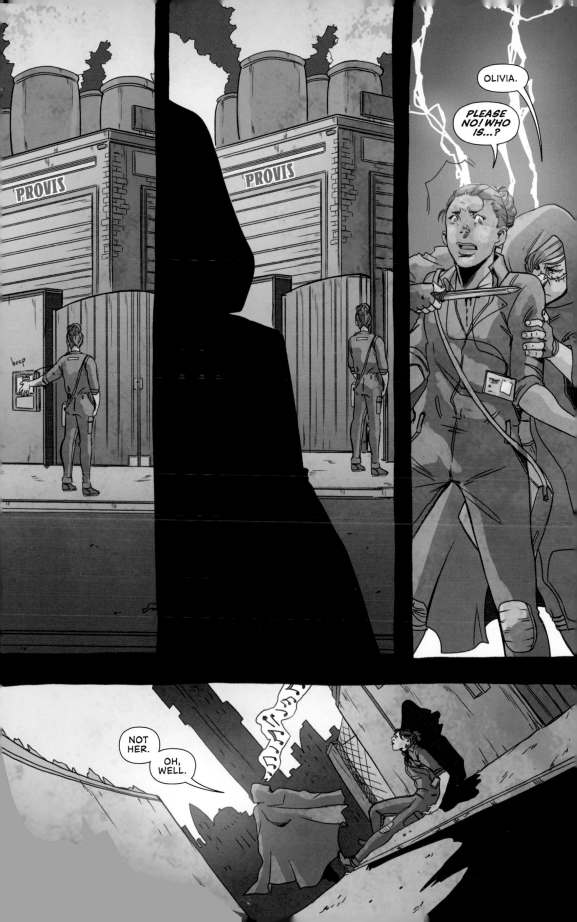

I had never seen the world, with all its wonders.

My playfield was the workhouse--

--and my life was the old movies they'd allow us to watch on Sundays.

LAST NIGHT, RIGHT? *AGING* OUT?

I DON'T WANT ANYTHING FROM YOU, RICHARD.

THAT'S FAIR. BUT YOU DON'T *REALLY* HAVE A CHOICE. I'VE GOT TO BE HERE, AND YOU'VE GOT TO LET ME.

AND I KNOW THIS IS YOUR *FAVORITE*, YOU'VE CHECKED IT OUT A HUNDRED TIMES.

RICHARD. I ALWAYS WANTED TO--*YOUR ARM*--DOES IT HURT? WHY DID YOU DO IT?

WASN'T A CHOICE. AND YEAH, IT HURT. *HURTS*...WHAT'S YOUR PLAN?

I'M GOING TO TRY TO FIND MY *FAMILY*--IF I HAVE ONE.

MAYBE YOU CAN. BUT BE CAREFUL-- *DANGEROUS* FOR GIRLS OUT THERE RIGHT NOW.

GOOD NIGHT, OLIVIA.

LADIES AND GENTLEMEN, THAT GIRL RUNNING UP THE AISLE, STOP HER!

THAT'S THE GIRL WHOSE VOICE YOU HEARD AND LOVED TONIGHT!

SHE'S THE *REAL STAR* OF THE PICTURE!

RISE AND SHINE! HAPPY 18TH, OLIVIA!

CHRISTIAN KRESPO, C.E.O. OF PROVIS, WANTS ME TO THANK YOU FOR ALL YOUR LABOR AT WORKHOUSE 447.

OUR ALGORITHMIC MATCHING PROGRAM HAS AN EXCITING NEW CAREER OPPORTUNITY FOR YOU!

ENTRY-LEVEL LABORER, PROVIS INC.

KIDDING ME? THE *SAME* CRAP?

WE'VE DONE *GOOD* WORK TODAY, MY DARLINGS. FOR DINNER, WE WILL BE USING THE *BIG* SPOONS. BECAUSE--

AH, *THERE* YOU ARE, MY SWEET! TODAY IS A VERY SPECIAL DAY.

PIP?

ONE OF OUR FAMILY MEMBERS IS AGING OUT.
EVERYONE GATHER 'ROUND AND SAY GOODBYE TO, UM...
OLIVIA.
KRESPO
OUR BELOVED OLIVIA!
DEAR SISTER, DO HURRY AND SAY GOODBYE TO YOUR FAMILY.
BANG
RICHARD, ARE YOU CRAZY? WHAT DID YOU--?!
AN ACCIDENT, IT WAS AN --
WAIT--!
MY APATOSAURUS!
NO TIME!
JEEZ, YOU'LL NEVER MAKE IT THIRTEEN YEARS HERE-- COME ON!

RUN, PIP!
CLOMP CLOMP CLOMP
THERE SHE IS! C'MON, RICHARD!
CLOMP CLOMP CLOMP CLOMP
THERE HAS TO BE A WAY OUT!
PIP, THIS IS--I--UM. THIS IS RAT ALLEY.
WHAT? NO!
CLIMB! IT'S THE ONLY CHANCE YOU HAVE!
PIP, QUICK!

I can still see it, when I close my eyes.
My first look at our world, the horrible grandeur of it.
DANGER!
OLIVIA, YOU ***SHOULDN'T*** BE HERE.

RICHARD, IT'S BEAUTIFUL.

--*THIS?* WHAT DO YOU MEAN?

ALL OF IT.

LISTEN, I'M DISABLING THE SECURITY FENCE.

--GOOD JOB, RICHARD.

GO, GET OUT OF HERE, *GO!*

I'LL *CATCH* YOU, PIP! JUST A BIT HIGHER!

I *CAN'T.*

JUMP, OLIVIA, NOW! *GO! GO!*

NO.

KLIK

I don't remember this next part very well. But I know what I wanted.
Mine was every refugee's dream, every orphan's hope. A community, a family.
In more ways than one, this strange girl saved my life.
YOU DEAD, GIRL?
SO DIZZY-- HELP...
GOT AN IDEA.
HOTEL

COME VISIT LONDON, SEE HOW THE *OTHER* HALF LIVES.
OOH, *TASTY*.
OH, *RIGHT*, THE GIRL.
KLIK
CONGRATS, *NORMS!*

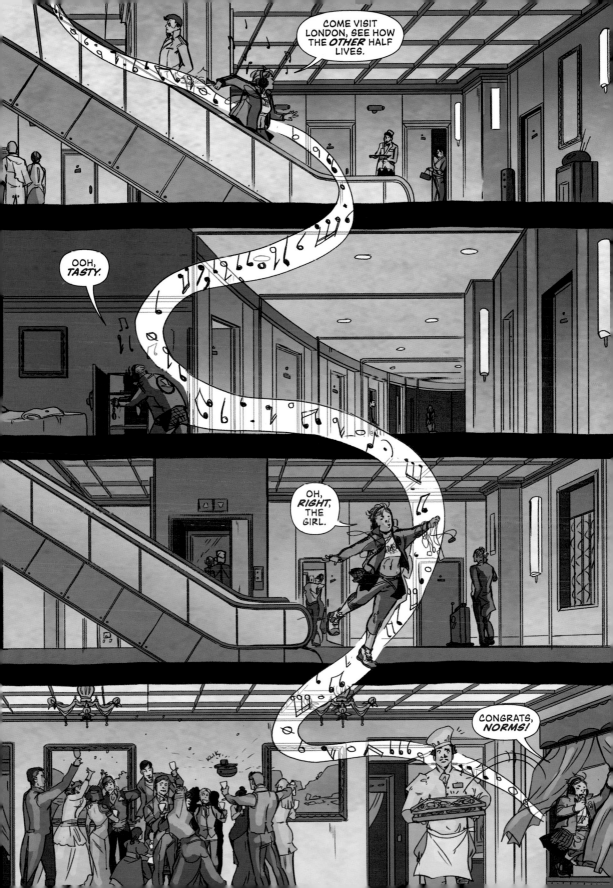

THANK YOU, UM...

OH-HO! DUCHESS OF YORK, ARE YOU? *"THANK YOU?..."* DON'T EVER THANK ANYONE. MOST *IMPORTANT* STREET RULE.

I GOT A SAFE PLACE FOR YOU.

NAME?

OL-

THE FUCK *HAPPENED* TO YOU, *OL?*

I--

YOU COMING?

THIS *JUMPSUIT* YOUR IDEA OF STYLE?

THERE WAS A *KID* IN THE WORKHOUSE, WE TRIED TO ESCAPE, I DON'T KNOW IF HE'S ALIVE OR-- UH, *WHO* ARE YOU?

WHOA, *ORPHAN* WORKHOUSE. I DON'T MESS WITH *UNDERAGED* CHICKS, NO OFFENSE. SO, WHEN DO YOU AGE OUT?

TODAY, YEAH. WAIT, *WHAT?* UM, TODAY. I TRIED TO *BREAK OUT* THE KID, SO.

THEN TAKE MY *DAMN* HAND ALREADY.

MOST IMPORTANT RULE OF THE STREET, *ALWAYS* TAKE THE HAND THAT'S OFFERED.

NOW, FOR THE NEXT THING--TRY NOT TO LOOK SO DAMN *MIGRANT-Y*.

AMAZING YOU ENDED UP IN A WORKHOUSE AND *NOT* ONE OF THE CAMPS.

WHAT'S THAT TOWER?

VERTICAL CITY, FULL OF RICH AMERICANS.

YOU EVEN KNOW WHO *THAT* ASSHOLE IS?

THE *BOSS,* CHRISTIAN KRESPO.

VEHICLE INSPECTION POINT

HE RUNS THE COMPANY THAT RUNS THIS *SHITHOLE*. BY WHICH I MEAN, THE WORLD.

COPPERS UP AHEAD. QUICK, LET ME SEE YOUR *I.D.*

OH, FUCK ME *UPSIDE* DOWN.

THE LONG WAY IS THE *SHORT* WAY IF THE SHORT WAY NO *LONGER* WORKS.

MOST IMPORTANT STREET RULE?

THAT ONE I MADE UP *JUST* NOW.

SAFE. CHEAP?
RETINAL CLONING
CYBER
USA
AND HERE'S WHERE ALL THE *POOR* AMERICANS SHOP.
WHAT DO THEY SELL HERE?
AMERICATOWN OFFERS ALTERNATIVES.
PROVIS TECH--AUGMENTATION TO LIMBS, RETINA DRIVES--ALL THAT STUFF IS *EXPENSIVE*.

OKAY, STOP, STOP. WHO ARE YOU? WHY ARE YOU HELPING ME? I NEED TO GET BACK TO PIP.
WE ACCEPT $
I'M THE ARTFUL DODGER.
OH, THAT'S... THAT'S COOL?
I KNOW.
IS IT LIKE YOUR REAL NAME, OR?
CAN'T TELL YOU THAT YET, MISS UH..
OLIVIA TWIST.
PLEASURE, SISTER.
WHILE-U-WA
AUGMENTATION
YAAH!
SNAP
OH, POOR RICHARD.
AHHH!
I KNOW, RIGHT?!
AND I'M HELPING YOU BECAUSE I'M HELPING YOU.
KEEP FRIENDS IN SURPRISING PLACES.
DODGER, I NEED TO GET BACK.
COOL, BUT THOSE COPPERS ARE FOLLOWING YOU, NOT ME.
THERE THEY ARE!
SO YOU WANNA GET WET OR WHAT? LET'S DO IT!

It was hard to believe--it still is. A whole country wiped out in an instant, all because people were afraid of something that never even happened.

BUT THEN, *AMERICA* JUST--?

THE *YANKS*, AS WE SAY, WERE "YANKED." PROVIS GOT RID OF IT TO *SAVE* THE WORLD OR WHATEVER.

EMP PULSE. SO THAT THERE'D BE NO *SINGULARITY.*

GOT *RID* OF AMERICA?

PUT THESE ON, THEY'RE YOUR SIZE. LOOK, WHEN ORPHANS GET OUT OF THOSE *3D ASSEMBLY LINES*, THERE'S A REASON THEY DON'T KNOW ALL THIS STUFF.

THINGS ARE *BAD* OUT HERE.

The singularity was a rumor that had been turned into fact by Provis Industries, by Christian Krespo.

DISPLACED INDIVIDUALS WHO LOOK, YOU KNOW, LIKE *YOU?* THEY'RE STILL IN CAMPS.

PEOPLE SPEND THEIR *WHOLE* LIVES THERE.

DAMN, GIRL.

BUT WHA IF YOU CO DO SOMET ABOUT *ALL* IT? THE ORPHANS, CAMPS

WHAT WE COU *TOGETH* WOUL YOU'

ARE YOU ASKING FOR *REAL*, OR--

IS *THAT* WHERE WE'RE GOING?

GOD, NO. MY BOSS IS SORT OF THE *OPPOSITE* OF THE GUY WHO LIVES THERE--

UH-OH. *TRADS!* HIDE!

WHERE?

NOT A BIG DEAL. C'MON. THERE'S A BIG WIDE *LEDGE* THING.

Trads: Illegally augmented men who tried to rule the streets. Brutalist thugs.

There was only one group willing to fight them.

OH GOSH, THIS IS NOT WIDE!
I DON'T LIKE HEIGHTS, I THINK.
SHUT UP, STAY LOW.
And there they were.
The Esthers: Cola Nickelby; Therese Defarge, Little Nell...even Charley Bates and his whip.
How young they all were, then, and how old they seemed to me.

YOU'VE GOT TO LEARN TO BE BRAVE, IF YOU'RE GOING TO BE AN ESTHER, IF YOU'RE GONNA HELP US SAVE THE WORLD.
ESTHER? WHAT HAVE YOU GOT ME INTO?
I FEEL DIZZY AGAIN.
ARE WE ALMOST THERE YET?
DODGER, I DON'T MEAN TO BE UNAPPRECIATIVE BUT--
OH MY!
THE BOY. YOU WANT TO GO BACK FOR THE BOY.
PLUMMY AND SLAM!
YOU HAVE NOWHERE ELSE TO GO AND NO IDEA WHAT YOU'RE DOING.
SO KINDLY CUT THE SHIT.

It was the best place I'd ever seen. Still is.
THIS IS *AMAZING.*
EH. IT'S HOME.

HAPPY BIRTHDAY.
This was the fate everyone had predicted for me: poverty, danger, crime, heartache.
But all I wanted was a home.
WELL NOW, MY GIRL.
YOU MAY CALL ME FAGIN.
And yet what was to come--days of genius and lightning--was unimaginable.
Don't trust anything you have heard or read--this is my story. And it's about to begin.

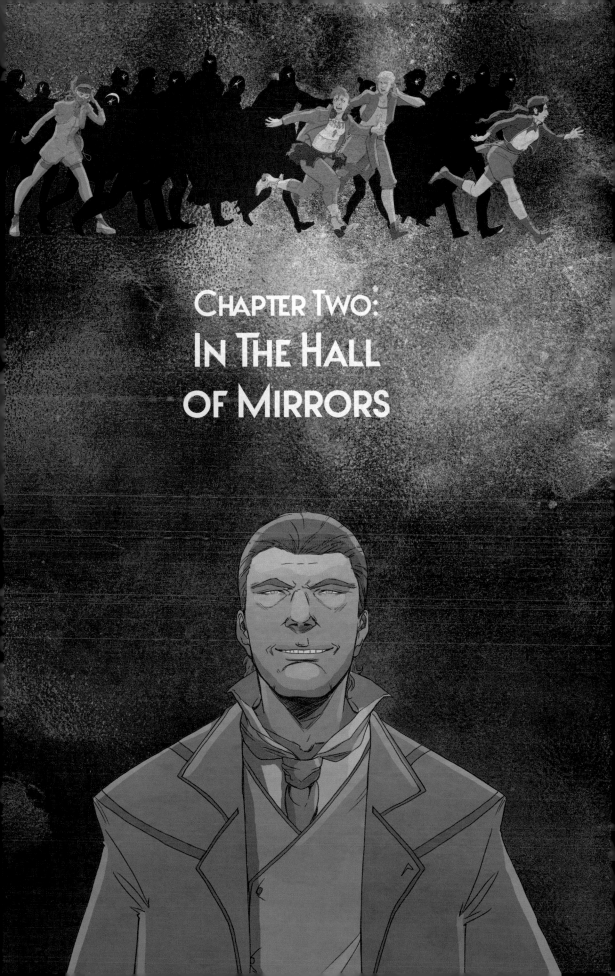

Chapter Two:
In The Hall
of Mirrors

This was the start of everything.
London seething with violence and unrest.
TWO MORE GIRLS FOUND DEAD
KILLER STILL UNKNOWN!
PROVIS
The Dodger, gleaming like a blade, out doing my dirty work.

Dodger was doing what I couldn't--

--rescuing the boy I'd tried to take under my wing.

DID YOU **KNOW** WHO SHE IS? DID SHE?

WHAT ARE YOU-- NO!

SHE'S JUST A NORMAL GIRL, MIKE, **C'MON** MIKE, WE'RE FRIEN-**AAAGH!**

Dodger was seeing my world, seeing that I was tougher than she'd thought.
I'd had to be.
HERE A PIP, THERE A PIP...
Z Z Z
POKE
OR IS PIP DEAD? YOU PIP?
NOT ME.
THAT YOU, PIP?
CHRIST, IT'S COLD IN HERE.
?
YEP, THAT'S ME--UH, PIT.
SHIT. ALWAYS THE DOUCHEBAGS WHO GET THE GOOD WOMEN.
ALL RIGHT, I'M OUT OF HERE.
I'LL TELL OLIVIA THAT YOU'RE CLEARLY NOT DEAD.
CHOMP
AIN'T YOU GONNA TAKE ME WITH YOU-- OUCH!
P-P-PIP! THAT'S ME!
YEAH, THAT MAKES MUCH MORE SENSE.

WHAT ARE YOU TALKING ABOUT, CREED? *I'M* PIP!

SLAP

I THINK THE THING TO DO WITH YOUNG MEN WHO LIE IS TO BITE THEM IN THE *HEART* OF THEIR BALLS.

LIKE, RIGHT IN THE GROSS VEIN PART. JUST *GNAW.*

I--

LUCKY FOR YOU, YOU DON'T HAVE ANY. NUTS, I MEAN. YOU ARE A CREATURE *WITHOUT* SEXUAL DENOMINATION.

LIKE A FERN.

SORRY, DARLING SHORTY. YOU *WERE* SAYING?

WILL-WILL-WILL YOU TELL *OLIVIA* THAT I'M OKAY?

I'M NOT GOING TO TELL HER *THAT.*

YOU ARE, LITTLE MAN.

HEY! GUARDS! SHE'S OVER THERE.
NEAT, HUH?
AHHHH!
AIN'TCHA HAPPY TO BE GETTING OUT OF HERE?
I AM, B-B-BUT...
A-A-A-APATOSAURUS
FUCK ME.

All night, I had troubled dreams, echoing with questions...

WELL, DODGER, *ANOTHER* ONE? AND A BOY, TO BOOT!

YOU WANT OLIVIA TO *STAY*, DON'T YOU? OR AM I MISREADING WHAT YOU--

GO IN AND SEE HER, BOY.

...should I stay? And did these women have my interests at heart?

YOU FOUND SOMETHING *ELSE*, DIDN'T YOU? I CAN ALWAYS TELL, DODGER.

THIS IS A *SECRET* BETWEEN US.

Property of OLIVIA

BUT, SHOULDN'T OLIVIA--

NO.

That was the first time in my life that everything felt all right.

OLIVIA!

PIP!?

I SAW THAT SHITHOLE WHERE YOU'RE FROM. I CAN SEE *WHY* YOU COULDN'T WAIT FOR THE KID, OR ANYONE.

"IT DIDN'T LAST."

SO, IN OTHER WORDS, YOU'RE SAYING I-- *ABANDONED* HIM.

YO, CAN'T ALL BE *HEROES*, RIGHT?

HAPPY BIRTHDAY, O. YOU START WORKING OFF YOUR *DEBT* IN THE MORNING.

DEBT? HOW?

COOL OUTFIT.

I'M STILL WORKING ON--HUFF--MY LOOK, OKAY? WHO'RE YOU?

I felt awful, fiery nervousness. Not over the task I had to perform.

I had a visitor.

BEST DAMN THIEF IN LONDON. *CHARLEY BATES* IS THE NAME.

THIS IS YOUR *BURGLARY TRAINING?* COME WITH ME.

And I had never seen eyes like his.

EVERYONE HERE'S BIG ON LONG HAND-SHAKES.

AND I'M *NOT* GOING TO BE A THIEF.

WHY ARE YOU ALLOWED IN HERE?

WHERE ARE YOU FROM, OLIVIA?
I NEVER GOT TO SEE LONDON, UNTIL NOW. BUT I GUESS IT'S WHERE I'M FROM. HERE.
ME, I'M FROM MINNESOTA. OR WHAT WAS MINNESOTA. GRASS, HILLS....
WHAT'S MINNESOTA?
...CLOUDS WHITER THAN MILK.
I'D LOVE TO GO SOMEPLACE LIKE THAT AGAIN ONE DAY. NORTHERN ENGLAND, I HEAR'S NICE. BUT FOR NOW? I--
ENOUGH, CHARLEY!
ANGEL
IF YOU'RE NOT CAREFUL, OLIVIA WILL THINK YOU'RE A REAL MEMBER OF THE ESTHERS.

MADEMOISELLE THÉRÈSE DEFARGE. STRATEGIST.
...BONJOUR.
"HER FAMILY WAS LOST IN THE '46 MARSEILLE PURGE, AND SHE'S RAISING MONEY FOR THE FLM*."
*FRENCH LIBERATION MOVEMENT
LITTLE NELL TRENT. DOCTORATE IN PICK-POCKETING.
OLIVIA, AY? YOU'LL DO. I LIKE YOUR LITTLE HAT.
"HER GRANDFATHER'S CURIOSITY SHOP WAS BURNED TO ASHES BY PROVIS."
MEET THE

THE ARTFUL DODGER. MASTER THIEF.
BEST THIEF IN THE WORLD.
"THE DODGER, WELL, YOU KNOW WHAT THE DODGER IS CAPABLE OF."
NICOLA NICKLEBY. IMPACT.
GIRL, HEY.
"POOR COLA WAS ABUSED BY THEIR FAMILY, BY THEIR SCHOOL, BY EVERYONE-- THOSE ALMAGHFAL MEN. BUT THEY'VE FOUND A HOME HERE IN THE ESTHERS."
AND CHARLEY.
HE'S OUR MASCOT, LIKE.

FAGIN, I'M NOT GOING TO BECOME A THIEF.

PEOPLE ARE *SELFISH*. PEOPLE ACT TO AVOID PUNISHMENT. GOOD AND EVIL IS IN THOSE TWO FACTS. THE *LAW* IS THAT WHICH PUNISHES.

WE HELPED YOU GET *HIM* BACK. NOW YOU HELP US. IN A FEW WEEKS WE'LL NEED SOMEONE WITH YOUR--LOOK.

I WON'T BREAK THE LAW.

I AM YOUR LAW, OLIVIA, THE EYES, THE SWORD.

SO, THAT'S YOURS? WE GOT A *NO-BOYS* THING, HERE. OR ARE TRYING TO, ANYWAY.

NO, NO. HE'S A *KID* I MET.

VERTICAL CITY.

I'VE LONG WONDERED WHY THIS 18-YEAR-OLD HAS BEEN SO HARD TO FIND.

YOU'RE *SURE* YOU CAN FIND HER THIS TIME? THIS ISN'T ANOTHER OF YOUR DAMN *SEIZURE-DREAMS?*

IT WAS HER.

MONKS, THIS IS IMPORTANT.

AND I DON'T KNOW WHY YOU HAVE TO KEEP ON KILLING **LEVANTINE** GIRLS THAT AREN'T HER.

I GET FRUSTRATED. THEY'RE NOT HER.

YES, WELL. I DON'T KNOW **WHAT** TO DO WITH THAT. ANYWAY, WE **NEED** HER ALIVE...

"...ALIVE TO OPEN **LEEFORD'S LOCKET,** IF WE CAN EVEN FIND IT."

I MEAN, I LOOK **OUT** FOR HIM. I'VE GOT HIS BACK.

WHY, THOUGH?

ARE YOU G-GOING TO STEAL, OLIVIA?

WE STOLE HIM, AT YOUR REQUEST. ARE YOU ASKING THAT WE **RETURN** HIM?

YOU WILL FOLLOW ME.

EITHER YOU HAVE WHAT IT TAKES...

...OR YOUR BOY IS GOING **BACK** TO THE WORKHOUSE.

FIRST TEST.
MY POCKETS ARE FULL. YOURS AREN'T. RECTIFY THE SITUATION.
WATCH.
OH, LOOK I'M AN AMERICAN, I LIVE A MILE UP IN THE VERTICAL CITY.
I DESTROYED AMERICA THEN CAME WITH ALL MY WEALTHY FRIENDS AND TOOK YOUR COUNTRY WITHOUT A FIGHT.
Here's something I didn't admit, when the historians asked me about this time.
LOOK, YOU GOTTA BE FAST OUT HERE. TRADS ARE DANGEROUS. THEY CHEAT--AUGMENT THEMSELVES WITH TECH.
POURQUOI PAS?
I WANT TO TRY.

TECHNIQUE, OLIVIA!
WE OBVIOUSLY CAN'T GET THEIR EYE-DRIVES, SO WE WANT POCKET DEVICES.
USE DISTRACTIONS OF A SEXUAL NATURE IF YOU MUST.
DO NOT HESITATE. REMEMBER, THEY DESERVE IT!
AGAIN.
The truth is--it was the most fun I've ever had.
SHE'S READY.
AFTER SUNDOWN.

SO, *PROVIS PEOPLE*-- TELL ME, AM I RIGHT?
THE WORLD IS FASTER, SMARTER, SLEEKER, *COOLER*. LONDON IS AT THE CENTER.
AND WE ARE TOO. THINK OF THE PROVIS *EYE-DRIVE SIX*.

"LOOK: ENGLAND *WELCOMED* US, AND FOR THAT WE WILL ALWAYS BE, UH—WELL, THINK OF ALL WE ACCOMPLISHED."

IT'S INCREDIBLE.

IT'S EASY PICKINGS.

CHARLES LEEFORD, MY BRILLIANT, *DEPARTED* BUSINESS PARTNER, INVENTED A RETINAL COMPUTER.

SINCE HIS DEATH, WE GAVE IT *FLESH* AND COLOR.

"WE GAVE IT THE *LOOK* OF YOUR BELOVED. A COPY OF YOUR PARTNER'S *EYE* AS YOUR WEDDING RING!"

PROVIS GAVE BACK TO THE COMMUNITY. LIKE THE VERTICAL CITY, THE MILE-HIGH TOWER WHERE WE SIT...

...ERE WE SIT. THERE WAS MILE-HIGH TOWER CONTROVERSY. THE EMP STRIKE THAT, SHALL WE SAY, MODIFIED AMERICA.

CLACK CLACK

TAKE THE FAR END, THÉRÈSE.

BIEN SÛR.

BUT TO PREVENT THE *SINGULARITY*, THE DECISION PROVIS MADE WITH REGARD TO AMERICA WAS NECESSARY.

AND DARE I SAY...GOOD. BETTER TO *AMPUTATE* THAN DIE OF GANGRENE.

SOCIETY HAD WALKED RIGHT UP TO THE EDGE OF A CHANGE THAT WOULD HAVE *ENDED* HUMAN LIFE ON EARTH.

THE END OF EVERYTHING. TECHNOLOGY WITH *GREATER* THAN HUMAN INTELLIGENCE.

THE SINGULARITY WAS STOPPED. *BY US.* AND NOW WE ARE PROSPERING. BECAUSE OF...

MONKS: I KNOW WHERE SHE IS

AAH. PERFECT.

The Vertical City. Scale, sound. Like nothing that had ever been. A Babel of our very own.

And as in Babel, people spoke a single language: Money.

THIS IS ALL TOO MUCH.

HI! I'M CHARLES!

HUH?!

HAVE YOU CONSIDERED A *PROVIS EYE-DRIVE?* NEW COLORS!

NO *TERRORISTS* SNEAKING UP ON YOU AT NIGHT IF YOU WEAR THE NEWEST MODEL!

OLIVIA, I'LL HELP YOU JOIN A NO-AD LIST, IF YOU'D LIKE. "HELP ALL SISTERS IN NEED"-- THAT'S *FAGIN'S LAW #1.*

REALLY? BECAUSE, ME BEING *HERE* SEEMS THE OPPOSITE.

MAYBE SISTERHOOD HAS TO BE *EARNED.*

HE'S AN *AUTOMATED AD,* SYNCED TO YOUR CARD.

HI!

OK, CHARLEY, YOU'RE HERE FOR A REASON, AND IT'S *NOT* YOUR WIT.

O, YOU OKAY?

NOT REALLY. NOT WITH FAGIN. HAVE NO *CHOICE,* RIGHT?

OH, SORRY, MA'AM.

OH, NOT AT ALL--MY FAULT.

OH, YOU'RE *AMERICAN*, TOO? NO WAY! WHERE FROM? ME, I'M FROM MINNESOTA.

CLOUDS WHITER THAN MILK.

YOUR TURN.

USE WHAT WE *TAUGHT* YOU. WE HAVE YOUR BACK, OLIVIA.

FAGIN'S LAW #2:
"TAKE CARE OF EVERYTHING YOU CAN; WATER IN THE HAND WILL NOT DRIP."
NOW GO.
?
Babump Babump Babump Babump Babump
COME ON, BABY GIRL.
MA SOEUR, OUI.
NO... CAN'T..

THIEF?
I'M SOR--
THIEF! THIEF!
THE VERTICAL CITY DOES NOT TOLERATE CRIME.
I'LL *DISTRACT* THEM, YOU GUYS GO!
NO! JUST COME!

THÉRÈSE, C'MON!
TOUT VA BIEN-- ALLEZ!
AHHH!
OOPS. NOT YOU.

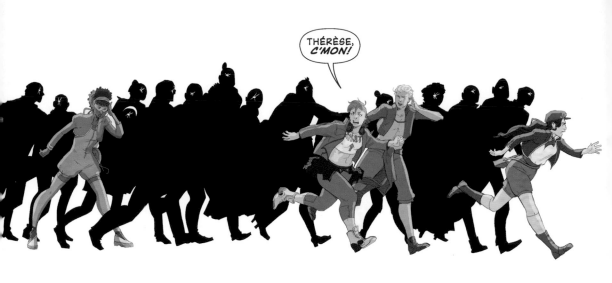

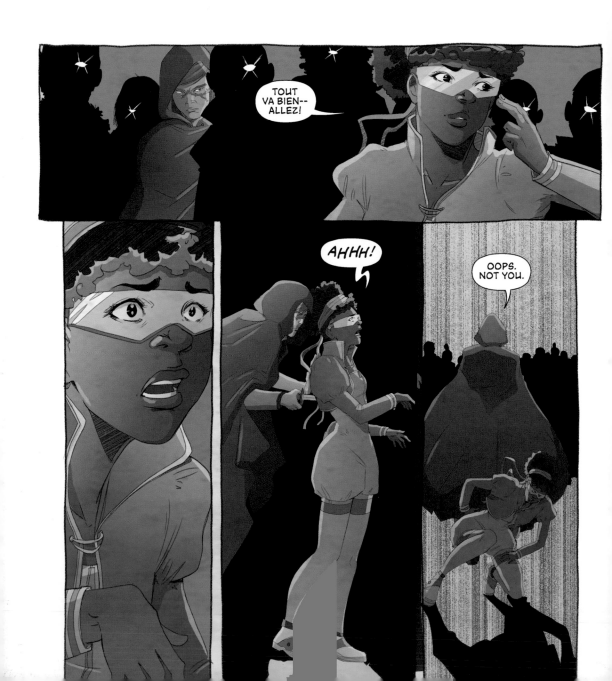

WE'RE CLEAR--I THINK...
WHAT THE HELL WAS THAT, O?
I TOLD YOU I'M NOT A THIEF! WHAT AM I DOING HERE?
WHOA, WHOA, WHOA, LADIES!
OH, OLIVIA.
TRADS!
OLIVIA, RUN!
NO...
UGGH
NOT THIS TIME!
AW, SHE USED MY PREFERRED TECHNIQUE.

KEEP ON FIGHTING, O! YOU'RE DOING--
OH NO.
When I was a girl, I often dreamt about monsters.
UM, WHO'S THAT?
Big whirling nightmares, all teeth and blood. And these nightmares all had one thing in common.
IT'S YOU. HI.

The monsters got scared away. By something worse.
A calm man, eyes as dead as stones. And he--
--did whatever he pleased.
OOF!
BYE.
KRACK

The man was real.

A SEIZURE...

LET'S GO, OLIVIA!

Did that mean that what happened next in my nightmare--

WHO *WAS* THAT?

I DON'T KNOW. SOMETHING OUT OF A DREAM.

HELLO, KRESPO.

I HAVE SOMETHING-- *SOMEONE*-- THAT MIGHT INTEREST YOU.

--Was that real, too?

Chapter Three:
The Bleak House

Come on, O, you got this.
Not if that electricity is still on, Nell.
THE GIRL BETTER GET THROUGH THAT PIPE SOON.
Tap Tap
Guards aren't back from whatever Dodger did to them.
Great--fence power's off--go, Olivia!
Still clear! Get up the wall and drop that ladder, Olivia! We're heading to the checkpoint now.
I'll be there in 35, 36 seconds. ***Hustle***, lil' Nell.

Okay, O?

Hunky Dory. Ladder's down!

Wait, there's a hunk?

PROVIS KEEPS THEM IN

I TOOK OUT A COUPLE MORE *GUARDS* IN THE EXTRA 35 SECONDS.

COURSE YOU DID, DODGER.

ESTHERS FIRST.

FAGIN.

WELL DONE, OLIVIA. AND WELCOME TO BADWA.

OH WOW, IT'S SO BIG.

THAT'S WHAT THEY KEEP TELLING ME!

UH, ANYWAY, JUST IGNORE ME WHILE I CHANGE INTO THIS *BAD-GUY* UNIFORM.

PROVIS KEEPS THEM OUT

YOU'RE DISGUSTING, CHARLEY.

NO WONDER THAT *PROVIS* GEAR LOOKS SO RIGHT ON YOU.

HEY, DODGER SAYS SHIT LIKE THAT ALL THE TIME.

REALLY, CHARLEY? LIKE, DODGER IS AN ESTHER-- UNLIKE SOME PEOPLE.
ALSO, MY LINES ARE FUNNY.
ENOUGH, EVERYONE.
TONIGHT, AFTER 18 YEARS OF INTERNMENT, THESE PEOPLE TAKE THEIR FIRST STEPS TO FREEDOM. NOW LET'S GET THIS DONE.

It was my first big criminal act. I've since learned that I thrive in the bustle of fraught moments. But beforehand, I'd been set to vomit. If it hadn't been for Pip...

...AND THAT'S WHY IT'S *CRUCIAL* TO DROP OFF SUPPLIES. *FIRST*, THE DRAINPIPE.

WITH THÉRÈSE OUT OF COMMISSION, IT WILL BE *YOU*, OLIVIA. DODGER'S A BIT... STOCKY.

YOU *DO* HAVE A GREAT FIGURE, OLIVIA.

PFFFF

Tiny EMP pulse devices, mini versions of what wiped out the U.S.

RIGHT, WE'LL USE THESE LITTLE *BABIES* TO DISABLE CAMERAS AND LIGHTS AS WE GO. NELL, THAT'S YOU.

WE MIGHT NEED A MAN FOR COVER. *YOU'RE* COMING, BATES.

YES!

THE CAMP'S SCANNERS PICK UP SOUND BROADCASTS, SO WE'LL HAVE TO *REMOTE* COMMUNICATE VIA TEXT.

LEFARGE, *INSERT* OLIVIA'S FINGERCHIPS AND RETINA VIEWERS.

WHAT *IS* THAT?

PAPER. IT'S CALLED PAPER. IMPOSSIBLE TO HACK.

NOW *LEAVE* US.

PIP, YOU STAY WITH MME. LEFARGE TONIGHT, OKAY? AFTER THIS, WE'LL TRY TO FIND A *PLACE* OF OUR OWN.

But I wasn't being totally honest--though I always strive to be honest. Especially with you, Pip.

I wanted to go with my sisters.

DON'T BE *SCARED,* O. YOU EVER HAVE YOUR EARS PIERCED, OR YOUR TONGUE, OR YOUR ANYTHING?

YEAH. NO. BUT, SO, I MEAN--

IT'S LIKE THAT, 'CEPT YOUR FINGERTIPS, AND LEFARGE IS CUTTING THEM OPEN AND PUTTING *COMPUTERS* INSIDE.

I'LL STAY WITH Y--

PRÊT?

NO, DODGER. *COME* WITH ME.

JEEEEZ.

TAIS-TOI!!

SNIK!

Badwa housed a generation of the angry and the sad. These were England's unwanted--those who couldn't be deported after the Levantine War.

It was a powderkeg. We were meant to be the match.

Charley, you lead us toward the middle of the camp.

Nell, just break everything you can.

MY *FAVORITE* SENTENCE IN THE ENGLISH LANGUAGE.

Cola, do the same.

BEEN WAITING TO *BUST* THIS PLACE UP FOR A LONG TIME.

Dodger, stay with Olivia.

How was the pipe?

Easy as pie, thanks for the tip.

Meanwhile, I'll do some... advertising.

Plans are always perfect in the safety of the planner's mind.

They often fail once life intrudes.

ASK THE QUESTION. I KNOW IT'S **BURNING** YOU UP.

WHAT-- WHAT IS GOING **ON** WITH OLIVIA?

THIS ISN'T LIKE YOU, BOSS-- **THIS** ISN'T THE ESTHER'S WAY.

REMEMBER, **I** AM THE LAW.

MEANWHILE, YOU LOPE AT HER SIDE LIKE A LOVESICK PUPPY! YOU TOOK AN **OATH**, DODGER!

THIS PHOTO YOU FOUND, I CAN'T TELL YOU HOW **IMPORTANT** IT MIGHT BE TO FIND THE NECKLACE.

AND THE NECKLACE IS THE KEY. YOU **KNOW** THAT. MY CONTACT TELLS ME IT'S INSIDE THE CAMP.

YOU MUST FIND IT, AND STEAL IT. BUT OLIVIA CANNOT KNOW. YOUR LOYALTY IS TO **ME**, NOT HER.

YES, FAGIN.

I felt like a ghost crossing a grave.

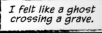

It was more grounded than déjà vu. It was something dark, electric. Real.
OLIVIA, ARE YOU--
UH, NEVER MIND.
YOU OKAY?
I THINK I-I'VE BEEN HERE.

LISTEN, OLIVIA, AFTER *ALL* THIS, WHAT SAY WE GO TO DINNER. I MEAN, ME AND YOU.

A RESTAURANT I KNOW STILL SERVES FALAFEL. EVEN WITH THE BAN.

MAYBE I'D LIKE THAT.

But even there, the charm, the optimism, of Charley Bates was real.

NO...

WHAT THE HELL? *TRADS*, HERE?!

OKAY, STAY CALM. STEALTH MODE.

PROTECT FAGIN AT ALL COSTS.

WELL, WELL, THE *INFAMOUS* FAGIN, OUT IN THE OPEN AT LAST!

AND YOU BROUGHT OUR LONG-LOST *BROTHER TRAD* WITH YOU!

ONE OF THEM, CHARLES, IS YOUR DAUGHTER.

I'M SO CLOSE TO **FINDING** HER, AND, IF I MAY BE SO BOLD, SAVING THE WORLD.

THIS **PROJECTIVE** PROGRAM, IT HELPS, BUT IT'S NOT THE SAME. I **MISS** YOU TONIGHT, OLD FRIEND.

YOU DO?-- WHY?

BECAUSE THE DEAD DON'T SEE THE **TRIUMPHS** OF THOSE WHO LIVE.

I'VE **LEARNED** FROM WHAT HAPPENED TO YOU, CHARLES. I'VE TAKEN ALL CONTINGENCIES, SAVE ONE.

I **LET** THE TRADS INTO BADWA, OUTFITTED WITH NEW TECH. JUST TO MAKE SURE THE **TIMING** IS RIGHT.

A LOT OF MONEY AND EFFORT FOR **ONE** YOUNG ORPHAN GIRL.

BUT OLIVIA WILL MAKE IT. IF SHE HAS A DROP OF HER **MOTHER'S BLOOD** IN HER.

AH. SPEAKING OF WHICH, I HAVE ANOTHER **CONTINGENCY** IN PLACE.

NOT HIM!

MONKS? NO. HE WON'T BE THERE. I **GUARANTEE** IT.

SHE'S HERE

Little help?

The key to fighting is to keep the body working, and to still the mind.

No way to train for it.

I KNOW SHE'S HERE

UGH

GO GIRL!

WHUMP

Oh my god, did it feel good.

HOW DID THE *TRADS* GET IN HERE?

KRESPO. TRAITOR.

KEEP *DOING* THAT, YOU'LL WIN YOURSELF DANCE PARTNERS FOR LIFE.

WHERE'D YOU LEARN THAT MOVE, *OLIVIA*?

MUST HAVE BEEN TRAINING YOU ON THE INSIDE!

*HER?* NEVER HAD ANY FRIENDS BEFORE US. M'I RIGHT?

FAGIN'S LAW #120, OR WHATEVER: FIND *COOL GIRLS* TO PLAY TAG WITH.

AN *ESTHER*, FOLKS.

CHARLEY...

NOW IT'S *MY* TURN TO ASK YOU IF YOU'RE OKAY.

I *USED* TO BE ONE OF THEM.

DID BAD THINGS. FAGIN'S LETTING ME MAKE UP FOR IT, NOW.

ESTHERS, GO TO THE RENDEZVOUS POINT, HAND OUT THE SUPPLIES.

BUT *NOT* YOU, OLIVIA AND DODGER. WE HAVE A SPECIAL *STOP* TO MAKE.

HERE SHE IS.

MY GOD.

YOU COULD BE ZAINAB.

I'd never heard that name--Zainab--

--and yet it immediately meant so much.

NO, YOU'RE NOT HER, BUT--

WHO ARE YOU?!

ZAINAB WAS YOUR MOTHER, OLIVIA. AND THIS IS--

MY *MOTHER?*

OLIVIA?

MEET SELDA, YOUR MOTHER'S SISTER.

FUCK ME, FUCK ME, FUCK MEEEE INSIDE OUT.

I'd always wanted a family.

OLIVIA. I NEVER THOUGHT...

TELL ME...TELL ME ABOUT HER, PLEASE.

YOUR MOTHER WAS A SCIENTIST. BRILLIANT, KIND.

SHE COULD'VE *PROTECTED* ME, HAD SHE LIVED. BUT THAT MAN --

WHAT? OH NO, BABY GIRL. NO NO NO...

YOU *LOOK* LIKE HER, BUT ALSO THE MAN WHO USED HER BODY, HER BRAIN--

--LED HER *AWAY* FROM ME, TO SLAUGHTER...

MY MOTHER WAS *MURDERED?* ARE YOU SAYING SHE WAS *BETRAYED* BY MY FATHER?

H-BOMB FUCK. SHE'S CHARLES LEEFORD'S DAUGHTER.

NO. *NOT* YOUR FATHER. I DON'T KNOW WHAT, I, I'M SORRY--I MISSPOKE--I LOSE THE THREAD SOMETIMES.

I'VE BEEN *SO ISOLATED*, OLIVIA. ALONE AS A STONE.

THE ARTFUL DODGER IS GETTING REAL SICK OF STACKED SECRETS.

SELDA, WE HAVE TO FINISH OUR JOB HERE-- I PROMISED.

BUT I WILL COME *BACK* AND HAVE A PROPER VISIT AS SOON AS I CAN.

NOPE.

DAMN.

DODGER, FAGIN... THANK YOU.

UH-- DON'T THANK US.

TIME TO GO, DEAR HEART. I HAVE SOMETHING VERY *SPECIAL* TO SHOW YOU.

CHARLES LEEFORD...THE VERTICAL CITY DUDE. YIKES.

WHY DID YOU *DO* IT, CHARLES?
"AND THAT FILE, CHARLES, IS THE LAST STEP IN *COMPLETING* THIS WORLD I BUILT--THE ONE WE COULD'VE SHARED.
"IF ONLY YOU'D AGREED THAT THE *HINDERING* OF AMERICA WAS NEEDED. NOT TO SAVE THE WORLD FROM THE SINGULARITY, THAT OLD FAIRY TALE.
WHY DID YOU MAKE IT SO HARD TO OPEN?
YOUR BLOOD *AND* HERS, OR THE FILE IN THE LOCKET IS DESTROYED.
CYBER
USA
PASTE HOME
"IF WE COULD GET THE MASSES TO *BELIEVE* IN THE SINGULARITY, THEN ANTI-TECH LAWS WOULD KEEP PROVIS ON THE VIRTUAL THRONE.
BRITONS 4 BRITAIN
THE SINGULARITY IS NIGH!!
PROVIS PROTECTS
MIGRANT LABOR NOT ROBOT LABOR
"ALL THE WORKHOUSES, ALL THE ASSEMBLY LINES.
"WITH YOUR CODE, ALL OF IT WILL SYNC, AND WE WILL HAVE TRUE A.I."

I HAD TO STOP YOU, I KNEW YOU'D GONE TOO FAR.
YOU ARE THE MOST-- BZZT--MOST AMORAL PERSON I KNOW.
PERHAPS I AM. I LIKE THAT. BEING THE MOST OF ANYTHING IS A CHALLENGE.
CHARLES, YOUR MISTAKE WAS YOUR SENTIMENT. THAT GIRL YOU LOVED? BLOOD TRAVELS LONGEST.
THIS OFFERS ME ANOTHER WAY. IF I'D KNOWN ABOUT HER, I NEVER WOULD'VE SENT MONKS TO KILL YOU.
CLICK
SO, YOU HAVE COME. MY NIGHTMARE MAN.
I KNEW YOU WERE REAL.
I TRY NOT TO BE. BUT I KEEP MESSING UP.
BY THE END OF THE NIGHT, THE WORLD WILL MOVE INTO A NEW ERA.
FINALLY, FINALLY. THE AGE OF LIGHT. TRADEMARK PROVIS INC.

It had been a long day, and the real work hadn't even started.
WHERE ARE THEY, WHERE ARE THEY...?
I HOPE THEY HAVEN'T...
OLIVIA!
CHARLEY...
PLUMMY AND SLAM.
I WAS SO WORRIED.
IT'S NICE TO SEE YOU TOO.
DODGER, LEAVE US. YOU HAVE A JOB TO DO.
AND OLIVIA, THE TIME HAS COME FOR YOU TO MEET YOUR SISTERS.
The sight of all those women, standing side-by-side and proud. Say what you will about Fagin--and I have--but who better understood the power of women, united?

THE BIBLICAL ESTHER WAS A HIDDEN, *POWERFUL* QUEEN. HER TRUE IDENTITY WAS A SECRET.

SHE WAS A WOMAN WHO WORKED WITH OTHER WOMEN.

I DON'T EVEN *LIKE* NECKLACES.

MIGHT AS WELL HAVE ASKED ME TO STEAL CONDOMS. OR A PROSTATE GLAND.

AND ESTHER USED HER CHARMS AND HER BRAIN TO *FREE* HER PEOPLE. FOR YOU TOO, FREEDOM WILL SOON COME.

TONIGHT IS THE FIRST CRUCIAL STEP. HAVE YOU *FOLLOWED* MY LAW?

BRININGG

GET THEM!

THE GUARDS-- *RUN!*

FIGHT! FIGHT! FIGHT, MY ESTHERS!
IT'S OVER, LOSERS!
WE OUTNUMBER THEM!
AND WE AIN'T GOING DOWN LIKE THIS.
PROVIS AND THE ESTHERS-- JUST LIKE KRESPO SAID!
THE TRADS! OLIVIA, WITH ME!

All okay in there?

Not really!

THERE'S FAGIN! *GET FAGIN!*

STOP! YOU'RE NOT SUPPOSED TO ATTACK US-- WE'RE PROVIS!

EVERYONE *GET OUT* WHILE YOU CAN!

NO! HELP, FA--!

WHEN YOU'RE A *TRAD*, IT'S FOR *LIFE*, BATES.

NOW COMES THE DELUGE.

URGH

Meet me where we came in.

DON'T LOOK BACK, OLIVIA!

OLIVIA, *STOP!* YOU'LL BE KILLED!

I'M SORRY, FAGIN!

OLIVIA!

DAMN.

WE GOT HER!

IT'S *ACTUALLY* FAGIN!

I said I'd always be honest--but I never said I'd tell things in order.

Before we went to Badwa, Dodger took me on a walk. It was the first time the bluster had gone out of her--the first time I *really* saw her.

LOOK, DON'T TELL FAGIN, BUT...YOU DON'T *HAVE* TO. THE CAMP, THE HEISTS, NONE OF IT. YOU CAN SIT OUT.

BUT THIS IS THE ONLY WAY TO GET PIP AND ME *OUT* OF HERE.

WHAT ABOUT THAT *SISTER* STUFF? FAGIN'S RULES.

I GET IT. WHAT I MEAN IS: YOU STAY BACK. I'LL DO, LIKE, YOUR PART *AND* MINE.

MS. WORKHOUSE, WHEN THE CHIPS ARE DOWN, I CAN TELL THAT YOU HAVE MY BACK. *ALWAYS.* I GOT A FEELING.

TEXT ME WITH YOUR LEFT HAND IN THE CAMP. LEFARGE *MADE IT* SO FAGIN WON'T SEE.

And she had been there with me. There the whole way.

I'm scared, Dodger.

We got this, girl.

I won't let anything happen.

Are you sure you don't mind?

No...

HEY, JUST LISTEN TO THIS...

BUT, I--

♪ YOU USED TO BE ONE OF THE ROTTEN ONES, BUT I DIDN'T CARE ♪

NOW YOU'VE GONE GOOD, DO WHAT YOU SHOULD, STRAIGHTENED YOUR HAIR

SERIOUSLY. I CAN DO IT. JUST ME.

NO. WE CAN DO IT TOGETHER.

BUT AT NIGHT, DO YOU...

...DREAM ABOUT ME?

PRETTY *JEWELRY.* I REMEMBER IT.

NO!
YOU KILLED HER-- YOU MONSTER! WHY?!
WAS IT ALL FOR THAT!? WHAT EVEN IS IT?!
I KILLED HER 'CAUSE I WANTED TO. THIS LITTLE THING WAS A BONUS.
REALLY WAS JUST HOPING TO CATCH UP WITH YOU A BIT.

RUN! RUN, O!
WAIT--IS THAT--?
PIP?
H-HOW DID YOU GET HERE?
OLIVIA, GET OUT OF HERE--NOW!
TOO LATE!
THE KNIFE--OLIVIA!

BABY GIRL?
GONE.
HI. YOU MUST BE HER FRIEND.
UH, HOWDY, FREAK.
TWO CHILDREN, SO DIFFERENT. HARD TO BELIEVE THEY'RE BOTH YOURS, CHARLES.
DNA MATCH
YOUR SON IS STILL TRYING TO FINISH THE JOB FROM 18 YEARS AGO, WHEN HE FAILED TO KILL HIS SISTER.
PIP?
I HAD TO DO IT.

CHAPTER FOUR:

SO IT IS TO BE

"ALL THE TRIBES OF THE EARTH WILL WAIL. SO IT IS TO BE. AMEN."
(BOOK OF REVELATIONS, 1:7)

OLIVIA

It was the last day of the world as I knew it.

Olivia, please come *back* to base! Cola and I need to recover and then we can try to rescue Fagin.

Sorry Nell, no can do.

BREAKING NEWS:

NOTORIOUS ESTHER LEADER CAPTURED BY PROVIS. HELD AT TOP OF VERTICAL CITY

It felt like a certain trap, but I needed answers. Fagin had them. And despite everything--I owed her.

PIP, BEFORE WE GO IN: DO YOU KNOW *WHAT* YOU ARE? CAN YOU TELL ME?

I'M STILL YOUR PIP. AREN'T I?

Her speech in the camp was still working within me. I was done being helpless. I was going to take what I wanted from life.

OF COURSE! I *KNEW* YOU WERE FROM THE MOMENT I SAW YOU. THAT'S WHY I SAVED YOU.

AND NOW YOU'VE SAVED *ME*, TOO.

THIS IS GOING TO BE DANGEROUS. STAY CLOSE.

And I had an ace in the hole.

SEEMS THAT ANY DEAL WE HAD TO KEEP THE ESTHERS AUTONOMOUS WAS *VOIDED* WHEN YOU DIDN'T HAND THE GIRL OVER.
AND THEREFORE YOU'VE PUT ME IN *CHAINS?*
DOESN'T HONOR MEAN ANYTHING TO YOU?
LET ME THINK ABOUT THAT.
NO. OUR *PAST* IS THE THING KEEPING YOU ALIVE. WELL, ALSO--YOU'RE *BAIT.*
YOU *HAVE* THE LOCKET. WHAT MORE CAN YOU POSSIBLY NEED?
AH YES, CHARLES'S LOCKET. AND *MONKS* FOUND IT FOR ME.
NOT YOU. ANOTHER FAILURE.
BUT WHY DO YOU NEED HER?
THAT LOCKET HOLDS AN EYE-DRIVE.
YOU ARE A RICH AMERICAN. YOU *INVENTED* THE STUPID THINGS.
WHY DO YOU NEED ONE *MORE* EYE-DRIVE?
IT'S HOW I'M GOING TO FIX EVERYTHING. THE COLLATERAL *DAMAGE* IS ON YOU.
TIME TO PUT THE GEARS IN MOTION. GOODBYE, FAGIN.

DANGEROUS *TERRORIST* UPSTAIRS, MISS. CAN'T BE TOO CAREFUL.

SORRY, WE'RE LATE. BUT YES. SAFETY FIRST!

WHEW!

LET'S HOPE NO ONE RECOGNIZES ME...

YOU SURE, PIP?

YUP. WE G-GO IN THERE, AND THEN IT'S 15 FEET UP AND 62 FEET OVER. ONLY A 8-BIT SMALLER THAN THE AVERAGE APATA--

I'LL TAKE YOUR *WORD* FOR IT.

I LOST MY M-M-MOMMY.

OH MY GOODNESS, WAIT *RIGHT* HERE AND I'LL FETCH SECURITY!

I will never know if I was right to bring Pip along. How I miss my sweet, simple little boy.

WOOF. WHERE'S *CHARLEY* WHEN I NEED HIM?
YIKES!
BIT TIGHT IN HERE.

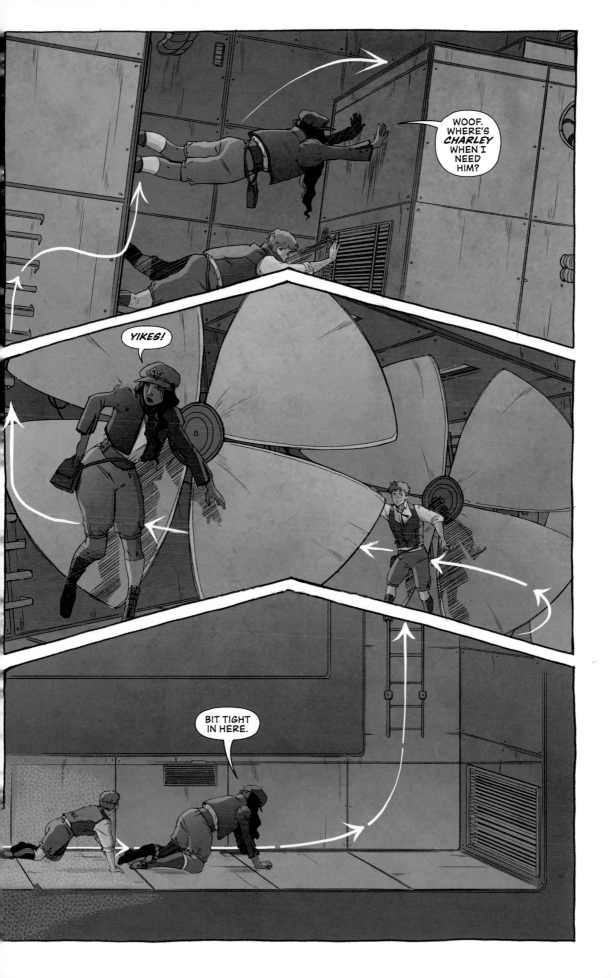

THIS IS *WHY* YOU PUT ME IN THE ESTHERS, ISN'T IT, BOYS? NO BETTER TURNCOAT THAN ME, NO BETTER PLANT.

CHARLEY BATES RETURNING TO *TRADHOOD* AT LAST. I SHOULD BE PROMOTED.

PROVE IT, BATES.

CODE TO THE ESTHER BASE IS "*PLUMMY AND SLAM.*"

THE FRENCH GIRL SHOULD BE THERE. MAYBE OTHERS YOU MISSED IN THE CAMP, TOO.

BUT YOU PUNCHED US IN THE *FACE* A BUNCH OF TIMES.

HAD TO MAKE IT LOOK *GOOD*, GLEN. I GOT YOU FAGIN, DIDN'T I?

WE DID THAT--AND ON KRESPO'S ORDERS, PRETTY BOY!

OKAY, BATES, WE'LL SEE IF YOUR *INTEL* IS UP-AND-UP. MEANWHILE, GO DOWNSTAIRS AND GET US SIX PUMPKIN MACCHIATOS.

ME? AND, UH, PUMPKIN SPICE IN JUNE...?

DO IT.

GOD, I HOPE THIS WORKS...

TAP TAP TAP

...MY FRIENDS...

I AM THE LAW, THE EYES, THE SWORD.
WOW, THIS IS DOPE.
TRADS SANS COUILLES!
KRSH
YOU CAN'T FETTER THE LAW FOR LONG.
FREEDOM WILL ALWAYS SWING BACK IN.
BATES WAS RIGHT!
CHARLEY?

It was the last moment that I could have turned around. None of it would have happened.

But maybe fate would always have brought me to that floor, at that pivotal moment.

OUCH!

NOW!

I'M BLEEDING...

OKAY, WE'RE 200 F-FLOORS UP. PROVIS IS STILL S-SELLING SPACE, SO IT SH-SHOULD BE EMPTY AFTER WE GO THROUGH THOSE DOORS.

THE BIGGEST BUILDING IN HISTORY ISN'T *EVEN* FULL. FIGURES.

BUT THAT'S A RELIEF. I COULD USE THE BREAK.

SKY LOBBY

HELLO, YOU.
YOU KNOW WHO I AM YET, OR NO?
THE MAN WHO HAUNTS ME.
HUH, YOU DON'T LOOK A *THING* LIKE ME.
DEFINITELY NOT THE SKIN. MAYBE SOMETHING IN THE FACE?
GUESS I'LL HAVE TO TAKE BOTH.
WHO, WHY--JESUS--WHY DO YOU WANT TO KILL ME?
I DON'T KNOW *WHAT* YOU'RE TALKING ABOUT.
THIS TIME I WAS JUST DELIVERING A *CERTAIN* PIECE OF JEWELRY. NOW *WHAT* WAS THE LINE?
"THERE ARE DARK SHADOWS ON THE EARTH..."

"...BUT ITS LIGHTS ARE STRONGER IN THE CONTRAST."
THAT *SHAKESPEARE* OR SOMETHING?
IT'S THE END OF EVERYTHING. ABOUT TIME. BORED OF THIS PART.
I'M SORRY. I-I FEEL LIKE I NEED THIS. CAN I?
WAIT, *MY BLOOD? WHAT* ARE YOU DOING?
I--I, OKAY. I TRUST YOU, PIP.
THANK YOU--FOR EVERYTHING.
PIP!

KRASSH
USEFUL. BYE, SIS.
SIS?
FOR MY MOTHER.
AHH!
The platitude is that--when one is about to die--time moves slow. But everything was happening fast.

Pip was already somewhere beyond me. Even knowing I was about to die--he was an amazing, terrifying sight.
OH MY GOD.
PIP!
THE FINAL STEP.
NO!
HELP!
PIP? HOW...?

YAAH! PIP, HELP!
HEY, O!
MISS ME?

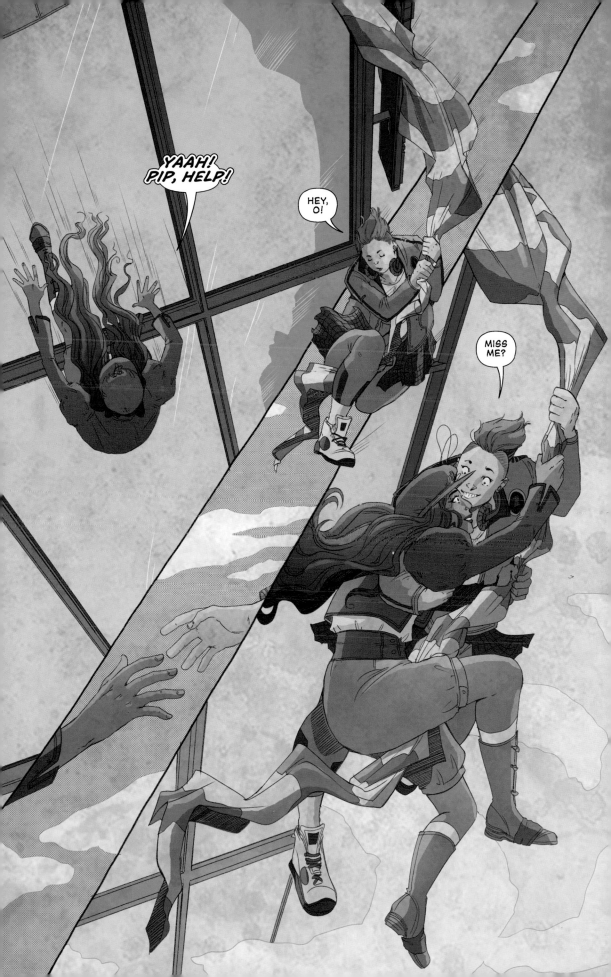

HEY.
HEY.
WHERE ARE WE LANDING?
WE'RE NOT. WE'RE JUST GONNA *HOPE* THE GLASS BREAKS.
IT MIGHT NOT BREAK. ALTHOUGH...
?
KRASHH

THAT WAS THE SECOND BLOODIEST *FIRST* KISS I'VE EVER HAD.

THAT WAS MY FIRST KISS, *PERIOD.*

YOU SHOULD KNOW: IT DOESN'T GET BETTER THAN ME.

WE HAVE TO FIGURE OUT HOW WE'RE GOING TO DO THIS.

OKAY, WOW. UM, A LITTLE MORE TONGUE IS ALWAYS ENCOURAGED.

DODGER. NO. JUST *TELL* ME WHAT YOU KNOW.

...AND THEN THERE WAS, LIKE, THIS *LOCKET* OF YOUR FAMILY'S SOMEWHERE IN HER TENT AND HE TOOK IT OFF HER BODY AND I DON'T KNOW, BUT...OLIVIA, I'M PRETTY SURE I KNOW WHO YOUR *FATHER* IS, HE'S...

It was too much.

Fagin had taken me in because my father was one of two men who ran the world economy. I hadn't been made an Esther because of what I *did.* I was an Esther because of who I *was.* If I had really been made an Esther at all.

But it didn't matter what anyone thought. I *was* an Esther.

YOU DIDN'T *TELL* ME, DODGER!

PROMISED FAGIN. I'M SORRY. BUT SHE SAVED MY LIFE WHEN I WAS A *KID*, JUST LIKE YOU DID FOR THAT LITTLE--

OH GOD. WHERE IS PIP?

I'M PRETTY *SURE* PIP'S A ROBOT. HE JUST TOUCHED MY BLOOD THEN RAN UP THE OUTSIDE OF THE BUILDING.

HUH. KINDA WISH I HAD *SHOWN* UP FIVE MINUTES EARLIER NOW.

AND NOW WE HAVE TO FIND HIM. THERE'S A *SUBROOF* THING WE CAN USE TO A SERVICE ELEVATOR.

LOOK AT YOU. BTW, IS THAT PIP-IS-A-ROBOT THING WHY YOU, LIKE, *VANISHED* IN THE CAMP?

HE SAVED MY LIFE.

WHAT HAPPENED TO OUR STALKER AFTER THAT?

I GAVE HIM THE SLIP. I *AM* THE ARTFUL DODGER, AFTER ALL.

UM, ANY OF THIS MAKING YOU WANT TO *KISS* AGAIN?

DODGER!

FAGIN?

WHY DIDN'T YOU MEET WHERE I ORDERED? I HAD TO *TRACK* YOU HERE.

I-I ACTUALLY CAME HERE TO SAVE OLIVIA.

I SEE. AND YOU *HAVE* SAVED HER. TIME TO GO.

FAGIN, I *KNOW* WHO I AM NOW. AND I'M NOT WALKING AWAY.

OF COURSE YOU DO, LITTLE ONE. BUT CHRISTIAN KRESPO *BETRAYED* ME, AND IT IS TOO LATE TO STOP HIM. WE MUST MAKE HASTE.

STOP HIM FROM WHAT?

FROM ENDING EVERYTHING.

FAGIN, WE CAN'T JUST--

THIS IS NOT HOW I TAUGHT YOU. EITHER OF YOU. WE MUST *SACRIFICE* NOW TO ACHIEVE LATER.

I'LL FIND PIP ALONE IF I HAVE TO.

I SUPPOSE YOU WILL. IT'S KRESPO'S *TRAP*, YOU KNOW. COME, DODGER. DON'T FORGET WHAT YOU OWE ME.

YES, FAGIN.

'SUP.

CHANGED MY MIND.

BACK NOW.

FIND PIP AND EVERYONE YET?

COMING, OW, COMING THROUGH.

OOP. PARDON ME.

UH, SORRY, FOLKS, I HAVEN'T GOTTEN A CHANCE TO SHOWER IN A WHILE.

WE'VE GOT TO BE NEAR THE *TOP* NOW. IF YOU WERE AN EVIL BILLIONAIRE, WHERE WOULD YOU HANG?

IF YOU WERE A *KID ROBOT*, WHERE WOULD YOU-- WHOA.

HALF- BROTHER.

THAT GUY AGAIN!

OH BROTHER.

WAS THAT--

DODGER? OLIVIA?

HELP US!

WAIT. THIS *AGAIN?* WHAT DO YOU MEAN?

YOU'RE MY HALF-SISTER.

REGRETTED NOT TELLING YOU WHEN I THREW YOU OUT THE WINDOW. OR THREW MY KNIFE AT YOU.

HOLD ON, IS THAT COLA?

GO FIND THEM--I WANT ANOTHER SHOT AT THIS PILE OF GROSS.

GET TO KRESPO, FIND OUT *WHAT THE HELL.*

THERE--OOF--YOU ARE!

WHAM

OLIVIA?!

...KILL YOU WHILE SHE WATCHES, JUST LIKE I DID HER MOMMY.

HELL, NO.

COME ON! DODGER NEEDS US!

WHOA, THOUGHT YOU'D BE LONG GONE WITH PIP BY NOW.

WHERE *IS* DODGER?

THANK YOU FOR TAKING HER BLOOD, YOUNG ONE. NOW WE HAVE TO OFFLOAD YOUR **BACKLOG** OF RECORDINGS TO PROVE THAT OLIVIA'S WICKED.

MY MEMORIES?

--OKAYYY. IF YOU LIKE. DID WE **TEACH** YOU THAT'S WHAT THEY ARE? NO MATTER.

CHARLES, COME OUT FOR A MINUTE.

ZZT. IT IS STILL **NOT TOO LATE,** CHRISTIAN.

NO. IT VERY MUCH IS, MY FRIEND.

YOU SEE, CHARLES, AFTER AMERICA WENT DOWN, I WAS **RIGHT** TO HOLD TECH WHERE IT WAS.

PIP, MY BOY, THE **SINGULARITY** LAWS ARE BULLSHIT.

THAT'S WHY I HAD OLIVIA'S DAD KILLED. HE THOUGHT THAT MACHINES WOULD-- OOOH--**DEVELOP FREE WILL AND TAKE OVER.**

CHRISTIAN, LOOK AT THE BOY.

I KNOW, A **MASTERPIECE** OF DESIGN, EVEN BY MY STANDARDS.

DIDN'T TAKE IT...SHE GAVE IT TO ME.

YOU!
LEAVE HER ALONE!
DING
AGGH!
DELIVERY!
CHARLEY?!

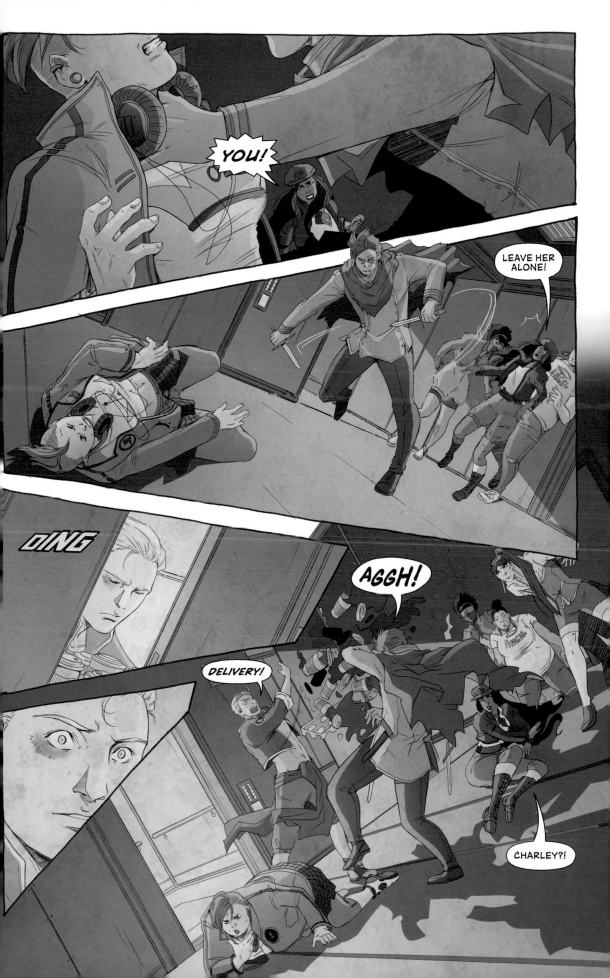

YOU CAME TO HELP!

OW. YEAH. WE'RE *FRIENDS*, AREN'T WE?

YO, ANYONE WANT TO CATCH ME UP?

AAARRAAGH!

I NEED MY *MEDICINE* SOON OR I'LL GET A BIT WEIRD.

DO YOU WORK FOR KRESPO? WHERE IS HE?

I WORK FOR MY MOTHER.

WHY? WHY DO YOU WANT TO KILL ME?

YOU AND YOUR MOTHER *BROKE* MY MOTHER'S HEART. WHEN SHE DIED, I DIDN'T MATTER.

SO NOW YOUR MOTHER'S DEAD, TOO, AND YOU, YOU...

WE SHOULD KILL HIM, MAYBE?

NO. LET'S JUST GET PIP, THEN GET THE HELL OUT OF HERE.

YOU'RE *OFFICIALLY* AN ESTHER, BATES.

AW, SHUCKS.

When your dream world finds you, it can be either good or bad.
PIP!?
WHAT DID THAT MONSTER DO TO HIM?
UM, ARE YOU TWO?
YEAH, I THINK SO.
ANGEL
HE'S NOT YOURS, MS. TWIST. HE BELONGS TO ME.
DOESN'T MUCH MATTER NOW, BUT I WISH YOU ALL HAD GONE. I HAVE BEEN *TRYING* TO KEEP YOU FROM THE TRADS.
I *ABHOR* MURDER.
This was bad. My nightmares had followed me here.

WHY DO YOU *CARE* SO MUCH ABOUT ME?

I DON'T, REALLY. NEVER DID.

YOUR FATHER, MY BEST FRIEND AND PARTNER, WAS SOMETHING OF AN IDIOT.

WHAT'S ALL THIS *CREEPY* ROBOT-SHIT, THOUGH?

CHARLES MARRIED YOUR MOTHER. NICE GIRL, BY THE WAY.

AND WHEN SHE GOT PREGNANT, HE *LOCKED* THEIR TECH AWAY SO I COULDN'T GET IT.

MISTAKE.

BUT HE CERTAINLY DIDN'T WANT TO LEAVE THIS DANGEROUS *CORPORATION* TO SOMEONE LIKE HIS SON. THE STABBY MAN.

PROVIS PASSES *FULLY* TO ME IF YOU'RE BAD LIKE HIM. BUT, I STILL NEEDED TO GET HIS PROGRAM.

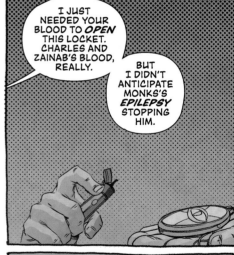

I JUST NEEDED YOUR BLOOD TO *OPEN* THIS LOCKET. CHARLES AND ZAINAB'S BLOOD, REALLY.

BUT I DIDN'T ANTICIPATE MONKS'S *EPILEPSY* STOPPING HIM.

NOW I HAVE *EVERYTHING* I'VE NEEDED.

AT LAST.

ALL THANKS TO OUR MUTUAL FRIEND *TAKING* IT FROM YOU.

HE *DIDN'T* TAKE IT. AND HOW DID YOU SEND PIP TO LOOK FOR ME?

OH, I DIDN'T. I SENT OUT *THOUSANDS* OF CUTE ONES. JUST DIDN'T KNOW HOW TO LINK THEM UP.

THAT WAS CHARLES'S GENIUS. HE *KNEW* HOW TO CONNECT.

BUT, PROMISES *MUST* BE KEPT. OPEN FIRE ANYTIME YOU LIKE, GENTLEMEN.

AFTER I LEAVE, OF COURSE.

PIP, DO WHAT YOU DID IN THE *CAMP.*

IT'S NOT TOO LATE, PIP. HELP US.

THEN YOU'LL HAVE TO *KILL* ME TOO, CHRISTIAN.

ESTHERS FALL TOGETHER, IF WE FALL AT ALL.

FAGIN!

I'VE ALWAYS LIKED THIS IN YOU, FAGIN. YOU SURFACE WHEN *LEAST* EXPECTED.

UH-- WHAT DID PIP *DO* IN THE CAMP?

SAVED HER FROM THE MAN'S KNIFE.

BUT, NO, YOU WEREN'T MEANT TO DO THAT. I *WANTED* HER TO BE STABBED.

"YOU WERE PROGRAMMED TO--"

NO. OH NO.

THANK YOU, OLIVIA.

YOU'VE LOST, KRESPO.

WE *ALL* HAVE, MY DEAR.

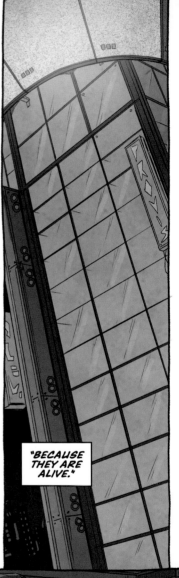

"BECAUSE THEY ARE ALIVE."

HI, DAD.

YOU NEVER DID *UNDERSTAND*, CHRISTIAN.

THE TEST WAS NEVER ABOUT BEING *BAD*. IT WAS ABOUT BEING *GOOD*.

"AND THAT WAS FOR A SPECIFIC PURPOSE."

NO MORE WEAPONS.

HE'S ALL YOURS, KIDS.

P-P-PLEASE...

"OLIVIA'S HUMANITY IS THE REASON ALL OF THIS IS HAPPENING."

LOOK AT THESE PEOPLE, HERE TO BE LED BY HER BECAUSE SHE IS GOOD. BECAUSE SHE LOVES WITHOUT CONDITION.

THAT'S WHY PIP LOVES HER, TOO--SHE *TRUSTED* HIM, EVEN AFTER REALIZING WHAT HE WAS.

"AND IF PIP CAN LOVE HER, THEN ALL OUR CREATIONS WILL. THEY'LL WANT TO PROTECT HER."

"THEY'LL WANT TO *FOLLOW* HER."

"THAT'S THE CODE HER MOTHER AND I WROTE. BENEVOLENT A.I. TO SAVE THE WORLD."

KRESPO'S GETTING AWAY.

IT DOESN'T MATTER.

I DID *OKAY*, D-DIDN'T I?

PERFECT, MY DEAR PIP.

I finally had what I was looking for, there at the top of the world.

YOU'VE ALWAYS HAD EVERYTHING YOU NEEDED, OLIVIA.

I had forged my community, created my own family. And I knew what we had to fight for: our home.

I KNOW I DID, DAD. I'M SORRY THAT YOU AND MOM...

LET'S GO, EVERYONE.

SURE THING. AND HEY, BOSS?

THIS IS A *GOOD* LOOK FOR YOU.

And our love. It was the fate that no one would have predicted for me.

That was the first day of genius and lightning.
There was much pain ahead as the world rumbled toward our impossible future. But I made sure my Esthers stuck together through the bleakest of times.
I would even come to enjoy our gleaming age's constant re-inventions. Because in our world, **anything** feels possible.
Don't believe anything you've heard or read. **This** was the beginning of our story.
END.

DARIN STRAUSS

A recipient of the National Book Critics Circle Award for *Half a Life*, the Guggenheim Fellowship, the American Library Association Award, and numerous other prizes, Darin is the national and internationally-bestselling author of *Chang and Eng*, *The Real McCoy*, and *More Than it Hurts You*, which, along with *Half a Life* — have been translated into fourteen languages and published in nineteen countries. His next novel, *The Queen of Tuesday*, will be published in 2019. He teaches at NYU.

ADAM DALVA

Adam's writing has appeared in *The New York Review of Books*, *The Paris Review*, *Tin House*, and *The Guardian*. He teaches Creative Writing at Rutgers University and is a book critic for **Guernica** Magazine. Adam has received fellowships from the Atlantic Center for the Arts and the Vermont Studio Center. He is a graduate of NYU's MFA Program where he was a Veterans Writing Workshop Fellow.

EMMA VIECELI

From self-publishing to working with some of the biggest book publishers in the world, Emma loves telling stories with pictures. Currently the writer of *Life is Strange* (Titan Comics), her recent work also includes *Alex Rider* (Walker Books), *The Adventures of Supergirl* (DC Comics), the New York Times-bestselling *Vampire Academy* graphic novel series (PenguinRandomHouse), and the acclaimed indie-web comic *Breaks* (SoaringPenguin). She has also worked on the A&E television series, *Bates Motel*, providing the sketchbook found by Norman Bates.

LEE LOUGHRIDGE

Lee has been working primarily in comics and animation for well over twenty years. An acclaimed color artist, he has worked on hundreds of titles for virtually every comics company in the business. He is a man to be reckoned with.

SAL CIPRIANO

Sal is a freelance letterer working with a wide range of publishers and creators. His comic book experiences include writing, drawing, coloring, editing, and publishing. When not lettering, Sal reviews action figures on YouTube, runs a group sketch blog and drinks gallons of coffee.

A TWIST OF FATE

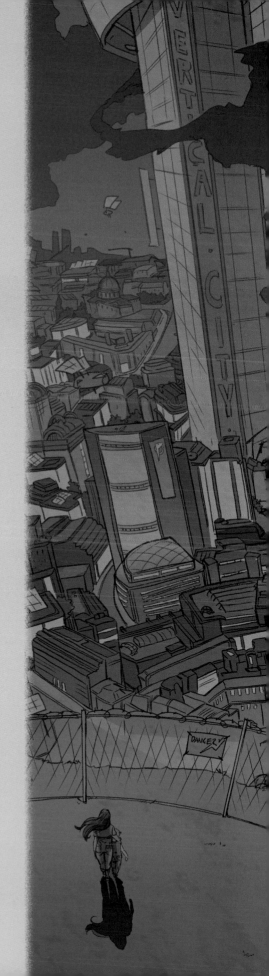

Superman, as has been clear forever, is the greatest superhero of them all. I have fought many about this, and will fight again tomorrow. Somehow, one fool or another will say Batman or Captain America. That's madness. I know the claims against Superman. He's overpowered. No one can beat him. But this perfection is why I turned to comic books so avidly as a kid.

I was a skinny child. Whatever difficulties I had, whatever dark longings—these were ameliorated by Superman. I would venture to say that reading comics is what turned me into a writer. The love of story, the passion of those artists. That passion for graphic storytelling is true for my co-writer, Adam Dalva, as well. He grew up on Grant Morrison, Osamu Tezuka, and Jeff Smith's *Bone*.

I'm a novelist and memoirist—my book *Half a Life* won the National Book Critics Oirolo Award—but I've always both read comics and graphic novels, dying to write one.

A few years ago, I taught a gifted graduate student at NYU, and we bonded over a love of Charles Dickens and of comic books. That student was Adam Dalva; Adam has since become a great, lauded professional writer in his own right, and we recently decided to try to update Dickens's masterpiece *Oliver Twist*. It's the perfect story— and the perfect story to be updated. *Oliver Twist* is the original dystopian tale. The industrial revolution was like sci-fi to those who lived it. Dickens was the first to ask: What does it look like when the world falls apart— when children are left to make sense of it all?

It has been a thrill to update this story with the legendary Karen Berger. I've been a fan of hers since *V for Vendetta*, one of my favorites of all time is *Y: The Last Man*, and Adam's favorite series ever is *Sandman*.

I'm lucky enough to have worked once with Gary Oldman; when a great actor reads one's words, they become much sharper and brighter than when you wrote them. That's how we felt to be paired with the great Emma Viecelli – her drawings have given depth and beauty to even our most throw-away descriptions.

It's been a fun honor to work with Adam, as well. When we spoke back in graduate school, his interest in Dickens, his grasp of that master's gift for plot and action, was a communicable condition, and I caught it big time. I think we've managed to succeed in making *Olivia Twist* everything we dreamed it could be. It would be a perfect working relationship, except he keeps on insisting that Batman is the greatest superhero of them all.

— Darin Strauss

-- OUR MUTUAL FRIEND --

A once-a-month publication whose occasional delays provoked readerly anguish. An author accused of over-reacting to critics—toning down characters that some found offensive; shifting with the political winds; changing plots on the fly, spinning plot with no clear ending in sight. Fabulous accompanying art by a collaborator who provided narrative input. A work pirated so often in America that the writer complained to the Federal Government. Great, over-the-top, slightly literal names; the cruelest cliffhangers in the business; stories loved by adolescents, derided as sentimental by the ambitious young, and rediscovered as masterworks by nostalgic adults.

Yes, you've spotted the extended gag, but I can do you one better. Because if Charles Dickens had been born in our complex cultural moment, he wouldn't just have been writing comic books. He would have turned to science fiction. Because when science fiction is great, it isn't just about our unimaginable future—it's about the world we live in right now, the fears that are poking around the next turn. The Industrial Revolution was a future shock. Unfathomable speed shot through everyday life, and the world spun so fast that it

started to fall apart. Its ramifications still echo today in sludgy waterways, vanishing continents.

There is always a human cost to innovation. At this very moment, several corporations are triangulating your whereabouts; back then, a young Dickens was ripped from his childhood and deposited into a dystopic workhouse of bad choices and degradation. *Oliver Twist* was the first Victorian novel with a child protagonist for a reason—the world corrupts, when it's cruel, and there is particular pain to being pure at heart. As Dickens worked in that shoe-blacking factory, he never lost his hope. His writing is often accused of having a sentimental streak. Who can blame him?

My collaboration with Darin was sparked by our discussions of the moral relevancy of Dickens. We decided to take on the fool's task of playing in the master's toy box. Of course, for a story set in the future and written in 2018, some aspects of *Oliver Twist* needed modernizing. Even in 1837, Fagin, "The Jew," was so offensive that Dickens retconned him on the fly. Through all his stories, the good characters are too good. And this is especially true with Oliver: a passive lead of gentle

birth who is operated on by fate doesn't sit right in an egalitarian story. Our Olivia grabs destiny for herself. We also took out about a thousand extra twists and coincidences. (If I were in a Dickens novel, I would strongly suspect at least three people I know of being long-lost family.) But our own band of outsiders is true to the spirit of Dickens, who reached into places most writers wouldn't, to pluck out a new kind of protagonist.

Even now, when I re-read *Oliver Twist*, I'm astounded. Surely it was I, not the maestro, who gave Charley Bates bucolic fantasies. Wasn't it Darin, or our intrepid editor Karen Berger, who suggested a thematic preponderance of all-seeing eyes ("too many eyes, living light")? The Artful Emma Vieceli must have been the one who made our Dodger so wonderfully shaped. Nope, all him.

Writing requires a balanced diet. We turn to Hemingway when we get long-winded, good old Proust when we need to expound, Virginia Woolf when genius eludes. Dickens is the meal when our plots falter. *Oliver Twist* drags at first in a Byzantine way, and then all of a sudden the A-story and three different supporting characters cascade together and you are insensate on the rug at 3 a.m., having forgotten to hydrate or sleep.

But Dickens is also underrated as a craftsman of sentences, with a knack for irresistible description. The Artful Dodger explodes from the page when you read that "he was, altogether, as roistering and swaggering a young gentleman as ever stood four feet six, or something less, in the blushers." For a book to be great, it needs to have at least one unique, searing scene. All the Dickens novels have them. *Oliver Twist*'s you already know: The brave little urchin at the front of the massive room asking for a morsel from men who have everything.

Darin was a superlative grad school professor, and I an admiring student, and more, a fan, especially of his recent memoir, *Half A Life*. How did he do it? Connecting through Dickens changed our relationship into one of equals. I remember my first time at his house, both of us laughing as we broke down *Great Expectations*, both of us realizing the malleability of *Oliver Twist*.

Some stories just can't lose. Oliver Twist is Luke Skywalker, is Katniss Everdeen, is Olivia. And Olivia is every person on the fringe who hasn't ever quite let go of the dream of something more.

—Adam Dalva

-- EMMA VIECELI'S PAGE LAYOUTS

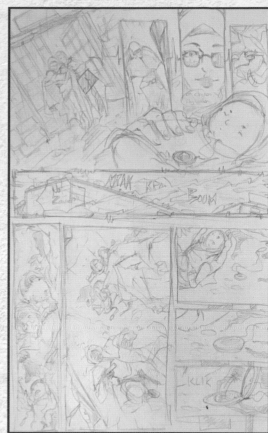

FROM OLIVIA TWIST NO. 1 --

OLIVIA TWIST™

COVER GALLERY

No. 1
Emma Vieceli
with colors by
Lee Loughridge

No. 2
Vanesa Del Rey

No. 4
Sana Takeda

No. 3
Tula Lotay

Karen Berger
Editor

Richard Bruning
Logo/Book Designer

Adam Pruett
Digital Art Technician

Mike Richardson
President & Publisher

First Edition: April 2019
ISBN 978-1-50670-948-2

1 3 5 7 9 10 8 6 4 2
Printed in China

This volume collects issues
#1–#4 of *Olivia Twist*
from Berger Books.

Published by
Dark Horse Books

A division of
Dark Horse Comics LLC
10956 SE Main Street
Milwaukie, OR 97222

DarkHorse.com
ComicShopLocator.com.

Neil Hankerson
Executive Vice President

Tom Weddle
Chief Financial Officer

Randy Stradley
Vice President of Publishing

Nick McWhorter
Chief Business
Development Officer

Dale LaFountain
Chief Information Officer

Matt Parkinson
Vice President of Marketing

Cara Niece
Vice President of Production
& Scheduling

Mark Bernardi
Vice President of
Book Trade & Digital Sales

Ken Lizzi
General Counsel

Dave Marshall
Editor in Chief

Davey Estrada
Editorial Director

Chris Warner
Senior Books Editor

Cary Grazzini
Director of
Specialty Projects

Lia Ribacchi
Art Director

Vanessa Todd-Holmes
Director of Print Purchasing

Matt Dryer
Director of Digital Art
& Prepress

Michael Gombos
Director of International
Publishing & Licensing

Kari Yadro
Director of
Custom Programs

Kari Torson
Director of
International Licensing